Rita Meyer

Theorieentwicklung und Praxisgestaltung in der beruflichen Bildung

Berufsbildungsforschung am Beispiel des IT-Weiterbildungssystems

Dissertationen/Habilitationen

Bibliografische Information Der Deutschen Bibliothek
Die Deutsche Bibliothek verzeichnet diese Publikation in der Deutschen Nationalbibliografie; detaillierte bibliografische Daten sind im Internet über http://dnb.ddb.de abrufbar.

Gedruckt mit der Unterstützung der Hans-Böckler-Stiftung und der Helmut-Schmidt-Universität/ Universität der Bundeswehr.

Gesamtherstellung:
W. Bertelsmann Verlag, Bielefeld

Gestaltung:
www.lokbase.de, Bielefeld

Bestell-Nr.: 60.01.717
ISBN 3-7639-3427-8

Inhalt

Abbildungen

Tabellen

Einführung, Zielsetzung und Vorgehen

Angesichts einer fortschreitenden Erosion tradierter Formen von Arbeit und Beruf stellt sich die Frage, wie sich die berufliche und die betriebliche Weiterbildung zukünftig gestalten. Für Deutschland ist das deshalb bedeutsam, weil hier traditionell ein mitbestimmungsintensives industrielles Steuerungsmodell prägend war, das zum einen in dem spezifisch deutschen Berufskonzept seinen Ausdruck fand und das zum anderen zu einer weltweit einzigartigen Organisation beruflicher Qualifizierung im Dualen System der Erstausbildung führte.

Die Erwerbsarbeit hat sich auf Grund fortschreitender technischer Entwicklung und dem Trend zur Globalisierung in den letzten Jahren sowohl in struktureller als auch in inhaltlicher Hinsicht deutlich verändert. Damit einhergehend haben sich die gesellschaftliche und die betriebliche Arbeitsorganisation gewandelt. Auf der Ebene der gesellschaftlichen Arbeitsorganisation ist die Erosion des sogenannten „Normalarbeitsverhältnisses" zu verzeichnen, die u.a. eine generationen- und geschlechterbedingte Verschiebung von Beschäftigungsverhältnissen in qualitativer und quantitativer Hinsicht nach sich zieht. Auf der Ebene der betrieblichen Arbeitsorganisation vollzog sich die Veränderung im Wesentlichen von einer funktionalen zu einer prozessorientierten Organisation. Als Reaktion darauf sind neue Tätigkeitsprofile und daraus resultierend neue Qualifikationsanforderungen entstanden, und es bildeten sich im Zuge dieser Entwicklung auch neue und moderne Formen von Beruflichkeit heraus.

Berufliche Weiterbildung muss vor diesem Hintergrund zum einen eine Anpassung an die betrieblichen Qualifikationserfordernisse leisten und zum anderen die Menschen auf die neuen Anforderungen einer modernen Arbeitswelt vorbereiten, die z.T. mit erheblichen Zumutungen einhergehen.[1] Festzustellen ist aber, dass die traditionellen Strukturen des deutschen Berufsbil-

1 Dabei ist durchaus auch davon auszugehen, dass im Zuge der Erosion des „Normalarbeitsverhältnisses" zukünftig Phasen der Erwerbslosigkeit Bestandteil einer Berufsbiographie sein werden, und dass die Individuen vor diesem Hintergrund im Rahmen der beruflichen Qualifizierung auch darauf vorzubereiten sind, mit den Folgen von Erwerbslosigkeit umzugehen.

dungssystems nur bedingt geeignet sind, den aktuellen Weiterbildungsherausforderungen zu genügen. Dies gilt insbesondere, weil Weiterbildung in Deutschland im Vergleich zur Erstausbildung in der öffentlichen Diskussion bis in die 1980er Jahre kaum eine Rolle gespielt hat und auch heute noch vergleichsweise gering institutionalisiert, d.h. gesetzlich geregelt ist. Anders als der Bereich der öffentlich geförderten Weiterbildung, der in hohem Maß staatlicher Regulation unterliegt – was jedoch eher arbeitsmarktpolitisch als bildungspolitisch begründet ist – ist der Bereich der betrieblichen Weiterbildung weitgehend privat organisiert.

Für den Bereich der Berufsbildung, verstanden als Aus- *und* Weiterbildung, ist in Deutschland keine einheitliche Berufsbildungspolitik zu verzeichnen. Im Zuge berufsbildungspolitischer Maßnahmen, die auf die Organisation und Struktur, die rechtlichen Bestimmungen und die Finanzierung der beruflichen Bildung zielen, werden derzeit unterschiedliche Strategien entwickelt: so sind z.B. bei der Hartz-Reform z. Zt. *Deregulierungstendenzen* im Bereich der öffentlich geförderten Weiterbildung zu erkennen. Dieser Entwicklung stehen *Regulierungstendenzen* in der Weiterbildung für einzelne Sektoren gegenüber, z.B. in der IT-Branche und im Mediensektor. Das IT-Weiterbildungssystem, das im Zuge der Regulierung von Weiterbildung entstanden ist, kann als ein Prototyp für die moderne Organisation von Weiterbildung gelten. Dieses System wird insbesondere auf Grund der konsequenten Orientierung des beruflichen Lernens am Prozess der Arbeit einerseits und seiner intendierten hohen Durchlässigkeit zu allgemeinen Bildungsgängen andererseits als ein Beispiel für eine gelungene Modernisierung der Berufsbildung in Deutschland diskutiert. Im Folgenden soll deutlich werden, dass dieses Modell trotz kritischer Elemente in seiner Grundstruktur auch auf andere Bereiche der Berufsbildung zu übertragen ist. Es lässt sich an diesem Beispiel weiterhin zeigen, wie die Realisierung neuer, moderner Weiterbildungsstrukturen und didaktisch-curricularer Konzepte zum einen gestaltet und zum anderen durch wissenschaftliche Begleitung auch zugleich erforscht werden kann.

Diese Arbeit hat das Ziel, aktuelle Herausforderungen der beruflichen und betrieblichen Weiterbildung in Deutschland zu thematisieren, diese am Beispiel des IT-Weiterbildungssystems zu analysieren und sie dann sowohl im Hinblick auf eine moderne, zukünftige Gestaltung der Weiterbildung in der Praxis als auch hinsichtlich ihrer theoretischen Weiterentwicklung im Rahmen von Berufsbildungsforschung zu reflektieren. Eine leitende Fragestellung ist dabei, wie auf der Ebene des Berufsbildungssystems und in der Praxis der Unternehmen die strukturellen und lernorganisatorischen Rahmenbedingungen dafür geschaffen werden können, dass beschäftigte und erwerbslose Arbeitnehmerinnen und Arbeitnehmer im Rahmen beruflich-betrieblicher Weiterbildung auf die kontingenten, d.h. die dynamischen und damit nur bedingt planbaren, Anforderungen der zukünftigen Arbeitswelt vorbereitet werden können. Ob und inwiefern eine handlungsorientierte wissenschaftliche Begleitforschung dazu einen Beitrag leisten kann, wird für die Berufsbildungsforschung in wissenschaftstheoretischer und auch in forschungspraktischer Hinsicht thematisiert. Perspektivisch ist damit in dieser Arbeit auch angestrebt, einen Beitrag zur theoretischen Weiterentwicklung der beruflichen und betrieblichen Weiterbildung zu leisten.

Die Arbeit gliedert sich entlang dieser Zielsetzung in drei Teile: Der erste Teil thematisiert die Situation der beruflichen und betrieblichen Weiterbildung in Deutschland und deren Herausforderungen für die praktische Gestaltung und für die Erforschung (Kapitel eins bis drei). Es wird im ersten Kapitel zunächst gezeigt, dass im Gegensatz zur beruflichen Erstausbildung die *berufliche Weiterbildung* in Deutschland eher gering institutionalisiert ist (1.1) und relativ wenige strukturelle Vorgaben im Rahmen gesetzlicher Grundlagen existieren. Um an späterer Stelle die modernen Strukturelemente des IT-Weiterbildungssystems herausarbeiten zu können, wird in diesem Kapitel einführend die Stellung der Weiterbildung im Berufsbildungssystem unter dem Aspekt der Beruflichkeit beleuchtet.

Im Anschluss daran wird die *betriebliche Weiterbildung* in den Blick genommen (1.2), die hier als ein Teil der beruflichen Weiterbildung verstanden wird. Die Organisation beruflicher Qualifizierungsprozesse ist im Gegensatz zur Erstausbildung dort eher durch die jeweilige einzelbetriebliche, ökonomische Handlungslogik bestimmt. Das Nutzen der Gestaltungspotenziale der Mitarbeiter, ihrer subjektiven Arbeitnehmerinteressen sowie ihrer Partizipations- und Autonomiebestrebungen, führt dazu, dass im wissenschaftlichen Diskurs zum Teil für die betriebliche Weiterbildung eine Annäherung pädagogischer und ökonomischer Handlungslogiken konstatiert wird. Zudem hat sich der Stellenwert von Weiterbildung im Zuge prozessorientierter Formen der Arbeitsorganisation deutlich verändert und wird zunehmend im Kontext von Personalentwicklung und Organisationsentwicklung betrachtet.

Ein besondere Situation ergibt sich für die betriebliche Weiterbildung in kleinen und mittleren Unternehmen (KMU). Diese stehen – vor allem auf Grund ihrer Betriebsgröße und der geringen funktionalen Ausdifferenzierung von Verantwortungsbereichen – bei der Gestaltung der betrieblichen Weiterbildung vor einer besonderen Herausforderung und sie werden daher in Kapitel eins vertiefend beschrieben.

Mit Kapitel zwei findet dann die beruflich-betriebliche *Weiterbildung als Politikfeld* und damit als Gegenstand bildungspolitischer Diskurse Berücksichtigung (2.1). Es werden zunächst unterschiedliche Positionen in der bildungspolitischen Diskussion skizziert (2.2). Dabei wird u.a. deutlich, dass sich – obwohl vor allem die gewerkschaftlichen Bestrebungen jahrzehntelang in die Richtung einer Regulierung der Weiterbildung zielten – aktuell im Gegensatz dazu Deregulierungstendenzen in der öffentlich geförderten Weiterbildung abzeichnen. Deren Folgen zeigen sich in einem scharfen, z.T. existenzgefährdenden, Verdrängungswettbewerb bei den Bildungsanbietern, der aber auch zu verstärkten Anstrengungen zur Steigerung von Qualität und Professionalität führt. In dem Kapitel wird gezeigt, dass auch für den Bereich der Berufsbildung die Forderung nach einer verstärkten Marktsteuerung bereits in der Praxis umgesetzt wird (2.3) und dass damit sowohl Chancen als auch Risiken für die zukünftige Gestaltung der Weiterbildung einhergehen.

Abschließend werden in Kapitel drei als Überleitung und Verknüpfung zu den nachfolgenden Kapiteln ausgewählte *inhaltliche Orientierungen und Handlungsziele in der beruflichen Bildung* beschrieben, die zur Zeit für die berufliche und betriebliche Weiterbildung eine hohe Relevanz erfahren. Dazu gehören die Orientierung an Kompetenzentwicklung als Ziel beruflicher Qualifizierung (3.1) und die zunehmende Arbeits- und Geschäftsprozessorientierung als leitendes Prinzip in der beruflichen Bildung (3.2). Netzwerke werden als eine neue Steuerungsform und als ein neuer Kooperationsmodus in der beruflichen Bildung beschrieben (3.3). Diese drei Aspekte sind für die nachfolgenden Ausführungen deshalb relevant, weil sie zum einen programmatischen Charakter haben und Innovationen in diesen Bereichen durch staatlich finanzierte Förderprogramme, die zum Teil auch eine wissenschaftliche Begleitung einschließen, unterstützt werden. Zum anderen sind diese Orientierungen auch in die Konzeption des IT-Weiterbildungssystems eingeflossen.

Im zweiten Teil der Arbeit wird exemplarisch die Organisation der *Weiterbildung im IT-Sektor* beschrieben (Kapitel vier) und im Hinblick auf ihre *Potenziale und Probleme* analysiert (Kapitel fünf). Der IT-Sektor steht hier deshalb im Mittelpunkt, weil die Erwerbstätigkeit in diesem Bereich zum einen als „Prototyp“ für moderne Arbeit gelten kann und weil zum anderen das neue IT-Weiterbildungssystem derzeit als „Best-Practice“ für die Organisation moderner Weiterbildungsstrukturen gilt. Die im ersten Teil der Arbeit angedeuteten Entwicklungen werden dort sowohl in organisatorisch-struktureller Hinsicht als auch in didaktisch-curricularerPerspektive vereint. Angesichts der Tatsache, dass sich institutionalisierte Weiterbildungsstrukturen im IT-Sektor gerade erst etablieren, wird hier der Prozess der Gestaltung und Umsetzung dieses Systems nachvollzogen und der Stand seiner Realisierung präsentiert (4.1). Die Konzeption des IT-Weiterbildungssystems wird hier bezogen auf seine formale Struktur und das didaktisch-curriculare Konzept der Arbeitsprozessorientierung (APO-IT) nur soweit beschrieben, wie es für das Verständnis und die nachfolgende Analyse notwendig ist (4.2). Da das System neu und der Prozess der Gestaltung noch nicht abgeschlossen ist, sind allerdings bis zum jetzigen Zeitpunkt nur vereinzelt Beispiele für die praktische Umsetzung dieses Systems dokumentiert. Vor diesem Hintergrund wird hier beispielhaft ein öffentlich gefördertes Entwicklungs- und Forschungsprojekt zur regionalen Umsetzung in Hamburg präsentiert (4.3). Insgesamt wird bei den Ausführungen ein Schwerpunkt der Arbeit auf die Gruppe der IT-Spezialisten gelegt, weil gerade die Regelungen in *diesem* Bereich als ein bildungspolitisches Novum gelten können.

Im fünften Kapitel werden die *Potenziale und Probleme bei der Umsetzung des IT-Weiterbildungssystems* analysiert. Dabei steht anknüpfend an die Analyse in Teil eins der Arbeit zunächst die bildungspolitische Bedeutung in einer eher organisatorisch-strukturellen Perspektive im Vordergrund (5.1). Daran anschließend werden entlang der Erfahrungen, die bisher mit der Umsetzung des IT-Weiterbildungssystems gemacht wurden, diejenigen Aspekte der arbeitsprozessorientierten Qualifizierung herausgearbeitet, die in didaktisch-curricularer und in lernorganisatorischer Hinsicht für die Implementierung des Lernens in der Arbeit eine theoretische Erweiterung erfahren müssten (5.2). Grundsätzlich sind die Ausführungen in diesem Kapitel von der Frage geleitet, ob und wie sich mit Blick auf die Organisation von Arbeit und Qualifikation im IT-Bereich, Erkenntnisse für die Weiterbildung in anderen Branchen generieren lassen und welche bildungspolitischen Impulse sich unter Modernisierungsaspekten aus diesem System auch für andere Bereiche der beruflichen Bildung sowie für die Berufsbildungsforschung ergeben könnten. Die Perspektiven für die Etablierung des IT-Weiterbildungssystems werden abschließend diskutiert (5.3).

Dass eine theoriegeleitete wissenschaftliche Handlungs- und Begleitforschung die Implementierung moderner Weiterbildungsstrukturen und Lernkonzepte unterstützen kann, wird in dem dritten und letzten Teil der Arbeit (Kapitel sechs) thematisiert. *Berufsbildungsforschung* wird dabei explizit als eine interdisziplinär angelegte Wissenschaft verstanden (6.1), bei der es in der Tradition sozialwissenschaftlicher Handlungsforschung um die Vermittlung von Theorie und Praxis geht. Die methodologischen Probleme, die sich insbesondere aus dem Spannungsfeld von Theorie und Praxis ergeben, in dem sich die Handlungsforschung vollzieht, werden u.a. vor dem Hintergrund der Modellversuchsforschung reflektiert (6.2). Es werden darüber hinaus auch konkrete Überlegungen für die Umsetzung von Handlungsforschung als Begleitforschung im Hinblick auf die Verfahren der Erkenntnisgenerierung und die problematische Rolle der Wissenschaftler im Forschungsprozess präsentiert. Beispielhaft dafür wird hier noch einmal auf das o.a. Entwicklungs- und Forschungsprojekt zur Umsetzung des IT-Weiterbildungssystems verwiesen (6.3). Abschließend werden die Perspektiven und die Grenzen von Handlungsforschung als Begleitforschung diskutiert (6.4). Die Arbeit schließt mit einer Reflexion auf die Erkenntnisse und Desiderate der vorangegangenen Ausführungen, wobei konkrete Forschungsansätze, die sich daraus zukünftig ergeben könnten, benannt werden (Kapitel sieben).

In ihrer wissenschaftlichen Verortung ist diese Arbeit an der Schnittstelle der Berufs- und Wirtschaftspädagogik zur Erwachsenenbildung und im Bereich der Betriebs- und Arbeitspädagogik anzusiedeln. Da wissenschaftliche Teildisziplinen immer nur begrenzt auf *eigene* theoretische Bestände zurückgreifen können, werden hier in der Thematisierung beruflicher und betrieblicher Weiterbildung auch theoretische Anleihen bei sozialwissenschaftlichen Nachbardisziplinen genommen. Dazu gehören auch industriesoziologische und arbeitswissenschaftliche Erkenntnisse.

Methodisch wird hier im Wesentlichen ein empirisch hermeneutisches Vorgehen gewählt. Im Sinne der sozialwissenschaftlichen Hermeneutik ergibt sich das Deutungsschema bezogen auf den fokussierten Gegenstand der Arbeit, das IT-Weiterbildungssystem, damit zum einen aus einer eher begrenzten Literaturbasis einschließlich diverser Evaluationsberichte und zum anderen aus vorangegangenen wissenschaftlichen Arbeiten der Autorin. Die bewusste Reflexion dieses Vorwissens wird hier auf die theoretischen Konzepte angewandt. In diesem Rahmen erhält auch die Konzeption des beispielhaft präsentierten Entwicklungs- und Begleitforschungsprojektes zur arbeitsprozessorientierten Qualifizierung von IT-Spezialisten in kleinen und mittleren Hamburger Unternehmen einen besonderen Stellenwert: da die Autorin an der Konzeptionierung des Projektes und an der Ausarbeitung des Projektantrages selbst maßgeblich beteiligt war, basieren die nachfolgenden Ausführungen auch auf den Erfahrungen, die in diesem Prozess gemacht wurden, und auf der systematischen Aufarbeitung von Evaluationsberichten, die im

Kontext der Implementierung des IT-Weiterbildungssystems verfasst wurden. Insofern ist diese Arbeit ihrerseits an der Grenze zwischen Theorie und Praxis anzusiedeln, wobei diese beiden Kategorien hier – wie im dritten Teil dieser Arbeit gezeigt wird – nicht als Differenz sondern eher in einem Vermittlungsmodus gedacht werden.

Mit dieser Orientierung kommt die Arbeit ihrerseits aktuellen Herausforderungen, die für die Bildungsforschung thematisiert werden, nach. Für die Berufsbildungsforschung hat sich, in Anlehnung an die Soziologie, die Mehrebenenanalyse auf der Makro-, Meso- und der Mikroebene als Orientierungsrahmen in der Erforschung und Beschreibung berufspädagogischer Fragestellungen etabliert (vgl. Dobischat/Düsseldorf 2002). Im Anschluss an Beck und Kell (1991) wird für den Bereich der Bildungsforschung das Bild eines „Mehrebenenbahnhofs“ zugrunde gelegt. Dabei werden in der Analyse „die Resultate aus den unterschiedlich motivierten und inszenierten empirischen Studien zueinander in Beziehung gesetzt“ (ebd., S. 7) und durch „Gleise“ miteinander verbunden. Die Ebenen bestehen hier in den drei thematischen „Säulen“ der Arbeit: die allgemeine und systematische Grundlegung des Themas im ersten Teil, die beispielhafte Bearbeitung eines „Falls“ – hier des IT-Weiterbildungssystems – als konkrete Umsetzung in der Praxis der beruflich-betrieblichen Weiterbildung im zweiten Teil und im dritten Teil abschließend die theoretischen, methodologischen und auch methodischen Herausforderungen auf der Ebene der Berufsbildungsforschung.

Im weiteren Sinn kann die Arbeit damit als eine Form der „Systemanalyse“ begriffen werden, die darauf zielt, „mit Bezug auf eine in der Ablauf- und Aufbauorganisation von Bildungsprozessen betrachtete Untersuchungseinheit [...] die Bedingungen transparent zu machen, die einen Zustand bzw. eine davon abhängige Leistung und Funktion zu erklären erlauben.“ (Zedler 2002, S. 27) Die Arbeit steht damit selbst in der Tradition der Handlungsforschung, die im dritten Teil dieser Arbeit ausführlich thematisiert wird. Es ist u.a. angestrebt, Hinweise darauf zu geben, wie in der Praxis der Berufsbildung die beruflich-betriebliche Weiterbildung sowohl in bildungspolitischer als auch in lernorganisatorischer Perspektive gestaltet werden kann. Damit wird im Wesentlichen ein Vorgehen berücksichtigt, das Zimmer (1995) in seiner „Theorie innovativer Handlungen“ für den Prozess der Erkenntnisgewinnung beschrieben hat:

> *„Ein Sachverhalt muß auf gültigen, zuverlässigen Tatsachen beruhen; die Ursachen, Zusammenhänge und Wirkungen müssen aufgeklärt und dies alles muß richtig und logisch widerspruchsfrei beschrieben sein, damit das Erkannte anderen nachprüfbar bzw. nachvollziehbar mitgeteilt werden kann. Mit dem Erkannten erhalten wir also*

fundiertes Wissen über einen Sachverhalt, das wir im Zuge unserer alltäglichen Erfahrungen so nicht erwerben können, das uns aber bei der besseren Meisterung des Alltags nützlich ist oder sein kann.“ (Zimmer 1995, S. 180)

Dies erfolgt hier für die beruflich-betriebliche Weiterbildung am Beispiel des IT-Weiterbildungssystems, das bisher nur marginal zum Gegenstand wissenschaftlicher Analysen erhoben wurde. Die vorliegende Arbeit bemüht sich, im Sinne der o.a. Tradition eine Angemessenheit zu ihrem erforschten Gegenstand, dem IT-Weiterbildungssystem, zu erzielen, das heißt vor allem auch seiner Komplexität gerecht zu werden.

Die Erkenntnisse und auch die am Ende formulierten Desiderate dieser Analyse könnten in die praktische Gestaltung der beruflich-betrieblichen Weiterbildung im IT-Sektor und auch in andere Bereiche und Branchen eingehen. Die Arbeit stellt sich damit auch in die Tradition der Anwendungsforschung. Entsprechend dieses sozialwissenschaftlichen Forschungsansatzes lässt sich mit der Orientierung an einer späteren Verwendung das Vorgehen im Rahmen dieser Arbeit auch ganz praktisch beschreiben als: „[...] lesen, miteinander sprechen, aufschreiben, publizieren, unterschlagen, argumentieren, erklären, zurückweisen, zur Kenntnis nehmen, vergessen, sich zu eigen machen.“ (Beck/Bonß 1998, S. 26)

Vor allem soll diese Arbeit jedoch ein Beitrag für die *Theorieentwicklung* in der Weiterbildungsforschung leisten. Dabei geht es zum einen darum, in organisatorisch-struktureller und didaktisch-curricularer Perspektive die Entwicklung des Berufsbildungssystems und das Lernen in der Arbeit systematisch zu erfassen, zu analysieren, an bestehende Theorien anzubinden und diese, dort wo es nötig ist, zu erweitern. Zum anderen ist aber intendiert, zur systematischen Weiterentwicklung der Berufsbildungsforschung selbst in methodologischer Hinsicht beizutragen.

Teil 1

Situation der Weiterbildung in Deutschland

1 Berufliche und betriebliche Weiterbildung

Es wird hier der Versuch unternommen, sich der Problematik der Weiterbildung auf zwei Ebenen zu nähern: zum einen auf der Ebene des Berufsbildungssystems und der öffentlich geförderten Weiterbildung als *berufliche* Weiterbildung und zum anderen auf der Ebene der *betrieblichen* Weiterbildung. Dabei wird ein Begriff von Weiterbildung zugrunde gelegt, der eine Engführung auf institutionalisierte Kontexte der Berufsbildung vermeidet und eher das *Ziel* beruflicher Weiterbildungsmaßnahmen in den Blick nimmt: angestrebt wird damit die Kompetenzentwicklung von Arbeitnehmerinnen und Arbeitnehmern, das heißt die Ausbildung einer umfassenden beruflichen Handlungsfähigkeit. Der Prozess der Kompetenzentwicklung schließt informelle Lernprozesse und das Erfahrungslernen ein. In dieser Sichtweise, mit der Orientierung an Kompetenzen, steht der Verengung auf ein Verständnis betrieblicher Weiterbildung, das auf unmittelbar abrufbare, verwendungs- und bedarfsorientierte Qualifizierungsmaßnahmen gerichtet ist, auch in der betrieblichen Weiterbildung eine Erweiterung gegenüber, die eine kaum noch unterscheidbare Verknüpfung von Arbeits- und Lernsituationen beinhaltet (vgl. Kühnlein 1997). Insofern liegt auch den nachfolgenden Ausführungen eine Definition von Weiterbildung zugrunde, „die sämtliche Lernvorhaben erfasst, die, unabhängig von der Form des didaktischen Arrangements, auf die Herstellung, Sicherung und Erweiterung der Erwerbs- und Beschäftigungsfähigkeit gerichtet sind“ (Schrader 2003, S. 143) und damit auch informelle Lernformen einschließt.

Im Wesentlichen kann der Bereich der beruflichen Weiterbildung zum einen abgegrenzt werden gegenüber dem Bereich der Allgemeinbildung und zum anderen gegenüber der Berufsausbildung. Für die Kategorien berufliche und allgemeine Bildung stellen Harney und Zymek (1994) fest, dass es sich dabei empirisch um zwei konkurrierende Systeme in der deutschen Bildungsgeschichte handele, die sich über „zwei soziologisch völlig unterschiedliche, daher auch weder integrier- noch aufeinander reduzierbare Zentren der Systemfindung abgespielt“ (ebd., S. 405) haben.

Für die wissenschaftliche Thematisierung der Weiterbildungsproblematik lässt sich allerdings feststellen, dass eine eindeutige disziplinäre Verortung kaum möglich ist.[2] Diese orientierte sich in der Vergangenheit eher an dem zeitkulturellen Kontext und den jeweiligen öffentlichen Problemformulierungen als an disziplinären Grenzen (vgl. Weisser 2002). Eine terminologische Abgrenzung des „Weiter"-Bildungsbegriffs entwickelte sich erst mit der berufsbildungspolitischen und wissenschaftlichen Diskussion in den 1960er Jahren. Nach der Definition des Deutschen Bildungsrates wurde Weiterbildung verstanden als die „Fortsetzung oder Wiederaufnahme organisierten Lernens nach Abschluß einer unterschiedlich ausgedehnten ersten Bildungsphase." (Deutscher Bildungsrat 1971, S. 197) Diese Definition hat vor dem Hintergrund, dass damit eine Funktionalisierung und Instrumentalisierung von Bildungsprozessen für die Wirtschaft bzw. die Politik unterstellt wurde, zum einen kritische Reflexe ausgelöst (Weisser 2002, S. 30). Zum anderen hat sie aber auch die Weiterbildung als Gegenstand der wissenschaftlichen Betrachtung und disziplinären Selbstvergewisserung zugänglich gemacht:

> *„Wo auch immer wissenschaftliche Stimmen laut wurden, es ging stets darum, Verstehensleistungen oberhalb einfacher sprachlicher Orientierung zu bieten und dem Anspruch genüge zu tun, das, was im Rahmen der Selbstverständlichkeiten öffentlicher Kommunikation mit Weiterbildung bezeichnet wird, einer vertieften Reflexion zugänglich zu machen." ebd., S. 56*

Eine systematische Abgrenzung der Begriffe im Umfeld der Weiterbildung ist vor allem deshalb schwierig, weil damit der Versuch unternommen wird, eine theoretische Systematisierungsleistung für etwas zu erbringen, dessen Grenzen in der Praxis der Weiterbildung verschwimmen.[3]

Berufliche und betriebliche Weiterbildung haben ihren Bezugspunkt in der Arbeitswelt. Hier geht es in der Perspektive der Berufsbildungsforschung ausdrücklich um berufliche und um betriebliche Weiterbildung und damit um diejenigen Formen der Weiterbildung, die darauf gerichtet sind, die Beschäf-

2 Entsprechend dieser Differenzierung lässt sich auch die disziplinäre Zuordnung nur grob beschreiben, wobei die Berufs- und Wirtschaftspädagogik im Wesentlichen für die berufliche Aus- und Weiterbildung und Erwachsenenbildung für den Bereich der allgemeinen und politischen Weiterbildung ihre Zuständigkeit reklamiert. Faulstich (1992) setzte allerdings Weiterbildung Anfang der 90er Jahre mit Erwachsenenbildung gleich und meinte damit „all das, was Erwachsene tun, wenn sie lernen" (S. 9).

3 Das Problem der Thematisierung und begrifflichen inhaltlichen Abgrenzung beruflicher und betrieblicher Weiterbildung korrespondiert mit den Schwierigkeiten, Daten und Zahlen dazu empirisch zu erheben (vgl. Grünewald/Moraal 2001, Berichtssystem Weiterbildung BMBF 2001).

tigungsfähigkeit von Arbeitnehmerinnen und Arbeitnehmern zu erhalten und auszubauen.

Die Begriffe *Beruf* und *Betrieb* sind vor allem im Hinblick auf die Logik zu unterscheiden, die im Handeln der Akteure in diesen Systemen gemeinsam wirksam wird. [4] Beruf ist ein gesellschaftliches und soziales Konstrukt zur Organisation von Arbeit. Üblicherweise bezeichnet der Begriff *Beruf* diejenige Form der sozialen Organisation von Arbeit, wie sie sich in Deutschland in anerkannten Ausbildungs- und industriellen Facharbeiterberufen sowie im spezifisch deutschen Ausbildungssystem (vgl. Greinert 1999) historisch konkretisiert hat. Beruf ist allerdings analytisch zu unterscheiden von dem Begriff der *Beruflichkeit*, der häufig mit ihm gleichgesetzt wird. Beruflichkeit ist zu verstehen als das dem Berufskonzept zugrundeliegende organisierende Prinzip. Es meint die Abstraktion von historisch und sozial konkreten Formen von Beruf als ein *allgemeines* Organisationsprinzip. Der Begriff „Beruflichkeit" kann damit unterschiedliche Qualitäten einer *berufsförmigen* Organisation von Arbeit unabhängig von historisch und sozial konkreten Ausprägungen beschreiben. Diese Unterscheidung gewinnt an späterer Stelle dieser Arbeit an Relevanz, wenn es darum geht, zu zeigen, dass die Organisation der Weiterbildung im IT-Sektor grundsätzlich dem Prinzip der Beruflichkeit unterliegt, obwohl nur für einen kleinen Teil Berufe im Sinne von Fortbildungsberufen nach dem Berufsbildungsgesetz geschaffen wurden.

Der abstrakte Begriff des *Berufs* hebt also im Gegensatz zu dem konkreten Begriff *Betrieb* von der empirischen Wirklichkeit ab. Ein Beruf ist als abstraktes Ordnungskonstrukt zwar selbst nicht zu sozialen Handlungen fähig, gleichwohl ist er aber Ausdruck der vielfältigen Interessen der handelnden Akteure. Berufliche Handlungslogik ist demgegenüber immer auch als eine bildungspolitische Handlungslogik zu verstehen, in die soziale Interessen einfließen. Ein Betrieb ist dagegen ein konkret existierendes soziales System, dessen Akteure mit jeweils spezifischen, in erster Linie ökonomischen, Zielsetzungen agieren. Diese unterschiedlichen Handlungslogiken beruflicher und betrieblicher Weiterbildung sind Gegenstand dieses Kapitels. Dabei erfolgt hier zunächst eine grundlegende und allgemeine Thematisierung der beruflichen und der betrieblichen Weiterbildung. Die Ausführungen dienen damit als

4 Zum Teil werden die Begriffe Beruf und Betrieb so verwendet, als wenn sie in direkter Konkurrenz zueinander stünden. Dies fällt insbesondere im Zuge der Diskussion um die Erosion von Beruflichkeit auf, in deren Kontext die m.E. verkürzte These vertreten wird, dass der Beruf angesichts moderner gesellschaftlicher und betrieblicher Entwicklungen nicht mehr als Bezugskategorie der Berufsbildung und damit auch der Weiterbildung tauge (Severing 2001; vgl. als Gegenposition dazu Meyer 2003b).

Basis für die Analyse, die in Kapitel fünf im Hinblick auf das IT-Weiterbildungssystem vorgenommen wird. Bei der Konzeption und Etablierung des IT-Weiterbildungssystems sind wesentliche Problemaspekte, die hier nachfolgend herausgearbeitet werden, aufgenommen worden und haben dort eine weitgehend akzeptierte Lösung erfahren.

1.1 Berufliche Weiterbildung

Die berufliche Weiterbildung wird hier in einer eher formalen Perspektive zunächst im Hinblick auf die gesetzlichen Regulierungen und ihren Stellenwert im Berufsbildungssystem dargestellt. Dabei wird sie im Verhältnis zur beruflichen Erstausbildung und zum Berufsprinzip fokussiert.

1.1.1 Gesetzlicher Rahmen der Weiterbildung

Im Berufsbildungsgesetz sucht man den Begriff „Weiterbildung" vergeblich (vgl. Hurlebaus 1999). Das Berufsbildungsgesetz (BBiG) regelt allerdings Teile dessen, was im Alltagssprachgebrauch der Weiterbildung zugerechnet wird. Auf dem Gebiet der beruflichen Fortbildung regelt das BBiG das Prüfungsrecht, es enthält jedoch dazu *keine* inhaltlichen Vorschriften (z.B. über Curricula). Die Regelungen beziehen sich im Wesentlichen auf berufliche Fortbildung, die in der Regel eine abgeschlossene Berufsausbildung und/oder eine umfassende Berufserfahrung voraussetzt. Dabei wird unterschieden in solche Maßnahmen, die einen beruflichen Aufstieg ermöglichen (Aufstiegsfortbildung) und andere, die das Ziel haben, die beruflichen Kenntnisse und Fertigkeiten zu erhalten, zu erweitern oder der technischen Entwicklung anzupassen (Anpassungsfortbildung). Geregelt ist weiterhin die berufliche Umschulung bei Arbeitslosigkeit und im Zuge von Rehabilitationsmaßnahmen.

Für die berufliche Weiterbildung gilt der Grundsatz der Subsidiarität.[5] Das heißt, der Staat greift nur in Einzelfällen unterstützend durch den Erlass von Rechtsverordnungen ein. Dabei wird davon ausgegangen, dass es in erster Linie eine Angelegenheit der für die einzelnen Wirtschaftszweige und Berufsbereiche zuständigen Stellen ist, für die Organisation des beruflichen Fortbildungswesens (einschließlich der Prüfungen) zu sorgen.[6] Im Einzelnen kommen im Bereich der Weiterbil-

5 Dabei wird als ein konstituierendes Element des Staatsrechts davon ausgegangen, dass der Staat in das Gemeinschaftsleben nur dann ordnend eingreift, wenn die zu regelnden Aufgaben von den untergeordneten Stellen nicht erfüllt werden können.

dung die folgenden gesetzlichen Grundlagen zur Geltung (vgl. Harney 1998, S. 14):

- Das Berufsbildungsförderungsgesetz, bildet die Abgrenzung zu den institutionalisierten Aus- und Fortbildungsberufen und räumt den „zuständigen Stellen" das Recht ein, berufliche Umschulung und Fortbildung zu betreiben. Es gilt nicht für das Handwerk.
- Die Handwerksordnung räumt als gesetzliche Grundlage den Handwerkskammern diese Rechte ein.
- Das Sozialgesetzbuch III regelt als Nachfolger des Arbeitsförderungsgesetz die arbeitsmarktbezogene Weiterbildung und ihre Finanzierungsgrundlagen.
- Das Hochschulrahmengesetz hat die wissenschaftliche Weiterbildung an Hochschulen zum Gegenstand.
- Das Fernunterrichtsschutzgesetz setzt die Standards für eine virtuelle, ortsungebundene Weiterbildung.
- Weitere Gesetze wie z.B. das Betriebsverfassungsgesetz, das Personalvertretungsgesetz, das Schwerbehindertengesetz, das Arbeitssicherheitsgesetz sichern zudem weiterbildungsbezogene Beteiligungsrechte von Arbeitnehmerinnen und Arbeitnehmern.

Darüber hinaus existieren in der Regel Weiterbildungsgesetze auf Landesebene. Diese landesgesetzlichen Regelungen sind mit normativen Vorgaben verbunden, die in erster Linie eine Sicherungsfunktion haben (vgl. Harney 1998, S. 24f.): die Sicherung subsidiärer Gestaltungsformen erfolgt durch die Regelung der Trägerschaft von Weiterbildung durch anerkannte Organisationen, die Personal- und Sachkostenzuschüsse erhalten. Damit verbunden sind jeweils landesrechtliche Anerkennungsverfahren zur Vergabe von Trägerschaften. Nicht zuletzt wird in den Ländergesetzen die Wahrung eines allgemeinen, nicht spezifischen (z.B. betrieblichen) Verwertungsinteressen dienenden Angebotes gesichert.

Insgesamt ist also festzustellen, dass der Staat sich im Bereich der Weiterbildung mit gesetzlichen Regelungen eher zurückhält. Auf der Basis des Subsidiaritätsprinzips bindet er die Verantwortung für die berufliche Weiterbildung in korpora-

---

6 Nach § 46 Abs. 2 BBiG kann das Bundesministerium für Bildung und Forschung im Einvernehmen mit dem Bundesminister für Wirtschaft und Technologie oder dem sonst zuständigen Fachministerium nach Anhören des Hauptausschusses des BIBB eine Rechtsverordnung erlassen, die nicht der Zustimmung des Bundesrates bedarf. Hier deutet sich für den Bereich der Berufsbildung die Bund-Länder-Problematik an, die in der aktuell geführten Föderalismusdebatte ihren Ausdruck findet und die auch für die erfolgreich Umsetzung des IT-Weiterbildungssystems Relevanz hat.

tistische Strukturen ein. Dieser Korporatismus ist gekennzeichnet durch die Bildung von Körperschaften, d.h. Verbänden, die rechtsfähig sind und zur Erfüllung staatlicher Zwecke unter Staatsaufsicht mit hoheitlichen Befugnissen ausgestattet werden. In Deutschland übernehmen die Kammern die Rolle als „zuständige Stellen". Die Kammern sind allerdings relativ unselbständige Organe. Ihnen fehlt in formaler Hinsicht das erforderliche Maß an Selbständigkeit, auch hinsichtlich der sachlichen und personellen Ausstattung an Verwaltungsmitteln (vgl. Hurlebaus 1999, S. 16).

Harney (1998) formuliert, dass dieses Prinzip der korporatistischen Regelung als deutsche Besonderheit gelten kann, weil hier die spezifischen Ordnungsstrukturen „für eine besondere institutionelle Zäsur zwischen universalistischen und partikularistischen Sphären der Weiterbildung" (ebd., S. 26) sorgen. Dies wird u.a. dadurch begünstigt, dass die Institutionen des Korporatismus stellvertretend für den Staat eine Moderatorenrolle übernehmen und damit die beruflich Weiterbildung den jeweiligen einzelbetrieblichen Verwertungsinteressen entheben:

> *„Durch seinen öffentlich-rechtlichen Status und die von dort her bestimmten Zulassungs-, Kontroll- und Zertifizierungsrechte wird die privatbetriebliche Trägerschaft der Ausbildung sozusagen entpartikularisiert. Für das deutsche Berufsbildungssystem ist der Betrieb eine quasi öffentliche Einrichtung, die man mit universalistischen Standards und Erwartungen belasten kann." (Harney 1998, S. 27)*

Dies ist zum einen ein weiteres Argument dafür, dass auch betriebliche Weiterbildung als *berufliche* Weiterbildung gelten kann und zum anderen spricht vor diesem Hintergrund einiges dafür, dass es sinnvoll sein könnte, die *berufsförmige* Organisation der Erstausbildung auch auf den Bereich der Weiterbildung zu übertragen. Dass dies funktioniert, zeigen die Regelungen, die für den IT-Sektor vorgenommen wurden. Dabei ist die Weiterbildung so geregelt worden, dass sie als Fortsetzung der beruflichen Erstausbildung und damit auch als Teil des Berufsbildungssystems gelten kann. Dass dies aber bisher für die Weiterbildung in Deutschland nur in Ansätzen galt, wird im Nachfolgenden gezeigt.

1.1.2 Weiterbildung im Berufsbildungssystem

Die berufliche Weiterbildung war in Deutschland bisher vor allem im Vergleich zur Erstausbildung in einem geringen Maß institutionalisiert. Die traditionellen Strukturen des deutschen Berufsbildungssystems, die für den Bereich der beruflichen Erstausbildung greifen, wurden offensichtlich nur bedingt für geeignet gehalten, auch die berufliche Weiterbildung in vergleichbaren Strukturen zu organisieren. Insofern ist der Begriff der Weiterbildung einerseits von der beruflichen *Erst*ausbildung, die sich in Deutschland bisher im Dualen System und im Berufsfachschulwesen vollzog, abzugrenzen. Andererseits baut die Weiterbildung in der Regel faktisch auf der Erstausbildung auf. Auch nach der Definition des deutschen Bildungsrates wird sie deshalb als Fortsetzung der Erstausbildung bzw. als gleichwertige Säule neben der Erstausbildung verstanden:

> *„Seit Anfang der 70er Jahre wird die Weiterbildung als ein eigenständiger vierter Bildungsbereich betrachtet, auch wenn dies gemessen an seinem quantitativen Umfang und seiner gesellschaftlichen Bedeutung nach wie vor eher ein Postulat als Realität ist." (Faulstich 1992, S. 9)*

Weiterbildung ist also in Deutschland auf Grund der spezifischen berufsbildungspolitischen Situation nicht losgelöst von der Erstausbildung zu thematisieren. Dies gilt vor dem Hintergrund, dass es viele bildungspolitische Konzepte gibt, die die Regelung der Übergänge zwischen Aus- und Weiterbildung zum Gegenstand hatten, mit dem Bestreben, zu einem in sich geschlossenen, kohärenten Berufsbildungssystem zu kommen. Insofern gehört faktisch im bildungspolitischen Handeln der letzten 30 Jahre „die Verbindung von Aus- und Weiterbildung zu den Kernelementen der Reformarchitektur" (ebd., S. 199).

Sauter (2003) hat den Bereich der Erstausbildung dem der Weiterbildung gegenübergestellt und gravierende Unterschiede beschrieben, die eine Vergleichbarkeit der beiden Bereiche fast unmöglich machen. Allein der quantitative Rahmen verdeutlicht, dass der Bereich der Weiterbildung in Deutschland gegenüber dem der Erstausbildung schwach entwickelt ist. Den 345 bundeseinheitlich geregelten Berufsbildern in der Erstausbildung stehen 190 Fortbildungsregelungen gegenüber und zahlreiche Einzelregelungen auf unterschiedlicher gesetzlicher Basis. Während das System der Berufsausbildung zwei Drittel eines Geburtsjahrganges durchlaufen, nehmen nur ca. sieben Prozent der Gesamtbevölkerung an den nach dem Berufsbildungsgesetz geregelten Fortbildungsmaßnahmen teil. Weitere Einzelheiten sind der nachstehenden Tabelle zu entnehmen.

Tab. 1 Ordnungspolitische Merkmale der Erstausbildung und der Weiterbildung nach Sauter (2003)

Merkmal	Erstausbildung im dualen System	Berufliche Weiterbidung/ Fortbildung
Quantitativer Rahmen		
Anzahl Berufe	345	477 regional; 190 Bund
Anzahl Regelungen	345	2614 (BBiG; HwO)
Teilnahme	2/3 eines Altersjahrganges	7,2 % der Gesamtbevölkerung
Verbindlichkeit der Ordnungen	Monopol der anerkannten Ausbildungsberufe	Marktregulierung
Zielsetzung	Gesamtqualifizierung auf der Grundlage des Berufskonzeptes	Anpassungs-, Aufstiegsfortbildung und Umschulung
Funktion	Berufsfähigkeit Handlungskompetenz	Arbeitsmarkt- und Beschäftigungsfähigkeit (employability)
Struktur	Homogen nach Berufsmerkmalen (§25,3 BBiG)	Heterogen, nur ein geringer Teil der gesamten WB ist geregelt
Curriculare Gestaltung	Ausbildungsrahmenplan und schulischer Rahmenlehrplan	Prüfungsregelung mit unverbindlicher Lehrgangsempfehlung
Verantwortung	Staat und Sozialparteien	Staat und Sozialparteien

Auffällig ist, dass trotz der relativ geringen Regelungsdichte im inhaltlichen Bereich der Weiterbildung der Übergang zwischen dem Ausbildungssystem und einer geregelten Weiterbildung (d.h. hier Fortbildung im Sinne des BBiG) deutlich reglementiert ist: so gilt z.B. die Erstausbildung und/oder eine mehrjährige Berufspraxis als Zulassungsvoraussetzung zu den Fortbildungsprüfungen. Berufserfahrung ist zwar als Zulassungskriterium für die Fortbildung relevant, da sie jedoch in der Regel nicht in zertifizierter Form vorliegt, ist sie für den Einzelnen nur begrenzt als eigenständige Qualifikation verwertbar. Durch die verringerte Anzahl der Fortbildungsberufe gegenüber den Erstausbildungsberufen ist die Möglichkeit zum beruflichen Aufstieg und damit zur Karriereentwicklung deutlich eingeschränkt. Hinzu kommt, dass es im Unterschied zur Ausbildung in der Weiterbildung keine gesicherten Lernzeitenansprüche gibt und dass auch hinsichtlich der Finanzierung in der Weiterbildung neben dem Betrieb und dem Staat auch der Einzelne stärker beteiligt wird als in der Ausbildung.

Obwohl das deutsche Modell der Erstausbildung im Dualen System weltweit, auch in der Konkurrenz zu anderen Berufsbildungssystemen, als Vorbild für eine gelungene Form der sozialen Organisation von Arbeit galt, konnte dieses System trotz bildungspolitischer Bestrebungen seit den 1970er Jahren nur in Ansätzen für die Weiterbildung umgesetzt werden. In *bildungspolitischer* Perspektive können auf der konzeptionellen Ebene unterschiedliche Positionierungen im Hinblick auf die Stellung der Weiterbildung verzeichnet werden[7], die vor allem das Verhältnis von organisierten Lernformen zu nicht-organisierten Lernformen thematisierten (vgl. zusammenfassend Sauter 2003):

Im *Strukturplan für das Bildungswesen von 1970* ging es zunächst um eine bildungsökonomische Neuverteilung von Bildungszeiten über die Berufsbiographie und die Lebensspanne von Erwerbspersonen. Weiterbildung sollte als selbstverständlicher Teil der Berufsausübung anerkannt und gesetzlich bzw. tariflich geregelt werden. Zwar zielte der Begriff in erster Linie auf organisiertes und formalisiertes Lernen im Bildungssystem, aber auch die Bildungswirkung informeller Lernprozesse wurde hier explizit hervorgehoben und neben dem formalisierten Lernen als gleichwertig anerkannt.

Auch im *Recurrent-Education-Konzept der OECD von 1973* wurde die Kritik an der Überbewertung organisierten Lernens aufgenommen und es wurden die Defizite für die Berufspraxis herausgestellt. Dieses Konzept verstand sich als ein integratives Gesamtbildungskonzept für alle Erwachsenen unter Betonung offener Lernformen. Einerseits ging es darum, Zugänge zum lebenslangen Lernen zu organisieren und Phasen des Wissenserwerbs und der -anwendung miteinander zu verschränken. Andererseits sollten auch verschiedene Lebens- und Lernbereiche miteinander verbunden werden und organisiertes Lernen durch soziales und fachübergreifendes Lernen ergänzt werden. Erstausbildung, Hochschule und Institutionen der Weiterbildung wurden hier als Teile eines Gesamtsystems verstanden (ebd.).

Ein *eigenständiges und gleichwertiges Berufsbildungssystem*, in dem die Gleichwertigkeit von beruflicher und allgemeiner Bildung erzielt wird, schlug das Bundesinstitut für Berufsbildung (BIBB) 1994 vor. Dabei sollte eine vertikale Durchlässigkeit im Bildungssystem erreicht werden, die Übergänge von der beruflichen Erstausbildung in die Hochschulen sollten neu geregelt werden und der Sackgassencha-

---

7 Die Diskussion um Weiterbildung und entsprechende Bildungsreformüberlegungen ging offen-sichtlich stark von der Unternehmerseite aus. Faulstich (1992) verweist in diesem Zusammenhang auf Arbeiten des Instituts der Deutschen Wirtschaft und die regelmäßig durchgeführten Kongresse zum Thema berufliche Weiterbildung des Deutschen Industrie- und Handelskammertages (DIHT).

rakter des Dualen Systems sollte durch den Ausbau dualer Bildungswege überwunden werden. In einer horizontalen Dimension ging es darum, Arbeiten und Lernen miteinander zu verbinden. Im Einzelnen wurde vorgeschlagen, eine Modularisierung von Weiterbildungskonzepten, den Ausbau von Fortbildungsabschlüssen sowie eine Verstärkung von Verbünden zwischen den politischen Akteuren und den Bildungsanbietern zu erreichen (ebd.).

In eine ähnliche Richtung gingen auch die Vorschläge des Sachverständigenrates Bildung der Hans-Böckler-Stiftung 1998. Auch hier wurde ein Gesamtsystem lebensbegleitenden Lernens gefordert, in dem die Übergänge zwischen den Teilbereichen Erstausbildung, Studium und Weiterbildung vor allem orientierende Funktion haben. Ein neues Verhältnis von individueller und öffentlicher Verantwortung und damit verbunden ein höheres Maß an Selbststeuerung und Eigenverantwortung sind kennzeichnend für diesen Vorschlag (vgl. Hovestadt 1999).

In allen Ansätzen ging es im Wesentlichen darum, das Bildungsangebot zu modularisieren und zu flexibilisieren und Teilqualifikationen und informell erworbene Kompetenzen separat zu zertifizieren. Weiterhin sollte der Einfluss des Bildungsnachfragers gestärkt und die ordnungspolitischen Grenzen der Teilsysteme geöffnet werden (vgl. Sauter 2003, S. 203). Diese Forderungen ordnungspolitisch umzusetzen, ist jedoch bisher in Deutschland nur in Ansätzen gelungen. Öffentlich-rechtliche Fortbildungsabschlüsse und geregelte Weiterbildungsmaßnahmen machen nur einen geringen Anteil des gesamten Weiterbildungsvolumens aus. Die quantitativ bedeutendsten Segmente der beruflichen Weiterbildung sind die *betriebliche* Weiterbildung und die nach dem Sozialgesetzbuch (SGB) III geförderte *öffentliche* Weiterbildung. Es deuten sich allerdings im Zuge aktueller Entwicklungen, die hier in Kapitel zwei noch näher erläutert werden, zum einen Verschiebungen zwischen diesen Bereichen und zum anderen das Entstehen eines privaten, marktwirtschaftlich organisierten Weiterbildungssektors an.

Zusammenfassend kann hier mit Zimmer (1996) durchaus bezweifelt werden, dass die berufliche Weiterbildung ein integraler Bestandteil des Bildungssystems ist, „da ihr in weiten Teilen alle typischen Charakteristika des Bildungssystems fehlen" (ebd. S. 36).[8] Im Vergleich zu anderen Ländern werden für Deutschland in der Literatur unterschiedliche Schlussfolgerungen im Hinblick auf die Integration der Weiterbildung in das Berufsbildungssystem getroffen. So konstatiert z.B. Grünewald (1999) eine geringe Einbindung der Weiterbildung in das Berufsbil-

8 Gemeint sind hier eine relative Abgeschlossenheit als System, das Bestehen gesetzlicher Regelungen, die sich sowohl auf inhaltliche Strukturelemente als auch auf Prozesse beziehen, eindeutige Zuständigkeiten und Beteiligungsformen u.ä.; vgl. dazu ausführlicher Kapitel 5.1.

dungssystem, weil „in kaum einem anderen Mitgliedsland der europäischen Union [...] die Segration und Abschottung der einzelnen Teilbereiche der beruflichen Weiterbildung so ausgeprägt [ist] wie in Deutschland“ (ebd., S. 148). Harney (1998) stellt dagegen fest, dass in Deutschland im Vergleich zu anderen Ländern durch die berufsförmige Organisation der Weiterbildung überhaupt erst die Möglichkeit einer Parallelkarriere zum Schul- und Hochschulsystem geschaffen wird, indem die berufliche Ausbildung den Übergang in verschiede Formen der Fortbildung ermöglicht (ebd., S. 29). Dies allerdings sei nur durch den Regulationsraum des *Berufs* möglich. Vor dem Hintergrund, dass das BIBB eine Ausweitung des Berufsprinzips auch auf den Bereich der Weiterbildung fordert (vgl. Sauter 2002) und dass im IT-Sektor die Weiterbildung im Sinne beruflicher Aufstiegs- und Entwicklungswege ausdrücklich auf der Basis von Beruflichkeit geregelt wurde, wird hier nachfolgend auf die Merkmale dieses Prinzip eingegangen.

1.1.3 Weiterbildung und Berufsprinzip

Trotz des im Vergleich zur Erstausbildung relativ geringen Institutionalisierungsgrades der beruflichen Weiterbildung, kann als deutsches Spezifikum konstatiert werden, dass die Weiterbildung zumindest in Ansätzen *beruflich* organisiert ist. Dies trifft auf die nach dem Berufsbildungsgesetz geregelten Fortbildungsberufe in hohem Maß zu und zum Teil auch auf die einzelnen regionalen Regelungen. Der Bereich der betrieblichen Weiterbildung unterliegt dagegen, wie gezeigt wurde, vermittelt über das korporatistische Regelungsmodell dem Berufsmodus.

In Deutschland richtet sich die Berufsbildungspolitik explizit auf die *berufsförmige* Gestaltung von Arbeit. Berufe sind hier stärker institutionell und sozial vorstrukturiert als in anderen Ländern und sie bezeichnen „ein Ordnungsmuster zur Regelung von Ausbildung und Arbeitsmarkt, welches umfassende sozialisatorische, biografische, qualifikatorische, statusbezogene und soziale Konsequenzen in sich birgt.“ (Clement 2002, S. 37) Die hohe Institutionalisierung drückt sich darin aus, dass viele Elemente von Arbeit auf Dauer gestellt und gesetzlich geregelt sind. Als Indiz für die weltweit einzigartige Institutionalisierungsdichte von Beruf und Beruflichkeit können in Deutschland das Grundgesetz (Art. 12), das Berufsbildungsgesetz (BBiG) und viele andere Gesetze, in denen Fragen beruflicher Bildung geregelt werden (s.o.), gelten. Dafür steht auch die Existenz des BIBB sowie kammer- und berufsrechtliche Bestimmungen und die an den Beruf angelehnten sozialrechtlichen und tariflichen Regelungen. Diese bildungspolitische, unter hohem staatlichen Einfluss geregelte, berufsförmige Gestaltung von Arbeit entlastet den Einzelnen von dem Zwang zu individuellen sozialen Regelungen, die sich andernfalls in permanenten individuellen Aushandlungsprozessen ausdrücken würde, wie das zum Teil in der betrieblichen Weiterbildung derzeit der Fall ist.

Insofern kann konstatiert werden, dass mit der berufsförmigen Organisation von Erwerbsarbeit im Unterschied zu *nicht*-beruflich organisierter Arbeit auch die Gestaltung zentraler sozialer Chancen (wie z.B. Chancengleichheit, Mobilität und die Erwerbssicherung) zumindest geregelt, wenn auch nicht garantiert wird.[9] Im Einzelnen können als Ausdruck einer berufsförmigen Gestaltung von Arbeit die Definition von Qualifikationsstandards, die Regelung spezifischer Zuständigkeiten und Zugänge, die Organisation des Qualifikationserwerbs in formalen Strukturen, die Zertifizierung von Qualifikationen, das Entstehen von Netzwerken bzw. Interessenverbänden sowie eine kollektive Absicherung von Gratifikationen gelten. Wenn erkennbar wird, dass diese Elemente unter der kollektiven Beteiligung der Betroffenen selbst geregelt werden, deuten sich Prozesse der Verberuflichung bzw. der Professionalisierung an.

Für den Bereich der Weiterbildung ist dies erst in Ansätzen realisiert. Insofern ist für diesen Bereich eine Verberuflichung bzw. Professionalisierung anzustreben. Vor dem Hintergrund, dass sich Beruflichkeit in unterschiedlichen Qualitäten, z.B. als Beruf oder als Profession, ausdrücken kann, könnte im Bereich der Weiterbildung je nach Regelungstiefe eine mehr oder weniger starke Professionalisierung einzelner Bereiche erzielt werden. Die Übergänge von der einen in die andere Kategorie sind dabei eher fließend und werden als Prozess der Verberuflichung bzw. Professionalisierung bezeichnet. Wesentliches Kennzeichen für diesen Prozess ist die Veränderung von einer „einigermaßen ausgeprägten zu einer besonders starken Systematik des Wissens und die Ausweitung der sozialen Orientierung [...] zur ausgesprochenen Kollektivitätsorientierung.“ (vgl. Hartmann 1968, S. 201) Professionen sind insofern als eine gehobene Form von Berufen zu verstehen und Professionalität als Status kann dementsprechend auch für die Weiterbildung als eine qualitativ gesteigerte Form von Beruflichkeit, wie sie z.B. für die Erstausbildung kennzeichnend ist, verstanden werden. Zu fragen ist also, welche Maßnahmen im Einzelnen ergriffen werden müssten, um den Bereich der beruflichen und auch der betrieblichen Weiterbildung, die Gegenstand des folgenden Kapitels ist, zu professionalisieren.[10]

---

9 Damit ist Beruflichkeit immer auch als prinzipielle Chance zur sozialen Gestaltbarkeit von Arbeit zu verstehen und sie ermöglicht außerdem auf Grund der Unabhängigkeit von spezifisch kulturellen Besonderheiten eine transnationale Kommunizierbarkeit.

10 Entlang des Konzepts der „klassischen“ Professionen sind für den Prozess der Professionalisierung eine theoretisch fundierte Berufsausbildung, einflussreiche Berufsverbände, die Bindung an bestimmte Verhaltensregeln sowie Einfluss, Prestige und eine hohe Einkommenserwartung kennzeichnend.

Insgesamt ist festzustellen, dass die berufliche Weiterbildung grundsätzlich einem Selektions- und Segmentationsproblem (vgl. Baethge 1992, S. 317) unterliegt. Alle bisher durchgeführten sozialwissenschaftlichen Forschungen belegen, dass die Beteiligung an beruflicher wie auch an betrieblicher Weiterbildung gleichermaßen stark nach Berufsposition, Bildungs- und Qualifikationsniveau, Berufsgruppen- und Branchenzugehörigkeit sowie nach Alter und Geschlecht differiert (vgl. auch Seyd 1994). Offensichtlich wirkt bei der Weiterbildungsbeteiligung sowohl an der beruflichen als auch der betrieblichen Weiterbildung ein relativ dauerhaftes Muster, das die Sozialstruktur der Teilnahme an Weiterbildung immer wieder reproduziert und nur schwer zu durchbrechen ist. [11] Dies zu ändern war mit der Forderung nach einem Weiterbildungsgesetz über Jahrzehnte das Bestreben von Gewerkschaften. Zu fragen ist, inwieweit berufliche und betriebliche Weiterbildung über bundeseinheitliche Regelungen im Interesse der Arbeitnehmerinnen und Arbeitnehmer zusammengeführt werden können.

1.2 Betriebliche Weiterbildung

Betriebliche Weiterbildung kann als die dominante Form der beruflichen Weiterbildung gelten (vgl. Dobischat 1999). Die betriebliche Weiterbildung ist weitgehend privatwirtschaftlich organisiert. Das Ziel der betrieblichen Weiterbildung ist in erster Linie die Anpassung der Qualifikation der Arbeitnehmer an die betrieblichen Erfordernisse. Dies gilt sowohl in technischer Hinsicht als auch bezogen auf arbeitsorganisatorische Veränderungen (z.B. bei der Einführung von Gruppenarbeit). Im Unterschied zur beruflichen Weiterbildung, so wie sie oben beschrieben wurde, ergibt sich in der betrieblichen Weiterbildung das Ziel von Qualifizierungsmaßnahmen in der Regel aus den Qualifizierungserfordernissen des Betriebes zum jeweiligen Zeitpunkt, an dem ein Qualifizierungsbedarf festgestellt wird.

Ähnlich wie für die berufliche Weiterbildung ergeben sich für den Bereich der betrieblichen Weiterbildung Probleme im Hinblick auf eine systematische Darstellung, weil dieser Bereich nur marginal Gegenstand wissenschaftlicher Betrachtung ist. Es gibt dazu kaum empirische Untersuchungen (vgl. Hendrich/ Büchter 1999) und wenig theoretisch fundierte systematische Annäherungsversuche. Historische Forschungen zur betrieblichen Weiterbildung belegen, dass ihre Thematisierung damit deutlich hinter ihrer realen Entwicklung zurückbleibt, vgl. Büchter 2004.

11 Weitgehend ungeklärt ist bisher, welchen Stellenwert die betriebliche Weiterbildung im Rahmen erwerbsbiographischer Veränderungen hat (fbl. Iller 2004), relativ gut untersucht ist dagegen das Phänomen der Weiterbildungsabstinenz (vgl. Bolder/Hedrich 2002).

Obwohl der Betrieb historisch gesehen schon immer ein Ort war, an dem sich berufliche Weiterbildung vollzogen hat, ist die betriebliche Weiterbildung erst in der jüngeren Vergangenheit explizit Gegenstand der berufs- und wirtschaftspädagogischen Forschung geworden (vgl. Gonon/Stolz 2004; Dehnbostel/Pätzold 2004).[12] Auffällig ist, dass insbesondere empirische Studien sich vor allem der Weiterbildung in kleinen und mittleren Unternehmen (KMU) widmen. Wie im folgenden gezeigt wird, ist dort eine besondere Situation im Hinblick auf die Qualifizierungsnotwendigkeiten und die strukturellen Rahmenbedingungen von Weiterbildung zu verzeichnen.

Die Qualifizierung erfolgt in der betrieblichen Weiterbildung verwertungsorientiert und die Gestaltung der Maßnahmen unterliegt der politischen Rationalität und Funktionalität des Betriebes (vgl. Hendrich 1998). Wie oben schon ausgeführt wurde, ist der Begriff der betrieblichen Weiterbildung zwar durch die *betriebliche* Handlungslogik bestimmt, diese ist allerdings immer im Verhältnis zu anderen Handlungslogiken, wie z.B. Politik, Recht, Schule u.ä., zu sehen (Harney 1998). Durch einen jeweils gewählten Standpunkt der Betrachtung wird auch eine Rahmung vorgegeben und durch die gewählte Unterscheidung ergibt sich eine jeweils spezifische Perspektive:

> *„Während die berufliche Handlungslogik Rahmung des Handelns herstellt, die auf personenbezogene Kompetenz- und aufgabenbezogene Perfektionssteigerung abzielen, stellt die betriebliche Handlungslogik die verschiedenen Ebenen der Ressourcenknappheit in den Vordergrund [...]. Betriebe sind vor diesem Hintergrund nichts anderes als die Organisationsseite der betrieblichen Handlungslogik." (ebd., S. 40)*

Die betriebliche Weiterbildung ist als Teil der beruflichen Weiterbildung noch weniger strukturiert als diese. Der Staat greift hier nicht regulierend ein, Bildungsziele und Methoden bleiben den Betrieben überlassen und unterliegen nicht der öffentlichen Kontrolle. Büchter (2002) beschreibt, dass die betriebliche Weiterbildung damit traditionell für die Öffentlichkeit intransparent war und nach wie vor ist. Sie orientiert sich an „weitgehend selbstverwalteten Modi der Qualifizierung und Sozialintegration" (ebd., S. 336) und kann damit als Instrument zur Qualifi-

12 Ende der 1980er Jahre hat der damalige Bundesminister zwei Gutachten zum Forschungsstand und zu Forschungsperspektiven im Bereich der betrieblichen Weiterbildung in Auftrag gegeben. Diese Gutachten wurden jeweils aus der Perspektive der Arbeitgeber vom Institut der deutschen Wirtschaft und aus der Sicht der Arbeitnehmer vom Soziologischen Forschungsinstitut (SOFI) in Göttingen erstellt. (vgl. BMBW 1990); ein neueres Gutachten im Auftrag der Hans-Böckler-Stiftung thematisiert die Anforderungen und Probleme beruflicher und betrieblicher Weiterbildung aus der Sicht der Arbeitnehmerinteressen (vgl. Baethge u.a. 2003).

zierung, zur Verteilung von Zugangschancen zu betrieblichen Positionen und damit auch als personalpolitisches betriebliches Regulativ gelten.

1.2.1 Weiterbildung als Lernen in der Arbeit

Obwohl die Investitionen in die betriebliche Weiterbildung in Deutschland seit den 1970er Jahren stark angestiegen sind, verweisen aktuelle Zahlen auf rückläufige Trends. Neueste Zahlen zur betrieblichen Weiterbildung liegen für Deutschland mit den Ergebnissen einer europaweiten Erhebung zur Beruflichen Bildung (Continuing Vocational Training Survey - CVTS) vor, die im Jahr 2000 zum zweiten Mal im Auftrag der Europäischen Kommission unter Beteiligung des BIBB bei insgesamt 76 Tausend Unternehmen in 25 Ländern durchgeführt wurde (vgl. Grünwald u.a. 2003). Die erste Befragung hatte im Jahr 1995 stattgefunden.[13] Befragt wurden die Unternehmen nach ihrem Weiterbildungsangebot, der Weiterbildungsbeteiligung, der Anzahl der Weiterbildungsstunden sowie nach den Kosten der betrieblichen Weiterbildung. Im Europäischen Vergleich belegte Deutschland mit einer Quote von 67 % von Unternehmen, die ihren Mitarbeitern eine Weiterbildung in Form von Kursen, Lehrgängen und Seminaren angeboten haben, den neunten Platz.[14] Insgesamt belegen die Ergebnisse dieser Studie, dass die betriebliche Weiterbildung in Deutschland im Vergleich zu anderen Ländern noch deutliche Entwicklungspotenziale aufweist. Zusammenfassend bezeichnet Grünwald (1999) als das wichtigste Ergebnis einer gemeinsamen Studie des BIBB, des Instituts der deutschen Wirtschaft und des Instituts für Entwicklungsplanung und Strukturforschung, „die Erkenntnis, dass sich arbeitsintegriertes Lernen der-

---

13 Im Rahmen einer Zusatzerhebung wurden damals in Deutschland knapp 500 Unternehmen zu den Auswirkungen der Globalisierung und des strukturellen Wandels auf die betrieblichen Rekrutierungs- und Qualifizierungsstrategien befragt (vgl. Grünewald/Moraal 2001). Die Ergebnisse sind im Kontext dieser Arbeit nur zum Teil relevant. Unter dem Aspekt der Interessenorientierung ist z.B. zu erwähnen, dass 53 % der Betriebe angaben, sie suchten einen Kompromiss zwischen den betriebsspezifischen Interessen und dem übergreifenden Konzept des lebenslangen Lernens, wobei sich letzteres allerdings den betrieblichen Zielen unterzuordnen hätte (vgl. ebd. S. 9). Dominante Lernformen waren die Unterweisung durch Vorgesetzte und Einarbeitungen am Arbeitsplatz, wobei insgesamt die Auffassung dominierte, dass eine zunehmende Eigenverantwortung durch die Individuen für ihre Qualifizierung übernommen werden müsste.

14 Die Ergebnisse der Studie belegen, dass insgesamt nur 36% aller Arbeitnehmer in Deutschland die Chance zur Teilnahme an einer betrieblichen Weiterbildung im Unternehmen haben (Platz 16). Mit 27 Kursstunden pro Teilnehmer liegt Deutschland bezogen auf die Weiterbildungsintensität nur an 22ster Stelle. Bei den Kosten hingegen nehmen wir europaweit Platz fünf ein. Weitere Ergebnisse der jüngsten CVTS Studie der Europäischen Kommission weisen Deutschland dagegen eher im Mittelfeld aus: 24% aller deutschen Unternehmen ermitteln ihren zukünftigen Personalbedarf, 42 % erheben die Qualifikation und den Bildungsbedarf, 22% erstellen Weiterbildungspläne, 17% haben ein spezielles Budget und 44% evaluieren die Kurse.

zeit statistisch nicht erfassen läßt, weil die Definitionsprobleme unüberwindbar sind.“ (ebd., S. 146)

Bezogen auf die betriebliche Weiterbildung erweist sich sowohl die empirische Erfassung als auch die theoretische Systematisierung von Formen der Weiterbildung als Problem, da die Qualifizierung in der Regel an betrieblichen Lernorten stattfindet und häufig als ein Lernen in der Arbeit eng an die Geschäfts- und Arbeitsprozesse gekoppelt ist. Insofern ergeben sich erhebliche Schwierigkeiten bei dem Versuch, die einzelnen Formen betrieblicher Weiterbildung empirisch zu erfassen. Dies gilt insbesondere für die arbeitsplatznahen Formen[15] der betrieblichen Weiterbildung, in denen die Trennung zwischen Arbeiten und Lernen nicht ganz eindeutig zu vollziehen ist. Alle Versuche der Systematisierung von arbeitsintegrierten Formen betrieblicher Weiterbildung sind bisher fehlgeschlagen. Vor dem Hintergrund des Scheiterns der *empirisch* fundierten Erfassungsversuche der betrieblichen Weiterbildung haben Gonon und Stolz (2004) eine *theoretische* Annäherung an die betriebliche Weiterbildung vorgenommen. Auf diesen Ansatz wird nachfolgend näher eingegangen, weil - wie die Autoren selbst feststellen - diese theoretische Systematisierung als Akzentsetzung zu verstehen ist, die bisher wissenschaftlich nicht elaboriert wurde (ebd., S. 17).

Für die Bearbeitung betriebspädagogischer Fragen unterscheiden sie drei theoretische bzw. disziplinäre Stränge: demnach hat die *Betriebspädagogik und Organisationspädagogik* (1), schon seit den 1920er Jahren vor allem im Bereich der Industriearbeit eine Rolle gespielt. Dabei ging es vor allem um den gesundheitlichen Schutz des Menschen in der Arbeit, den Beitrag der Arbeit zu seiner Persönlichkeitsentwicklung und die Rolle von Qualifizierung als Beitrag zur Organisationsentwicklung. Als zweiten Strang benennen sie die Forschungen im Bereich der *Berufs- und Wirtschaftspädagogik* (2) und verweisen hier auf herrschaftskritische Ansätze aus denen sich zunächst auch bildungspolitische Forderungen für die Lehrlingsbewegung ableiteten und später auf einer eher individuellen Ebene die Bedeutung der Industriearbeit für die moralpädagogische Entwicklung von Jugendlichen thematisiert wurde. Der berufs- und wirtschaftspädagogische Blick auf die betriebliche Weiterbildung ist vor allem dadurch gekennzeichnet, dass sie als Ver-

15 Erst in den letzten Jahren hat der Arbeitsplatz als Lernort in der Theorie der Weiterbildung erheblich an Bedeutung gewonnen. Neue theoretische Ansätze, Formen und Methoden für das Lernen in der Arbeit gehen davon aus, dass die Vorteile von Praxis und Realitätsnähe genutzt werden können, um eine umfassende berufliche Handlungskompetenz zu erreichen. Eine Systematisierung betrieblicher Lernformen in Abhängigkeit zu ihrer Arbeitsplatznähe bzw. -ferne findet sich bei Dehnbostel 2001; empirische Studien zur arbeitsplatznahen Weiterbildung vgl. zusammenfassend Grünewald 1999; Dobischat 1999) die Probleme der Erhebung ergeben sich u.a. aus der Schwierigkeit der Anerkennung von Arbeitsprozessen als Bildungsprozesse; vgl. dazu auch das Berichtssystem Weiterbildung VII (vgl. BMBF 2001).

längerung des Berufskonzeptes über die Erstausbildung hinaus verstanden wird und zudem an Lernorte gebunden ist. Eine eher auf *Weiterbildungsforschung* (3) bezogene theoretische Perspektive machen Gonon und Stolz im Bereich mikropolitischer Untersuchungen zu unterschiedlichen Interessenlagen aus.

Bei dieser an Disziplinen orientierten wissenschaftstheoretischen Darstellungslogik zur betrieblichen Weiterbildung fällt auf, dass eine Verortung der Thematik nicht eindeutig zu leisten ist, da sich bei den Kategorien, die herausgearbeitet wurden, inhaltliche Überscheidungen in der Zuordnung zu den Disziplinen ergeben. Die Autoren selbst brechen diese Darstellungslogik daher auch zugunsten einer weiteren Systematisierung auf, die sich an den Grundannahmen in Bezug auf die Dominanz einer eher pädagogischen oder eher ökonomischen Handlungslogik orientieren. In dieser Systematisierung entwickeln sie wiederum drei Kategorien: Die *Konvergenzthese* (1) verfolgt demnach den Anspruch, sowohl die Kluft zwischen allgemeiner und beruflicher Bildung als auch die zwischen pädagogischer und ökonomischer Vernunft zu überwinden. Die *Differenzierungsthese* (2) unterstellt jeweils die Eigenlogik der Systeme Wirtschaft und Erziehung und unterstreicht die jeweiligen Systemlogiken des Handlungsfeldes. Die *Transformationsthese* (3) dagegen versucht eine Integration, indem sie die Bedarfsorientierung betrieblichen Lernens unterstreicht. Der Begriff der Transformation zielt dabei auch auf eine ordnungspolitische Annäherung.

Zusammenfassend ist festzustellen, dass sich für die Schwierigkeit einer systematischen - sowohl empirischen als auch theoretischen Erfassung - von Maßnahmen der betrieblichen Weiterbildung zur Zeit keine Lösungsansätze absehen lassen.[16] Dies liegt nicht zuletzt daran, dass die betriebliche Weiterbildung kaum losgelöst von dem jeweiligen betrieblichen Kontext thematisiert werden kann. Sie steht auf Grund ihrer engen Anbindung an die Geschäfts- und Arbeitsprozesse in Zusammenhang mit anderen Organisationsbereichen des Unternehmens, wie z.B. der Personal- und Organisationsentwicklung. Dieser Aspekt wird nachfolgend auch unter dem Aspekt der Verortung von betrieblicher Weiterbildung im Unternehmen näher betrachtet.

16 Anzumerken ist, dass die Thematisierung betrieblicher ebenso wie die der beruflichen Weiterbildung immer auch ökonomischen sowie bildungs- und professionspolitischen Interessen unterliegt.

1.2.2 Weiterbildung im Kontext betrieblicher Arbeitsorganisation

Maßnahmen der betrieblichen Weiterbildung sind, angesichts ihrer engen Ausrichtung an den Verwertungsinteressen des Betriebes, auch immer im Kontext der betrieblichen Personalentwicklung und Organisationsentwicklung zu sehen:

> *„Betriebliche Weiterbildung realisiert sich zunehmend als ein Organisationslernen. Dabei beschränkt man sich nicht länger nur auf das Individuum und seine Kompetenzentwicklung, sondern bemüht sich, die Einbindung des einzelnen in die Entwicklung seines Arbeitsplatzes, seiner Abteilung und seines Betriebes stärker in den Blick zu rücken." (Arnold 1998a, S. 93)*

In der Literatur wird betriebliche Weiterbildung meist in einer eher *institutionellen* Perspektive im Hinblick auf Strukturmerkmale und den Stellenwert im Unternehmen, der z.B. in der Existenz oder Nicht-Existenz einer Weiterbildungsabteilung ihren Ausdruck findet, thematisiert. Wie auf der Ebene der beruflichen Bildung gilt insofern auch hier der Grad der Institutionalisierung als relevantes Merkmal, allerdings hier *innerhalb* des Unternehmens. Bezogen auf die Verzahnung von Weiterbildung und arbeitsorganisatorischen Veränderungen lassen sich nach Harney (1998) vier Möglichkeiten der organisatorischen Platzierung der Weiterbildung feststellen: zum einen kann Weiterbildung in einer zentralen Stabsstelle organisiert sein. Sie kann dagegen auch dezentral in andere Unternehmenseinheiten integriert sein. Als dritte Variante kommen Mischformen der beiden ersten vor. Als vierte Variante kennzeichnet er, wenn Weiterbildung als Mitlauf der normalen Personalführungspraxis gestaltet ist (ebd., S. 48).

Im Rahmen einer *funktionalen* Betrachtung der Rolle von Weiterbildung im Betrieb ist festzustellen, dass im Zuge von Weiterbildungsmaßnahmen gleichzeitig eine Reproduktion von Person und Organisation stattfindet, wobei die Reproduktionsleistung der Organisation darauf zielt, betriebliche Anpassungsleistungen zu erbringen, während die der Person eigene Autonomiebestrebungen verfolgt. Insofern impliziert dieser Prozess immer auch eine Integrationsleistung von Organisation und Person (vgl. Harney 1998, S.8). Dies gilt insbesondere vor dem Hintergrund, dass betriebliche Organisationsprozesse immer häufiger mit individuellen Lernprozessen gekoppelt werden (vgl. Geißler/Orthey 1997, S. 16f.). Die Unternehmen setzen Weiterbildung zur Bewältigung des Strukturwandels ein, was zur Folge hat, dass die betriebliche Weiterbildungspolitik zum Teil auch persönliche Formen des Lernens steuert. Geißler und Orthey (1997) unterscheiden vier Typen von betrieblicher Weiterbildung, die in der Realität der Unternehmen zu

Einsatz kommen und in unterschiedlichem Maß als Motor der Unternehmensentwicklung gelten können (S. 20f.):

Typ 1: Weiterbildung als Form pragmatischer Anpassung an Veränderung

Typ 2: Weiterbildung zur gezielten betrieblichen Personalentwicklung

Typ 3: Weiterbildung als funktionaler Bestandteil des Betriebssystems mit Leistungsoption für personale und für das soziale Interaktionssystem

Typ 4: Weiterbildung als Form reflexiver und qualitativer Modernisierung im Betrieb

Es kommt damit zu einer wechselseitigen Beeinflussung von individueller Kompetenzentwicklung, Weiterbildung und Organisationsentwicklung. Einerseits tragen die Maßnahmen der betrieblichen Weiterbildung auch zur Personalentwicklung und Organisationsentwicklung bei, andererseits können auch betriebliche Reorganisationsmaßnahmen Auswirkungen auf die Qualifikation der Mitarbeiter haben, ohne dass sie explizit als Maßnahme einer internen Qualifizierung gewertet werden. Weiterbildung wird damit selbst zunehmend zu einem integralen Bestandteil der betrieblichen Organisationsentwicklung.[17]

Mit dem Einzug neuer Formen der Arbeitsorganisation und im Zuge der Umsetzung von Lean-Production-Konzepten in deutschen Industrieunternehmen verknüpft sich Weiterbildung auf Grund der Integration von Arbeits- und Lernsituationen eng mit dem Prozess der Restrukturierung von Betrieben und Verwaltungen. Im Zuge dieser zunehmenden Verlagerung der betrieblichen Weiterbildung in das unmittelbare Arbeitsgeschehen verändern sich die Inhalte, aber auch die Formen der Weiterbildung: „Sie erfüllt ihre Funktion vor allem als arbeitsbegleitende und gestaltungsorientierte betriebliche Maßnahme, die sich als wichtiger Bestandteil von Personal- und Organisationsentwicklung begreift." (Kühnlein 1997, S. 273)

Während noch bis Anfang der 1990er Jahre Maßnahmen der betriebliche Weiterbildung vor allem an den technischen Erfordernissen orientiert waren, schwand diese Ausrichtung mit der zunehmenden Innovationsdynamik technischer Ent-

17 vgl. zum Zusammenhang von betrieblicher Reorganisation und Weiterbildung (Bank 2004; Novak 2001) In diesem Zusammenhang wird auf eine starke Beeinflussung der betrieblichen Weiterbildung durch japanische Organisationsprinzipien verwiesen. Die betriebliche Weiterbildung gilt dort, auch vor dem Hintergrund, dass es kein berufliches Bildungssystem für die Erstausbildung gibt, zum einen als ökonomischer Faktor und damit als produktivitätssteigernd und zum anderen gleichzeitig als identitätsstiftend für die einzelnen Mitarbeiter (Büchter 1997, S. 157ff.).

wicklungen. Diese führte dazu, dass die „gewohnten Fixpunkte zur Ableitung des Qualifizierungsbedarfs" (Staudt 1993, S. 132) erodierten. Staudt (1993) konstatiert vier wesentliche Schwachstellen der *traditionellen* betrieblichen Weiterbildung: das erste Problem stellte sich bei der Ermittlung des Weiterbildungsbedarfes (1), der, wenn überhaupt eine entsprechende Analyse erfolgte, mit einer Zuordnung bestimmter Bildungsdefizite zu spezifischen Zielgruppen einherging. Objektive und individuelle Qualifizierungsbedürfnisse wurden dabei selten in Einklang gebracht, was zu Motivations- und Effektivitätsverlusten führte. Auch bei der Auswahl der Teilnehmer (2) für Veranstaltungen der betrieblichen Weiterbildung ergab sich ein Problem, da u.a. auf Grund der defizitären Bedarfsanalyse häufig die falschen Adressaten weitergebildet wurden, was wiederum den Lernerfolg, den -transfer und nicht zuletzt auch die Akzeptanz für weitere Weiterbildungsmaßnahmen (3) beeinträchtigte. Unter dem Stichwort „Ansteuerung" problematisiert Staudt die starke Angebotsorientierung der Maßnahmen (4) und plädiert dafür, Weiterbildung als eine Dienstleistung zu verstehen, die sich „in Raum und Zeit an spezifische Zielgruppen anpaßt" (ebd. S. 142).

Für Deutschland sind demgegenüber neue und moderne Formen in der betrieblichen Weiterbildung zu verzeichnen, die sich im Zuge der in Deutschland in den letzten Jahren vollzogenen Reorganisationsprozesse von einer funktionalen zu einer prozessorientierten Organisation der betrieblichen Arbeitsabläufe etabliert haben. Prozessorientierung ist im Rahmen dieser Entwicklung auch zum Leitbild für die berufliche Aus- und Weiterbildung geworden (vgl. die ausführliche Darstellung dazu in Kapitel drei). Auch in einem Gutachten der Hans-Böckler-Stiftung wird darauf verwiesen, dass der neue Typ von Weiterbildung, der sich in den letzten Jahren in Deutschland entwickelt hat, in einem engen Zusammenhang mit betrieblichen Veränderungsprozessen steht. Er wird gekennzeichnet als „arbeitsplatzbezogen und arbeitsplatznah, jeweils von kurzer Dauer, aber kontinuierlich, bis dahin, dass ständiges Weiterlernen zu einer Art Nebenpflicht des Arbeitsverhältnisses wird." (Heidemann 1997, S. 9) Die nachfolgende Tabelle stellt im Überblick die Konsequenzen und Auswirkungen dar, die das Leitbild der Prozessorientierung im Bereich der betrieblichen Weiterbildung hat.

Tab. 2 Der Wandel betrieblicher Weiterbildung im Rahmen prozessorientierter Arbeitsorganisation (nach Baethge/Schiersmann 1998)

Dimensionen	**Berufs- und funktionsbezogene betriebliche Weiterbildung**	**Prozessorientierte betriebliche Weiterbildung**
Lernarrangements	Interne und externe Kurse und Seminare	Arbeitsbezogenes bzw. arbeitsintegriertes Lernen; selbstorganisiertes Lernen; Einbezug neuer Medien
Lernziele	Verbesserung der Qualifikation	Kompetenzentwicklung
Lerninhalte	Vermittlung fachbezogener Kenntnisse/Fertigkeiten/Fähigkeiten (Maschinenbedienung, Verfahrens-/Stoffkenntnisse, kunden- und marktorientierte Fragen)	Neben fachbezogenen Inhalten verstärkte Einbeziehung sozialkommunikativer und selbstreflexiver Dimensionen
Zielgruppen	Individuelle Nachfrager (Führung und Fachkräfte)	Innerbetriebliche Teams; Projektgruppen
Qualitätssicherung und -entwicklung	Inhaltsbezogene Qualitätskonzepte; angebotsorientierte Planung	Prozessbezogene Qualitätskonzepte; nachfrageorientierte Planung; Intensivierung der Bedarfsermittlung; Transfersicherung
Betriebliche Organisation der Weiterbildung	Zentrale Weiterbildungsabteilung oder Weiterbildungsbeauftragter	Dezentralisierung und Verlagerung auf Fachabteilungen und Führungskräfte; Einrichtung von Cost-Centern oder Auslagerung als Profit-Center; neue Kooperationsformen mit externen Anbietern
Rolle/Funktion des Weiterbildners	Trainer bzw. Dozent; Organisator	Moderator; individuelle und unternehmensbezogene Berater; Prozessgestalter
Einbau in betriebliche Gesamtstrategien (Weiterbildungscontrolling und -finanzierung)	Ohne systematisches Controlling; Finanzierung über Gemeinkosten	Detailliertes Kosten- und Effizienzcontrolling; Verlagerung der Kosten auf Fachabteilungen bzw. individuelle Nachfrager

Zusammenfassend können im weitesten Sinn *alle* arbeitsorganisatorischen Veränderungsmaßnahmen in einem Unternehmen, die direkt oder indirekt zur Qualifizierung von Mitarbeitern beitragen, als Maßnahmen der betrieblichen Weiterbildung gewertet werden.[18] Damit wird zum einen deutlich, dass der Versuch, in der Theorie allgemeine Aussagen zur Organisation und der jeweils engen Anbindung an unternehmensspezifische Besonderheiten an seine Grenzen stößt. Zum anderen ergibt sich daraus in der Praxis auch die Notwendigkeit einer arbeitsprozessbezogenen Qualifizierung.

Im folgenden wird hier die betriebliche Weiterbildung am Beispiel von kleinen und mittleren Unternehmen (KMU) in den Blick genommen. Diese Fokussierung lässt sich unter verschiedenen Aspekten begründen. Zum einen weisen KMU im Gegensatz zu Großunternehmen keine ausdifferenzierte Bildungsabteilung auf. Sie könnten daher in besonderem Maß davon profitieren, *arbeitsprozessorientierte* Formen der Weiterbildung zu implementieren und diese mit Maßnahmen innerbetrieblicher Personal- und Organisationsentwicklung zu verschränken. Sie sind dabei allerdings auf funktionierende Kooperationsstrukturen angewiesen. Zum anderen verweisen arbeitswissenschaftliche Erkenntnisse auf die Bedeutungszunahme kleiner und mittlerer Unternehmen für den Wirtschaftsstandort Deutschland: es ist nachzuweisen, dass sich Beschäftigungseffekte in den letzten Jahren nur noch im kleinbetrieblichen Bereich ausmachen lassen und dass auch der wachsende Dienstleistungssektor unbestritten durch kleinbetriebliche Strukturen geprägt ist (vgl. Howaldt 2003). Kleinbetriebliche Strukturen, wie sie nachfolgend dargestellt werden, bilden damit im Wesentlichen die Rahmenbedingungen für die Qualifizierung im IT-Weiterbildungssystem. In diesen müssen die Innovationen, die das IT-Weiterbildungssystem in struktureller und lernorganisatorischer Hinsicht mit sich bringt, umgesetzt werden (vgl. Kapitel fünf).

1.2.3 Weiterbildung in kleinen und mittleren Unternehmen

Obwohl in KMU die betriebliche Weiterbildung gemessen an ihrer institutionellen Ausdifferenzierung gegenüber Großunternehmen eine eher untergeordnete Rolle spielt, sind diese dennoch als Lernorte zu verstehen, an denen geplante und ungeplante Lernprozesse stattfinden. Nachfolgend wird verdeutlicht, dass sich gerade in Bezug auf die spezifische Situation von KMU ökonomische und pädagogische Handlungslogiken miteinander verknüpfen lassen. Am Beispiel des IT-Weiterbildungssystems wird später in Kapitel vier gezeigt, dass sich gerade dort auch *ohne* die Existenz von Personal- und Bildungsabteilungen Lernprozesse effektiv gestalten lassen, wobei informelle Lernprozesse und Erfahrungslernen mit formalen

---

18 Dies gilt insbesondere für die Begleitung betrieblicher Veränderungsprozesse durch externe Berater, denn im Rahmen externer Prozessbegleitung werden unterschiedliche Sichtweisen zur Problemlösung in einem Unternehmen offengelegt und bewusst gemacht. Sie können somit thematisiert und in die Handlungsstrategien integriert werden. Damit wird gebundenes Wissen in strukturierter Form zugänglich und durch neue Methoden weiterentwickelt. In der Konsequenz werden die Beschäftigten des Unternehmens befähigt, strukturierte Wissensressourcen im Arbeitszusammenhang zu nutzen (vgl. Dietzen 2002, S. 19).

Lernprozessen so verbunden werden, dass zum einen die berufliche Handlungsfähigkeit der Arbeitnehmer gesteigert und zum anderen gleichzeitig auch die Wettbewerbsfähigkeit der Unternehmen sichergestellt wird.

Im Vergleich zu Großunternehmen weisen KMU Besonderheiten auf, die vor allem durch ihre Unternehmensgröße bedingt sind.[19] Es ist empirisch nachgewiesen, dass die Größe von Unternehmen deutlichen Einfluss auf die betriebliche Weiterbildungsaktivität hat und dass dementsprechend die Weiterbildungsaktivität von KMU gegenüber Großunternehmen eher gering ist.[20] Allerdings liegen bezogen auf die konkrete organisatorische Ausgestaltung von Weiterbildungsmaßnahmen in der Realität unterschiedliche Ergebnisse vor.

Grundsätzlich ist festzustellen, dass mit „steigender Unternehmensgröße die Kombination interner und externer Weiterbildungsmaßnahmen zunimmt [ ] und dass KMU überproportional häufig auf externe Weiterbildungsanbieter zurückgreifen." (Reinemann 2002, S. 67). Dobischat stellt demgegenüber fest, dass in KMU externe Weiterbildungsmaßnahmen auf Grund struktureller, informationeller und strategischer Defizite kaum durchgeführt werden. Dies liege unter anderem an der

> *„ [...] Unüberschaubarkeit der Regelungsebenen der beruflichen und betrieblichen Weiterbildung [und] in der für betriebliche Praktiker kaum zu durchschauenden Zersplitterung an Institutionen und Organisationen, die Kurse unterschiedlichster Art, von unterschiedlichstem Niveau, von unterschiedlichster Dauer und mit unterschiedlichstem Preis anbieten." (Dobischat 1999, S. 100)*

Abgesehen von dieser Problematik, führen KMU verhältnismäßig auch weniger interne Weiterbildungsmaßnahmen durch als Großunternehmen.[21] Innerbetriebliche Weiterbildungsmaßnahmen lohnen sich für KMU nur für „spezifische, aber nicht zu komplexe betriebliche Belange, die zudem noch für eine gewisse Anzahl an Beschäftigten von Bedeutung sein müssen" (Wegge 1996, S. 66).

---

19 Für die quantitative Beschreibung dessen, was unter KMU zu verstehen ist, gilt im internationalen Kontext die Höhe des Umsatzes und die Zahl der Beschäftigtenals Indikator.Allerdings gibt es keine einheitliche Definition. Die Europäische Kommission definiert in ihren Förderrichtlinien KMU als Betriebe mit weniger als 250 Beschäftigten und einem Jahresumsatz von höchstens 40 Mio. Euro (vgl. EG 1996).

20 vgl. dazu zusammenfassend Martin/Behrends 1999 sowie Reinemann 1999.

21 Dies konnten auch Kriegesmann u.a. in einer Studie belegen, bei der 5,8% der befragten KMU keine und 16,3% selten interne Weiterbildung durchführten (vgl. Kriegesmann u.a. 2002, S. 23).

Betriebliche Weiterbildung verbleibt unter diesen Bedingungen auf dem minimalen Niveau der punktuellen, kurzfristigen und unsystematischen Anpassungsqualifizierung. Dies hängt auch damit zusammen, dass die Qualifikationsbedarfsermittlung gerade in KMU größtenteils als unmittelbare Reaktion auf das Offenbarwerden von Qualifikationsdefiziten erfolgt, wobei Untersuchungen ergeben haben, dass die Betriebe offensichtlich versuchen „solche Fragen mit internen und geringstmöglichen organisatorischen und finanziellen Mitteln und womöglich ohne besonderen Sachverstand zu lösen" (Husemann 1999, S. 123).

Dementsprechend kommt auch eine Untersuchung zur Qualifizierungspraxis in KMU (vgl. Goltz 2004) zu dem Schluss, dass in KMU die innerbetriebliche Qualifizierung Priorität hat und externe Weiterbildungsangebote eher zurückhaltend genutzt werden. Dabei werde deutlich auf die fachlichen Basiskompetenzen aus der beruflichen Erstausbildung aufgebaut. Für die zukünftige Entwicklung betrieblicher Weiterbildung prognostiziert die Autorin zwei Linien:

> *„Während die arbeitsintegrierte Qualifizierung sowie der individuelle Kompetenzerwerb (auch in der Freizeit) weiter an Gewicht gewinnen und immer mehr integraler und selbstverständlicher Bestandteil der Erwerbsarbeit werden, werden organisierte Formen der Qualifizierung zielgerichteter und primär bei besonderen Qualifizierungserfordernissen durchgeführt, die für den Betrieb als besonders dringlich oder wichtig eingeschätzt werden, wobei die Schulungen - auch wenn sie vom Betrieb organisiert werden - vermehrt in der Freizeit stattfinden dürften." (ebd. S. 63)*

Dagegen ergaben die Ergebnisse einer Studie zur betrieblichen Weiterbildung in Schweizer KMU, dass KMU durchaus weiterbildungsaktiv sind und dass sie über differenzierte Bildungsstrategien verfügen, „wobei eine gezielt weiterbildungsaktive und strategische Ausrichtung weiter verbreitet ist, als ursprünglich angenommen." (Gonon u.a. 2004, S. 47) Auch wenn in KMU in der Regel keine Personalentwicklungskonzepte vorliegen und oftmals auch keine Fachkraft für Fragen der Weiterbildung beschäftigt wird, so werden nach den Ergebnissen dieser Untersuchung dennoch Weiterbildungsmaßnahmen durchgeführt. Nachfolgend werden hier *qualitative Merkmale* benannt, die bei der Gestaltung betrieblicher Qualifizierungskonzepte zu beachten sind, weil sie sich als fördernde bzw. als hemmende Faktoren auf Prozesse der Weiterbildung in den Unternehmen auswirken können.

Gegenüber Großunternehmen zeichnet sich die *Unternehmensstruktur* in KMU in der Regel durch kurze, direkte Entscheidungswege und einen eher geringen Formalisierungsgrad aus, wodurch sie prinzipiell flexibler und wandlungsfähiger sind.

Innovationen können schnell umgesetzt werden, und durch den intensiven persönlichen Kontakt zwischen den Beschäftigten wird ein vergleichsweise positives Arbeitsklima konstatiert (vgl. Grüner 2000). Die Häufigkeit und Intensität der Kontakte zwischen allen Personen führt zu sozialen Bindungen, die wiederum lernförderliche Auswirkungen haben können. Die kurzen, oftmals informellen *Kommunikationswege*, können als lernförderlich gelten, weil sie dazu beitragen, dass Informationen schnell und direkt weitergegeben und verarbeitet werden. Dabei wird die vor allem in KMU vorherrschende Form des direkten Dialogs betont, die es ermöglicht, unmittelbar auf die Informationen zu reagieren, bei Unverständnis zurückzufragen und somit den Interpretationsspielraum einzuschränken (vgl. Jutzi/Delbrouck 2000). Demnach vollzieht sich das Vermitteln und Weitergeben von Wissen und Informationen dort „unmittelbarer und vor allem insgesamt homogener als in großen Unternehmen." (ebd., S. 134)

Durch die geringe *Zahl der Hierarchieebenen* sind die Aufstiegs- und Karriereoptionen in KMU grundsätzlich begrenzt. Dies kann sich zum einen hemmend auf die Weiterbildungsbereitschaft der Beschäftigten auswirken. Zum anderen beschränkt dies auch die Weiterbildungsaktivitäten der Unternehmen, aus deren Perspektive es wenig Sinn macht, Mitarbeiter über den konkreten Bedarf hinaus für Aufstiegspositionen zu qualifizieren, die im Unternehmen nicht zu besetzen sind. Die Befürchtung, „mit Weiterbildungsdienstleistungen Fluktuationsbewegungen der dann qualifizierten Mitarbeiter auszulösen" (Severing 1993, S. 171), wird als Argument für eine eher unterproportionale Weiterbildungsaktivität von KMU gegenüber großen Unternehmen angeführt. Es erscheint aus Unternehmenssicht demnach funktional, eher weniger in die Weiterbildung zu investieren, zumal die Fluktuationsraten des Personals in KMU höher sind als in Großunternehmen (vgl. Pawlowsky/ Bäumer 1996, S. 71). Für eine höhere Weiterbildungsbereitschaft in KMU spricht dagegen wiederum der Aspekt, dass die externe Beschaffung von qualifiziertem Personal hohe Kosten verursachen kann und darüber hinaus das Risiko von Fehlbesetzungen damit erhöht wird. Betriebliche Weiterbildung kann sich insofern auch in KMU als eine adäquate Gegenstrategie zur externen Personalbeschaffung erweisen. Die kostenintensive Neueinstellung von Fachkräften kann somit vermieden werden, wenn berufliche Kompetenzen durch kontinuierliche - im Idealfall arbeitsplatzbezogene - Weiterbildungsmaßnahmen entwickelt werden.

Die in der Betriebsgröße begründete fehlende *funktionale Ausdifferenzierung* von KMU wird als ein weiterer Grund für eine eher niedrige Weiterbildungsaktivität angeführt. Die Wirkungen einer speziellen Weiterbildungsabteilung drücken sich u.a. in der Sensibilisierung und Motivierung der Beschäftigten für Qualifizierungsmaßnahmen aus, was wiederum zu einem erhöhten Interesse an betrieblicher Weiterbildung führen kann (vgl. Weber 1994, S. 34). KMU profitieren von dieser positiven Dynamik seltener, weil eine solche Abteilung in der Regel nicht existiert. Eine Befragung von Personalverantwortlichen, Betriebsräten und Beschäftigten hat ergeben, dass in KMU in der Regel keine Fachkraft für Fragen der Weiterbildung beschäftigt wird und dementsprechend auch keine Personalentwicklungskonzepte vorliegen (vgl. Iller 1999). Die Unternehmen gaben in dieser Erhebung zwar an, es würden Maßnahmen zur Vermittlung von Kenntnissen und Fertigkeiten am Arbeitsplatz durchgeführt, es stellte sich allerdings heraus, dass diese in der Wahrnehmung der Beschäftigten nicht als Lernprozesse bewertet wurden.

Als eine weitere bildungsrelevante Besonderheit kann das für inhabergeführte KMU konstitutive Element der *Einheit von Eigentum und Leitung* gelten. Diese Bündelung der betrieblichen Funktionen in einer Person als ein „personales Wirtschaftsprinzip" (Grüner 2000, S. 11), führt dazu, dass dieser Person eine Schlüsselfunktion in mittelständischen Unternehmen zukommt. Charakteristisch ist, dass der Eigentümer auch gleichzeitig der Geschäftsführer des Unternehmens ist und damit, im Gegensatz zu Managern in Großbetrieben, unmittelbar persönlichen und direkten Zugriff auf *alle* Funktionsbereiche hat. Insofern gehen in KMU die wichtigsten personellen, strategischen und organisatorischen Entscheidungen von der Person des Geschäftsführers aus (vgl. Delbrouk 2000). Da sein Kompetenz- und Persönlichkeitsprofil die Unternehmenskultur maßgeblich prägt, können allerdings auch die persönlichen Schwächen des Unternehmers berufsbildungsrelevante Konsequenzen haben und insofern sowohl als ein lernfördernder als auch ein lernbehindernder Faktor in KMU gelten (vgl. auch Diettrich 2000). Misst also der Unternehmer der Weiterbildung in der operativen Umsetzung eher wenig Bedeutung bei, so kann sich diese Einstellung auch negativ auf die gesamte Lernkultur des Betriebes auswirken. In der schon zitierten Untersuchung äußerten insbesondere Betriebsräte die Ansicht, die Weiterbildungsaktivitäten der Beschäftigten würden in hohem Maß durch die fehlende Förderung und die mangelnde Anerkennung seitens der Geschäftsleitung beeinflusst. Persönlichem Weiterbildungsengagement würde keine Wertschätzung entgegengebracht und erst recht werde es nicht finanziell unterstützt (Iller 1999, S. 244).

Eine ähnlich wichtige Rolle wie der Geschäftsführung kommt offensichtlich auch der betrieblichen Interessenvertretung zu, denn in Unternehmen ohne Interessenvertretung finden in der Regel deutlich weniger Weiterbildungsveranstaltungen statt (vgl. Reinemann 1999). KMU sind davon insofern betroffen, weil sie häufig keinen Betriebsrat haben, von dem im Rahmen seiner Mitbestimmungsrechte positive Effekte auf die betriebliche Bildung zu erwarten wären. Insofern „fehlt in

KMU häufig ein wesentlicher Promoter für betriebliche Weiterbildung, was für eine geringere Aktivität auf diesem Feld ausschlaggebend sein kann“ (ebd., S. 55). Es kann festgehalten werden, dass die Einflussnahme der Beschäftigten auf das Weiterbildungsprogramm in KMU nur begrenzt möglich ist und im Wesentlichen über ihre Entscheidung zur Teilnahme bzw. Nicht-Teilnahme gesteuert werden kann.

Abschließend kann für den Bereich der betrieblichen Weiterbildung in KMU also konstatiert werden, dass er zum einen der politischen Gestaltung weitgehend entzogen ist, wobei auch die Möglichkeit der Einflussnahme durch die Beschäftigten eher gering ist. Zum anderen ist der Betrieb aber vor diesem Hintergrund als ein Politikfeld für die Aushandlung sozialer Interessen auf der Ebene der lokalen Akteure zu begreifen.

Die beruflich-betriebliche Weiterbildung ist immer auch als ein Politikfeld zu verstehen und kann daher nicht losgelöst von den jeweiligen Interessenlagen der sozialen Akteure thematisiert werden. Sowohl auf der Ebene der beruflichen Gestaltung, d.h. auf der des Berufsbildungssystems als auch auf der betrieblichen Ebene, liegt darin ein hohes Potenzial für die Gestaltung und Optimierung der Weiterbildungsstrukturen. Beide Ebenen sind allerdings nicht isoliert voneinander zu betrachten, sondern sie müssen auch unter dem Aspekt ihrer Reziprozität, d.h. der wechselsei-tigen Einflussnahme thematisiert werden: strukturelle Vorgaben auf der Ebene des Berufsbildungssystems erfordern letztlich immer eine didaktische und lernorganisatorische Umsetzung in der Praxis der Berufsbildung und damit auch in den Betrieben. Dagegen erfordern moderne Konzepte von Weiterbildung, die sich in der Praxis als Reaktion auf Veränderungen der Arbeitsorganisation und außerbetrieblicher Anforderungen zum Teil bereits durchgesetzt haben, eine politische Flankierung, damit sie als Innovationen in der Berufsbildung implementiert werden können. Diese Flankierung bezieht sich im Wesentlichen auf staatliche Steuerungs- und Finanzierungsmaßnahmen.

2 Weiterbildung als Politikfeld

Der Begriff „Politik" bezeichnet die Einflussnahme auf die Gestaltung und Ordnung der Gesellschaft: „Alle Erhaltungs-, Gestaltungs- und Entwicklungsprozesse des Gemeinwesens sind Ausdruck und Gegenstände von Politik." (Münch 1995, S. 398) Berufsbildungspolitik ist demzufolge dadurch gekennzeichnet, dass unterschiedliche soziale Gruppen versuchen, ihre spezifischen Interessen in Bezug auf die soziale, und in Deutschland insbesondere bezogen auf die berufsförmige Organisation von Arbeit durchzusetzen. Im Vergleich zur allgemeinen Bildungspolitik erhält Berufsbildungspolitik ihren besonderen Stellenwert durch spezifische Willensbildungs- und Abstimmungsprozesse, wobei die Nähe zur Wirtschafts- und Arbeitsmarktpolitik sowie die starke Einflussnahme der Interessenverbände dabei kennzeichnend sind. Berufsbildung als Aus- und Weiterbildung ist vor diesem Hintergrund zwar ein Politikfeld, das von unterschiedlichen Akteuren mit divergierenden Interessen auf verschiedenen Ebenen reguliert und organisiert wird, es handelt sich dabei jedoch nach Müller-Jentsch (1999) nicht um eine eigenständige politische Arena. Er begründet seine Einschätzung damit, dass in der Berufsbildung eine deutliche Überschneidung zu anderen Politikarenen, wie z.B. zur Arbeitsmarkt- und Sozialpolitik wie auch zur Tarifpolitik und zum Arbeits- und Betriebsverfassungsrecht, vorliegt. Insofern können, anders als im Bereich der Allgemeinbildung, berufsbildungspolitische Aspekte nicht isoliert betrachtet werden, sondern sie müssen in ihrer Thematisierung explizit mit anderen Politikfeldern verknüpft werden. Bezogen auf die berufliche Weiterbildung ist in diesem Zusammenhang festzustellen, dass diese mit dem Arbeitsförderungsgesetz von 1969 (fortgesetzt in SGB III und den „Hartz"-Gesetzgebungen) zu einem Instrument präventiver Arbeitsmarktpolitik und auch Sozialpolitik wurde und damit der Gestaltung in bildungspolitischer Hinsicht ein Stück weit entzogen wurde (Harney 1998, S. 21).[22]

22 Unterschiedliche Positionen im Zuge der Diskussion um eine politische Reform der öffentlich geförderten Weiterbildung sind in Bayer/Dobischat/Kohsiek 1999 und Faulstich 2002b dokumentiert.

2.1 Der Diskurs um die Regelung von Weiterbildung

Der politische Diskurs um die Regulierung von beruflich-betrieblicher Weiterbildung ist nicht zu trennen von dem jeweiligen sozialgeschichtlichen Kontext. Dementsprechend lassen sich Fragen der Weiterbildung für die letzen Dekaden grob entlang dem Wandel politischer Ordnungsvorstellungen darstellen:

In den 1960er Jahren wurde angesichts von beginnender Automatisierung und Rationalisierung ein verstärkter Bedarf an fachlichen Qualifikationen konstatiert, der durch Weiterbildungsmaßnahmen gedeckt werden sollte. Mit dem Inkrafttreten des Berufsbildungsgesetzes 1969 sollte eine langfristige Ordnung im Bereich der Fortbildung und Umschulung erzielt werden. Allerdings konnten, wie oben gezeigt wurde, gerade für den Bereich der Weiterbildung bis heute nur sehr wenige Regelungen auf Bundesebene getroffen werden.

In den 1970er Jahren wurde verstärkt eine öffentliche Verantwortung für Weiterbildung gefordert. Mit dem Bildungsgesamtplan von 1970 wurde Weiterbildung als tertiärer Bereich im Bildungssystem in der Absicht definiert, diesen Bereich zu einem festen Bestandteil des Bildungssystems zu machen. Der marktwirtschaftlich organisierte Anbieterpluralismus und die Intransparenz der Weiterbildung wurden zu diesem Zeitpunkt in der bildungspolitischen Debatte noch nicht infrage gestellt (vgl. Zimmer 1996, S. 36).

In den 1980er Jahren ging es dann darum, den Weiterbildungsmarkt mit dem Ziel einer bedarfsgerechten Versorgung und qualitativ anspruchsvollen Weiterbildungsangeboten auszubauen. Vorbild war die Organisation der Weiterbildung, wie sie die Wirtschaftsverbände mit einem bundesweit anerkannten Zertifikatsystem entwickelt hatten (vgl. ebd.). In dieser Zeit hat sich die betriebliche Weiterbildung in erheblichem Maß entwickelt. Staatliche Aktivitäten konzentrierten sich dagegen vorrangig auf die Wiedereingliederung von Arbeitslosen und Problemgruppen. Damals ging man noch davon aus, dass durch den Bedeutungszuwachs, den die Weiterbildung in der Eigenregie der Betriebe erfuhr, die Zertifikate des öffentlichen Bildungssystems relativ entwertet würden und dass es so zu einer Schwächung der gesellschaftlichen Kontrolle von Qualifizierungsprozessen käme. Auch eine sukzessive Entwertung der beruflichen Erstausbildung wurde in diesem Zusammenhang prognostiziert (vgl. Mahnkopf 1990).

Erst *in den 1990er Jahren* kam es dann aus arbeitsmarkt- und sozialpolitischen Gründen - auch bedingt durch die deutsche Wiedervereinigung - zur Ausweitung der beruflichen Weiterbildung als öffentlich geförderte Weiterbildung. Mit dem Ziel der Unterstützung des Transformationsprozesses in den neuen Bundesländern wurden zu diesem Zeitpunkt auch umfangreiche Förderprogramme seitens des Bundes bereitgestellt, die zum Teil bis heute die Entwicklung und Gestaltung regionaler und betrieblicher Berufsbildungsmaßnahmen unterstützen.

Mit den staatlichen Weiterbildungsoffensiven der 80er und 90er Jahre verbanden sich nach Staudt und Kriegesmann (1999) strategische Zielsetzungen und die Hoffnung, personelle, organisatorische und regionale Strukturprobleme gleichzeitig zu lösen. Beruflich-betriebliche Weiterbildung sollte vor Arbeitslosigkeit schützen, die Unternehmensentwicklung sichern und die Voraussetzungen für wettbewerbsfähige Regionen schaffen: *„Das wurde von vielen Akteuren im Feld von Aus- und Weiterbildung dankbar aufgegriffen und zur Stärkung der eigenen Position instrumentalisiert."* (ebd., S. 19)

Dagegen verweist Baethge (1992) darauf, dass die starke Expansion der beruflichen Weiterbildung in den letzten Jahrzehnten keinesfalls ein Resultat bewusster Planung bzw. bildungspolitischer Strategien gewesen sei. Sie sei vielmehr „fast beiläufig und naturwüchsig" (ebd., S. 314) im Zuge der technologischen Entwicklung und des ökonomischen Strukturwandels entstanden:

> *„Die nüchterne Bilanz einer Fülle von Forschungsarbeiten läßt sich in dem Urteil zusammenfassen, daß die Mehrheit der beruflichen Weiterbildungsangebote mehr nach dem Prinzip des pragmatischen Reduktionismus (d.h. Vermittlung anlassbezogener, relativ eng definierter technisch-fachlicher Qualifikationen in kurzer Zeit) als nach ganzheitlichen berufspädagogischen Vorstellungen [...] geplant und abgelaufen sind. Der überwiegende Teil beruflicher Weiterbildungsaktivitäten [...] steht in direktem Zusammenhang mit Anpassungsprozessen bei der Einführung neuer Technologien und wurde in relativ kurzen betrieblichen oder betrieblich veranlassten Maßnahmen durchgeführt." (ebd., S. 316)*

Zusammenfassend ist bis zum Anfang der 1990er Jahre festzustellen, dass in der bildungspolitischen Diskussion um beruflich-betriebliche Weiterbildung immer wieder die gleichen Argumente vorgebracht wurden. Diese bezogen sich auf eine ungleiche Weiterbildungsbeteiligung, die Manifestierung gesellschaftlicher Machtverhältnisse, das Problem starrer Vermittlungsformen, die Kosten-Nutzen-Problematik, mangelnde Transparenz, fehlende öffentliche Kontrolle sowie eine unzureichende Professionalisierung des Weiterbildungspersonals (vgl. Seyd 1994). Dennoch herrschte im bildungspolitischen Diskurs offensichtlich Einigkeit darüber, dass berufliche Weiterbildung sowohl einen positiven Beitrag für die individuelle Entfaltung von Arbeitnehmerinnen und Arbeitnehmern als auch für die wirtschaftliche Entwicklung leisten konnte (Baethge 1992). Darüber hinaus kann allerdings für diese Zeit kaum Übereinstimmung - vor allem nicht in Fragen der Institutionalisierung und der Regulierung von Weiterbildung - verzeichnet werden. Vor diesem Hintergrund werden im folgenden kurz die politischen Interessenkonstellationen im Diskurs um die beruflich-betriebliche Weiterbildung benannt.

2.2 Positionen in der bildungspolitischen Diskussion

Festzustellen ist, dass bis zum Anfang der neunziger Jahre eine berufsbildungspolitische Diskussion zu verzeichnen war, in der es den Arbeitgebern darum ging, die betriebliche Weiterbildung in privater Kontrolle zu erhalten, während die Gewerkschaften eine berufliche als staatlich gesteuerte Weiterbildung insbesondere unter dem Aspekt der gewerkschaftlichen Mitbestimmung forderten.[23]

Für die berufliche Weiterbildung ist festzustellen, dass sie grundsätzlich einem Selektions- und Segmentationsproblem (vgl. Baethge 1992, S. 317) unterliegt. Alle bisher durchgeführten sozialwissenschaftlichen Forschungen belegen, dass die Beteiligung an beruflicher wie auch an betrieblicher Weiterbildung gleichermaßen stark nach Berufsposition, Bildungs- und Qualifikationsniveau, Berufsgruppen- und Branchenzugehörigkeit sowie nach Alter und Geschlecht differiert (vgl. auch Seyd 1994). Offensichtlich wirkt bei der Weiterbildungsbeteiligung sowohl in der beruflichen als auch in der betrieblichen Weiterbildung ein relativ dauerhaftes Muster, das die Sozialstruktur der Teilnahme an Weiterbildung immer wieder reproduziert und das nur schwer zu durchbrechen ist.[24] Dies zu ändern war mit der Forderung nach einem Weiterbildungsgesetz über Jahrzehnte das Bestreben von Gewerkschaften.

Im Rahmen der Diskussion um die Realisierung eines Weiterbildungsgesetzes konstatierten Vertreter der Gewerkschaften seit den 1970er Jahren Regelungsbedarf für die folgenden Bereiche, die auf der Bundesebene zur Regelung anstünden und durch berufsbildungspolitische Maßnahmen flankiert werden müssten: der Zugang zu Weiterbildungsmaßnahmen, die Durchlässigkeit und Gestaltung der Bildungsübergänge, die Qualitätssicherung, die Formulierung von Anforderungen an Institutionen und Personal, die Zertifizierung, Lernzeitansprüche, die Finanzierung sowie Statistik und Forschung (vgl. Bayer 2000, S. 802).

23 vgl. zusammenfassende Darstellungen dazu bei Dobischat/Neumann 1987; Mahnkopf 1990; Heimann 1992.

24 Weitgehend ungeklärt ist bisher, welchen Stellenwert die betriebliche Weiterbildung im Rahmen erwerbsbiographischer Veränderungen hat (vgl. Iller 2004), relativ gut untersucht ist dagegen das Phänomen der Weiterbildungsabstinenz (vgl. Bolder/Hendrich 2002).

Anfang der 1990er Jahre zieht Klaus Heimann als zuständiger politischer Sekretär für Fragen der Berufsbildung bei der IG Metall ein Fazit, in dem er zwar die politischen Maßnahmen zur Gestaltung beruflicher Weiterbildung als Ausdruck einer veränderten Gewerkschaftspolitik begreift, jedoch gleichzeitig einen „Kompetenzverlust der Gewerkschaften in Sachen Weiterbildung" (Heimann 1992, S. 322) konstatiert. Nach seiner Auffassung wies die Weiterbildungspolitik der Gewerkschaften erhebliche Defizite auf und die Entwicklung der Programmatik war zum Stillstand gekommen. Die Gewerkschaften standen zu diesem Zeitpunkt offensichtlich vor einem fast unlösbaren Dilemma:

> *„Um [...] ihre Rolle als intermediäre Organisation des Arbeitsmarktes zu verteidigen resp. zu festigen, müssen sie sich als rationalisierende ökonomische Macht beweisen; was in diesem Zusammenhang heißt, den Selektionsmaßnahmen der betrieblichen Weiterbildung möglichst wenig Widerstand entgegenzusetzen und betriebliche Investitionen in das Humankapital, das die größte Effizienzsteigerung verspricht, gutzuheißen. Um jedoch ihre Rolle als intermediäre Organisation in der Gesellschaft als ganzer - und das heißt ihre Demokratisierungsfunktion - wahrzunehmen, müßten sie radikalerweise für eine Quotierung betrieblicher Weiterbildung zugunsten sozial, geschlechterspezifisch oder ethnisch Benachteiligter votieren: was in diesem Zusammenhang hieße, gerade die Weiterbildungsinteressen von Beschäftigtengruppen zu vertreten, in deren Humankapital die Betriebe nicht investieren wollen." (Mahnkopf 1990, S. 93)*

Im Gegensatz zum Bereich der Erstausbildung, wo sich die Gewerkschaften immer intensiv an der Gestaltung beteiligt haben, wird bezogen auf die betriebliche Weiterbildung festgestellt, dass diese „bislang stets ein Geschäft [war], das sie ohne viele Bedenken der Arbeitgeberseite überantworteten." (Mahnkopf 1990, S. 82) Auch heute noch sind die Gewerkschaften in Fragen der beruflichen und betrieblichen Weiterbildung offensichtlich „von einer Kompetenzzuweisung, wie sie in der beruflichen Erstausbildung erreicht wurde, noch weit entfernt." (Bahnmüller 2002, S. 75) Es wird daher eine verstärkte Einmischung der Gewerkschaften gefordert:

> *„Wer Einfluss auf die Beschaffenheit der Arbeitsmärkte behalten oder bekommen will, muss heute regulierend in die Aus- und Weiterbildung eingreifen, Bildungschancen eröffnen, die Inhalte/Anforderungen definieren, die Qualität kontrollieren und zertifizieren sowie für die Marktgängigkeit der Abschlüsse sorgen." (ebd., S. 75)*

Allerdings vertraten die Gewerkschaften schon seit Jahrzehnten die Forderung nach einem Rahmengesetz, das allen Beschäftigten ein Recht auf Weiterbildung zugesteht. Diese Forderung konnte bis heute nicht umgesetzt werden. In den achtziger Jahren war es allerdings angesichts der gegebenen politischen Machtverhältnisse nicht verwunderlich, dass eine Institutionalisierung der Weiterbildung als vierte und gleichwertige Säule des öffentlichen Bildungswesens nicht durchzusetzen war. [25] Die konservativ-liberale Bundesregierung hielt eine Regulierung und Kontrolle der Weiterbildung für nicht notwendig. Den Forderungen der sozialdemokratischen Opposition hielt sie entgegen, dass Mindestanforderungen für die Qualität beruflicher und betrieblicher Weiterbildung verzichtbar seien, da die bestehende Regulierung über den marktwirtschaftlichen Wettbewerb ausreiche (vgl. Seyd 1994, S. 246). Die Regierung verwies damals auch darauf, dass im Zuge der Diskussion um die Novellierung des Berufsbildungsgesetzes die Chance bestünde, den Bereich der Weiterbildung dort verstärkt zu verankern. Dies ist allerdings bisher trotz einer Novellierung des Berufsbildungsgesetzes genauso wenig geschehen, wie die Weiterbildung in einem eigenen Gesetz geregelt wurde.

Auch die Spitzenverbände der Wirtschaft verneinten jeden gesetzlichen - einschließlich einen tarifvertraglichen - Regelungsbedarf mit dem Verweis, dass die Arbeitnehmer selbst mehr Zeit und Geld in ihre Weiterbildung investieren sollten. Begründet wurde diese kategorische Ablehnung damit,

> *„daß es schließlich in der Macht der Gewerkschaften - und/oder der betrieblichen Interessenvertretungen - stehe, die Beschäftigten von der Notwendigkeit zu überzeugen, einen Teil der durch Arbeitszeitverkürzung erzielten (Zeit-) Ersparnisse in Höher- oder Umqualifizierung zu re-investieren'." (Mahnkopf 1990, S. 81)*

Die Kritik an der Erstausbildung, die dem Vorwurf der Inflexibilität unterlag, wurde als stützendes Argument und als Begründung für eine deregulierte und flexible Gestaltung betrieblicher Weiterbildung herangezogen. Büchter konstatiert in diesem Zusammenhang, dass eine flexible und weitgehend selbstverwaltete betriebliche Weiterbildung zwar auch im Interesse der Beschäftigten lag, dass diese aber im Widerspruch zu den angestrebten Maßnahmen der Verrechtlichung und Institutionalisierung in der Bildungsreformära stand (Büchter 2002, S. 349).

Hervorzuheben ist auch, dass erst seit Mitte der 1980er Jahre unter der konservativ-liberalen Regierung eine „Qualifizierungsoffensive" durchgeführt wurde, der Betrieb als Weiterbildungsort und der Arbeitsplatz als Lernort akzeptiert ist. Die

25 Auffällig ist allerdings, dass auch mit der Änderung der politischen Machtverhältnisse, der Versuch der Institutionalisierung von Weiterbildung durch die sozialdemokratisch-grüne Regierung nicht weiter verfolgt wurde.

politische Diskussion im Zuge dieser Offensive um betriebliche und staatliche Qualifizierungsmaßnahmen fassen Dobischat und Neumann (1987) zusammen und verdeutlichen damit einen Implikationszusammenhang von betrieblichem und staatlichem Handeln, der unabhängig von dem jeweiligen historischen Kontext und den politischen Verhältnissen ist: im Rahmen der betrieblich finanzierten Qualifizierung kann „der Qualifikationsbedarf der Betriebe bruchlos in Qualifikationsziele und Bildungsmaßnahmen umgesetzt werden" (ebd., S. 600) und die Arbeitskräfte werden so funktional in entsprechende Anforderungsprofile potenzieller Arbeitsplätze eingepasst. Damit dient die betriebliche Weiterbildung gleichermaßen als Instrument der innerbetrieblichen Arbeitskräfte- und Personalpolitik sowie der Loyalitätssicherung der Arbeitskräfte. Von staatlicher Seite wird dagegen mit einem Beteiligungsverzicht auf eine einseitige Abstimmung von Bildungs- und Beschäftigungssystem gesetzt, so dass sich so „das Postulat der Bedarfsorientierung [...] mit der weitreichenden bildungspolitischen Abstinenz des Bundes zu einer gemeinsamen Strategie verdichtet." (ebd. S. 601) Das Leitmotiv der Subsidiarität wird damit in der Konsequenz sogar zu einem Hebel für die Durchsetzung der partikularen betrieblichen Interessen. Aus der Sicht der Gewerkschaften, so die Autoren, muss es vor diesem Hintergrund um die generelle Durchsetzung der Lebens-, Arbeits- und Qualifizierungsinteressen der Beschäftigten und der Arbeitslosen gehen, und zwar unabhängig von der jeweiligen einzelbetrieblichen Interessenkonstellation und den gerade aktuell vorherrschenden Arbeitsmarktbedingungen. Im Arbeitnehmerinteresse wäre es demnach, wenn durch eine Integration allgemeiner und beruflicher Bildung die berufliche Weiterbildung ein immanenter Bestandteil des allgemeinen und Berufsbildungssystems würde. Allgemein anerkannte Bildungsabschlüsse nach festzulegenden Qualitätsstandards könnten dafür sorgen, dass Weiterbildung nicht zum Zweck instrumentellen Arbeitshandelns, sondern zur Entwicklung beruflicher und sozialer Gestaltungskompetenz in Arbeitssituationen dienen könnte (ebd., S. 607).

Dieser hier dargestellte Zusammenhang betrieblichen und staatlichen Handelns und die daraus resultierenden Konsequenzen wird - wie in Kapitel fünf gezeigt wird - auch im IT-Weiterbildungssystem wirksam.

Das folgende Beispiel in der Auseinandersetzung um die gesetzliche Regulierung der beruflich-betrieblichen Weiterbildung verdeutlicht, dass die Diskussion um die Regulierung der beruflich-betrieblichen Weiterbildung nicht nur durch Sachargumente gekennzeichnet war und ist, sondern sich auch durch ein gehöriges Maß an Polemik auszeichnet:
In einer Stellungnahme zur Berufsausbildung und Weiterbildung aus dem Jahr 2001/2002, spricht sich die Deutsche Industrie und Handelskammer (vgl. DIHK

2002) explizit gegen eine Novellierung des Berufsbildungsgesetzes aus und hält ein Plädoyer für weitere Deregulierung. Die Verantwortung für die Qualität von Weiterbildungsmaßnahmen solle bei den Einrichtungen der beruflichen Weiterbildung liegen und nicht staatlich kontrolliert werden. Ergänzungen öffentlichrechtlicher Prüfungen durch Personalzertifizierungen und Akkreditierungen, die ein Teil der marktorientierten Qualifizierungspolitik der Kammern darstellen, befürworten sie dagegen. Eine verstärkte Mitbestimmung von gewerkschaftlicher Seite lehnen die Kammern explizit mit der Begründung ab, der DGB verhindere die Nutzung der vorhandenen Spielräume, die das bestehende Gesetz bereits biete (ebd., S. 27).[26]

Festzuhalten ist, dass ebenso wie der Bereich der Erstausbildung auch der Bereich der Weiterbildung der politischen Gestaltung unterliegt und durch divergierende Interessen beeinflusst wird. Allerdings konnte in Deutschland bisher im Gegensatz zur Erstausbildung für die Weiterbildung - mit Ausnahme des IT-Weiterbildungssystems - keine Regelung des bildungspolitischen Dissens zwischen den einzelnen Interessengruppen erzielt werden, obwohl es zahlreiche Versuche gab, eine „Entbetrieblichung beruflicher Bildung“ (Büchter 2002, S. 349) zu betreiben. Als Indikatoren dafür können die gewerkschaftlichen Reformvorschläge, die Debatte um eine Novellierung des Berufsbildungsgesetzes, die internationale Diskussion um lebenslanges Lernen gelten. Dennoch ist festzustellen, dass der Bereich der beruflichen Weiterbildung nach wie vor weitgehend durch zum einen nach wie vor privat organisierte betriebliche Weiterbildung und zum anderen durch den öffentlich geförderten Sektor der Weiterbildung, der eher dem Bereich der Arbeitsmarkt- und Sozialpolitik denn der Berufsbildungspolitik zuzurechnen ist, geprägt ist.

Bosch (2002) schlägt vor, den Bereich der beruflichen Qualifizierung in der Wirtschaft zu verankern und Anreize zu schaffen, damit Unternehmen in die Qualifizierung ihrer Mitarbeiter investieren. Durch entsprechende Vergaberichtlinien bei öffentlichen Aufträgen sollen betriebliche Qualifizierungsmaßnahmen implementiert werden sowie eine Weiterbildungspflicht bei freien und Handwerksberufen eingeführt werde (ebd. S. 694). Die oben dargestellten Ausführungen um die Schwierigkeiten bei der gesetzlichen Regulierung von Fragen der Weiterbildung verdeutlichen allerdings, dass ein solches Vorhaben in der Realität wenig Aussicht auf Erfolg verspricht.

26 Begründet wird diese Auffassung damit, dass die Novellierung des Betriebsverfassungsgesetzes „den notorisch desinteressierten Betriebsräten“ (DIHK 2002, S. 30) bereits ein Mitspracherecht über die Gestaltung der Weiterbildung eingeräumt habe.

Es kann allerdings auch festgestellt werden, dass Fragen der beruflichen Qualifizierung und damit auch der betrieblichen Weiterbildung immer häufiger Gegenstand betrieblicher Regelung im Rahmen von Betriebsvereinbarungen werden und auch auf tarifvertraglicher Ebene zunehmend Berücksichtigung finden. Auch oder vielleicht gerade weil die Forderung nach einer gesetzlichen Regulierung der beruflich-betrieblichen Weiterbildung nicht realisiert werden konnte, ist es inzwischen über Betriebsvereinbarungen zu vielen innerbetrieblichen Regelungen und in der Metallindustrie auch zu einer flächendeckenden Regelung im Tarifgebiet Baden-Württemberg gekommen.[27]

Nachfolgend werden aktuelle Entwicklungen im Hinblick auf die Rolle des Staates unter dem Aspekt von Regulierung und Deregulierung thematisiert.

2.3 Strategien der Berufsbildungspolitik

Für den Bereich der Berufsbildung, verstanden als Aus- und Weiterbildung, ist in Deutschland zur Zeit keine einheitliche Politik des Staates zu verzeichnen. Im Zuge berufsbildungspolitischer Maßnahmen, die in organisatorisch-struktureller Hinsicht auf rechtliche Bestimmungen und die Finanzierung der beruflichen Bildung zielen, werden derzeit unterschiedliche Strategien entwickelt: so sind z.B. im Zuge der Hartz-Reform trotz des insgesamt schon geringen Institutionalisierungsgrades zur Zeit weitere Deregulierungstendenzen im Bereich der öffentlich geförderten Weiterbildung zu verzeichnen. Diesen Entwicklungen stehen Regulierungstendenzen für einzelne Sektoren, z.B. in der IT-Branche und im Mediensektor, gegenüber. Diese paradox anmutende Gleichzeitigkeit mündet in ein Spannungsfeld von einerseits staatlicher Regulierung und andererseits gleichzeitiger Flexibilisierung und verstärkter Marktsteuerung im Sinne neoliberaler Politikansätze. Alle Maßnahmen zur formalen und inhaltlichen Gestaltung von Weiterbildung sind den Paradoxien, die dieses Spannungsfeld kennzeichnen, und den damit einhergehenden Risiken und Chancen ausgesetzt.

2.3.1 Regulierung und Deregulierung

Auffällig ist, dass im Zuge der aktuellen Entwicklungen in der Gestaltung von Berufsbildung Prozesse gleichzeitig ablaufen, die eigentlich gegenläufige Entwicklungen kennzeichnen: so hat z.B. jede Entgrenzung und Dezentralisierung gleichzeitig eine Zentralisierung und damit auch wieder Begrenzung zur Folge und

27 Diese stehen z.T. in Verbindung mit dem Thema Arbeitszeit, vgl. Dobischat/Seifert 2001.

Deinstitutionalisierungen führen zu neuer Institutionalisierung. Dies gilt insbesondere vor dem Hintergrund, dass jede Strukturveränderung im Sinne einer Deregulierung notwendigerweise einen erneuten Strukturaufbau im Sinne einer Regulierung erfordert. Diese zunächst widersprüchlich anmutenden Phänomene lassen sich auf abstrakter Ebene in systemtheoretischen Kategorien mit dem Verhältnis von „Struktur" und „Prozess" erklären. Nach Luhmann setzen sich diese beiden Kategorien wechselseitig voraus, denn „Strukturierung ist unter anspruchsvolleren (nicht rein zufallsbestimmten) Bedingungen ein Prozess und Prozesse haben Strukturen." (Luhmann 1996, S. 73) Wenn sich in Entwicklungsprozessen Strukturveränderungen ergeben, dann bedeutet dies neben dem Abbau der alten Strukturen immer zugleich auch den Aufbau neuer Strukturen. Jede Strukturänderung setzt damit gleichzeitig Stabilität und Selbsterhaltung sowie auch Destabilisierung der Strukturen voraus. Diese Entwicklungen lassen sich auch im Zuge der aktuellen bildungspolitischen Maßnahmen im Bereich der Berufsbildung nachvollziehen: die Institutionen in der Berufsbildung (z.B. die Bildungsträger) benötigen angesichts der neuen Steuerungsformen ihrerseits neue Konzepte der Strukturbildung und der Steuerung. Dies gilt zum einen in regionaler Perspektive für die Kooperation zwischen den beteiligten Institutionen und Organisationen. Zum anderen müssen die Strukturbildungsprozesse im Sinne einer Organisationsentwicklung aber auch auf die innere Struktur der Institutionen gerichtet werden.

Paradoxerweise brauchen soziale Systeme aber, um flexibel reagieren zu können und damit Veränderung zu ermöglichen, ein hohes Maß an struktureller Instabilität. Diese Instabilität müssen sie als Voraussetzung für Flexibilität laufend selbst reproduzieren. Es kann also kaum davon ausgegangen werden, dass im Bereich der Weiterbildung „feste" oder auch „nachhaltige" Strukturen geschaffen werden können, die den gewiss ungewissen, kontingenten und damit eben tendenziell unplanbaren Zukunftsanforderungen entsprechen. Es ist eher davon auszugehen, dass jeder Versuch der inhaltlichen und formalen Gestaltung auf bildungspolitischer Ebene neue Probleme produziert und dass der Versuch, diese zu bewältigen, seinerseits in neue Paradoxien mündet. Wimmer (2002) beschreibt dies aus erziehungswissenschaftlicher Perspektive für den Bereich der Bildung:

> *„Die Lösungsstrategie von Paradoxien besteht selbst in der Form der Paradoxierung mit dem Effekt einer sich verstärkenden Rückkoppelung der Wirkungen auf die Ursachen. Diese Struktur eines mit sich selbst rückgekoppelten Systems gleicht einer absolut gewordenen Subjektivität im Sinne einer total gewordenen und spiralförmig aufsteigenden Reflexivität eines Verhältnisses, das sich zu sich selbst verhält, gefangen in einem Teufelskreis. Jeder Versuch, eine Lösung zu finden, ist in dieser Perspektive Bestandteil des Prozesses, der kein Außen mehr kennt, und steht deshalb in der Gefahr,*

diese selbstgemachten Probleme zu vermehren, d.h. in Form von Lösungen etwas herzustellen, was man sich nicht vorstellen kann. Der Glaube, Lösungen zu finden und den Prozess beherrschen zu können, dieser Glaube, der ein integrales Element dieses Prozesses ist, beruht auf einer perfekten Selbsttäuschung und zuweilen auf einer gewollten." (Wimmer 2002, S. 61)

Für den Bereich der Berufsbildung sind diese Entwicklungen und Phänomene konkret zu beobachten. So kann unter anderem das Entstehen von Netzwerken, das an späterer Stelle noch thematisiert wird (vgl. Kapitel drei), als Beispiel dafür gelten, dass sich im Zuge des Abbaus der Regulation durch den Staat neue Regulierungsformen herausbilden. Während auf der einen Seite normative Steuerungsmechanismen zunehmend abgebaut werden, kommt es auf der anderen Seite zu neuen Regulationsformen, deren Regeln durch die sozialen Akteure in der Kooperation konstruiert werden müssen (vgl. Büchter/Gramlinger 2002). In diesem Zuge entstehen auch neue Lernkulturen, veränderte Formen der Kooperation und auch neue Formen der Interessenregulation:

„Es bilden sich offensichtlich funktional ausdifferenzierte Lernkulturen mit polyzentrischen Institutionen heraus, wobei unter bestimmten arbeitsmarktpolitischen Perspektiven diese Institutionen ein ähnliches Beharrungs- und Behauptungsstreben entwickeln wie traditionelle Bildungsinstitutionen." (Kirchhöfer 2002, S. 79)

An diesem Beispiel wird deutlich, dass die ursprünglichen Probleme mit dem Entstehen neuer Strukturen nicht ohne weiteres gelöst sind, sondern dass sie unter Umständen in einer veränderten Konstellation weiterbestehen und neue Probleme verursachen können. Es stellt sich daher grundsätzlich die Frage, wie stark der Staat in der Aus- und Weiterbildung überhaupt steuernd eingreifen soll. Seit Beginn der 1990er Jahre ist bis heute festzustellen, dass

„... die Unübersichtlichkeit in der gesellschaftlichen Entwicklung auch zur Unsicherheit in der Bildungspolitik bei der Gestaltung der Rahmenbedingungen für personale Entwicklungsprozesse und für pädagogisches Handeln [führt]. Die Bildungspolitik des Staates verliert an Steuerungsfähigkeit." (Kell 1996, S. 38)

Kell (1996) beschreibt das bildungspolitische Handeln des Staates als ein „muddling through" im Spannungsfeld von expansiver und restriktiver Bildungspolitik, das sich wiederum im Spannungsfeld des sozio-kulturellen und des ökonomischen

Systems bewegt. Der Staat verspricht sich von Deregulierungen eine Entlastung von der Steuerungsleistung zwischen diesen Systemen, wenn der Markt als Vermittlungs- und Steuerungsinstrument wirksam wird. Staatliche Verantwortung kann so reduziert werden, ohne dass eine politische Vertrauenskrise zu erwarten ist:

> *„Die Priorisierung des Ökonomischen vor dem Politischen und Pädagogischen scheint zur Zeit die einzige gemeinsame Reaktion aller in Bund und Ländern regierenden Parteien auf die Krisen zu sein, und ein Rückzug des Staates aus der Bildungspolitik durch Deregulierungen scheint ihr gemeinsamer Nenner für das politische Handeln."* (Kell 1996, S. 38)

Dementsprechend ist gegenwärtig festzustellen, dass die bundespolitischen Steuerungsmaßnahmen sich auf die Rolle eines aktivierenden Staates beschränken. Dies ist am Beispiel des Umbaus des Arbeitsmarktes und der sozialen Sicherungssysteme zu verzeichnen (vgl. Lieber 2004) und gilt auch für den Bereich der beruflichen Weiterbildung. Bosch (2002) weist darauf hin, dass zwischen der Rolle eines aktivierenden Staates und dem Konzept der Employability eine „Seelenverwandtschaft" (S. 689) besteht, da beide die Eigeninitiative der Bürger für die soziale Sicherung betonen.

Die Rolle des aktivierenden Staates wird auch in der aktuellen Förderpolitik des Bundes deutlich: Maßnahmen der Modernisierung in der Weiterbildung werden weniger durch eine direkte Einflussnahme und Steuerung, wie das in der beruflichen Erstausbildung der Fall ist, umgesetzt, sondern eher indirekt durch bundesweite Förderprogramme unterstützt. Der zunehmende Rückzug des Staates aus der direkten Gestaltung ist auch im Bereich der Berufsausbildung zu beobachten. Dies gilt zum einen im Zuge der Diskussion um Berufsbildungszentren (vgl. Meyer 2003d) und zum anderen auch im Zuge der aktuellen Ausbildungsplatzinitiative. Auffällig ist auch dabei, dass besonders an die Verantwortung der Betriebe appelliert wird und die staatlich finanzierten Programmen lediglich als eine notwendige (Finanzierungs-)Ergänzung anzusehen sind (vgl. Eckert/Friese 2003). Als ein Beispiel dafür können auch die Veränderungen im Bereich der öffentlich geförderten Weiterbildung gelten. Diese werden nachfolgend kurz skizziert.

2.3.2 Zwischen Markt und Staat: die öffentlich geförderte Weiterbildung

Der größte Teil der beruflichen Weiterbildung ist in Deutschland öffentlich gefördert und im Rahmen von arbeitsmarkt- und beschäftigungspolitischer Steuerung durch den Staat finanziert. In der Vergangenheit war es unstrittig, dass berufliche Weiterbildung ein sinnvolles Instrument bei der Bekämpfung der Massenarbeitslosigkeit ist. Die Förderung der beruflichen Weiterbildung war insofern auch ein erklärtes Ziel der Bundesanstalt für Arbeit. Allerdings ist die öffentlich geförderte Weiterbildungslandschaft schon seit einiger Zeit massiver Kritik ausgesetzt. Bereits Anfang der 1990er Jahre zog Mahnkopf (1990) ein Fazit hinsichtlich der damals noch nach dem Arbeitsförderungsgesetz (AFG abgelöst durch SGB III) geförderten Weiterbildung:

> *„Öffentliche Weiterbildung, deren Funktion darin bestehen sollte, durch partielle oder auch vollständige Kostenübernahme die Weiterbildungsbereitschaft zu erhöhen und auch jenen Erwerbspersonen eine arbeitsmarktgängige Qualifikation zu ermöglichen, in deren Humankapital' die Unternehmen nicht investieren, ist [...] eher von Wirkungslosigkeit bedroht." (ebd., S. 81)*

Diese Situation hat sich auch in den folgenden zehn Jahren nicht geändert: bemängelt wurde, dass die öffentlich geförderte Weiterbildung zu teuer sei und auf Grund einer mangelnden Ausrichtung an den Bedarfen des Marktes ineffizient; zudem sei sie praxisfremd, wenig betriebsbezogen und die Weiterbildungsmaßnahmen würden eher die Interessen etablierter Träger bedienen als die des Arbeitsmarktes (vgl. Passens 2002; Wegge 1996). Demgegenüber stehen die Evaluationsergebnisse einer Studie, die vom Bundesverband der Träger beruflicher Bildung e.V. in Auftrag gegeben wurde (vgl. Schuldt/Troost 2004). Eine Befragung von Personen, die an Maßnahmen der öffentlich geförderten Weiterbildung teilgenommen haben, ergab u.a., dass der Integrationseffekt von beruflicher Weiterbildung wesentlich höher ist, als in den Statistiken der Bundesagentur für Arbeit ausgewiesen und dass auch die Nachhaltigkeit der beruflichen Weiterbildung im Hinblick auf die dauerhafte Beschäftigungsfähigkeit höher ist, als bisher angenommen. Es ist allerdings in diesem Zusammenhang zu fragen, inwieweit sowohl die Anlage der Untersuchung als auch die Ergebnisse von professionspolitischen Interessen des auftraggebenden Verbandes beeinflusst waren.

Diese Kritik an der öffentlich geförderten Weiterbildung war auch grundlegend für die Implementierung einer Kommission unter Leitung des VW Personalvorstandes Peter Hartz, die Vorschläge für eine Modernisierung der öffentlich geförderten beruflichen Weiterbildung erarbeitete. Mit dem übergangslosen Inkrafttreten der ersten beiden „Gesetze für moderne Dienstleistungen am Arbeitsmarkt" zum Jahresbeginn 2003 wurden zum einen neue Instrumente für die Arbeitsmarktpolitik eingeführt und zum anderen gleichzeitig die Finanzmittel für die berufliche Weiterbildung erheblich reduziert. Die geförderte Weiterbildung spielt in den neuen Dienstleistungsgesetzen nur noch eine untergeordnete Rolle. Es ist ein Paradigmenwechsel zu verzeichnen, der unabhängig von qualifikatorischen Aspekten nun die Vermittlung bzw. das Heranführen an den Arbeitsmarkt in den Mittelpunkt stellt. In diesem Zusammenhang werden zum einen Zeitarbeitsfirmen eingesetzt und zum anderen wird versucht, die Attraktivität von Minijobs und den Übergang von Arbeitssuchenden in die Selbständigkeit zu fördern. Auch durch das Senken von Zumutbarkeitsschwellen und den Zwang zur Arbeitsaufnahme sollen Arbeitslose möglichst schnell wieder in den Arbeitsmarkt eingegliedert werden. Als wichtigste Instrumente der neuen Regelungen können Bildungsgutscheine, das Garantieren einer Verbleibsquote sowie die Akkreditierung der Weiterbildungsanbieter gelten:

Mit den *Bildungsgutscheinen* wird den Arbeitssuchenden das Vorliegen der Voraussetzung für die Förderung einer Weiterbildungsmaßnahme bescheinigt. Die Gutscheine legen die Bildungsziele sowie die Bildungsdauer fest und haben eine Gültigkeit von drei Monaten. Auf der Basis dieses Bildungsgutscheines kann sich der Arbeitssuchende selbst einen geeigneten Bildungsträger aussuchen, bei dem er die Maßnahme durchführen möchte. Allerdings unterliegt er dabei einer regionalen Begrenzung. Durch die Einführung der Bildungsgutscheine soll die Position der Bildungsnachfragenden gestärkt und der Wettbewerb unter den Trägern gefördert werden. Die Weiterbildungsträger werden erfolgsbezogen, gemessen am Vermittlungserfolg, honoriert und sie garantieren gegenüber den Agenturen für Arbeit eine *Verbleibsquote* von 70% ihrer Absolventen im Arbeitsmarkt. Darüber hinaus unterliegen sie der Pflicht zur *Akkreditierung*, d.h. es werden nur solche Maßnahmen unterstützt, die von unabhängigen und fachkundigen Stellen zugelassen sind. Eine zentrale Akkreditierungsstelle regelt das Zulassungsverfahren. Im Juli 2004 ist die Anerkennungs- und Zulassungsverordnung „Weiterbildung" in Kraft getreten,[28] mit der nach §§ 84, 85 des SGB III zugleich eine nachhaltige Qualitätssicherung der beruflichen Weiterbildung und mehr Wettbewerb zwischen den Anbietern erzielt werden soll. Die Agenturen für Arbeit fördern Maßnahmen zur beruflichen Weiterbildung nur noch dann, wenn eine fachkundige Stelle festgestellt hat, dass der Weiterbildungsanbieter die gesetzlichen Anforderungen dieser Verordnung erfüllt. Diese fachkundigen Stellen können nach einer intensiven Prüfung des Weiterbildungsanbieters und seines Lehrangebotes dem Anbieter ein Zertifikat verleihen. Die o.a. Verordnung regelt im einzelnen das Verfahren der Zertifizierung, und konkretisiert insbesondere die Anforderungen an die Qualität der Bildungsanbieter und ihr Weiterbildungsangebot, wobei diejenigen Bildungs-

---

28 Bundesgesetzblatt Jahrgang 2004, Teil 1 Nr. 28, ausgegeben zu Bonn am 22.Juni 2004.

anbieter bevorzugt werden, die über ein Qualitätsmanagementsystem verfügen. Dieses Zulassungsverfahren ist bisher noch nicht flächendeckend implementiert worden, es wurde aber eine Übergangsfrist bis Ende 2005 eingeräumt.

Mit der Umsetzung dieser Maßnahmen sind für die öffentlich geförderte berufliche Weiterbildung einige Probleme verbunden. Grundsätzlich ist festzustellen, dass die Eintrittszahlen in Weiterbildungs- und Umschulungsmaßnahmen im Vergleich zum Vorjahr um ca. 60 % gesunken sind und dass im ersten halben Jahr nach dem Inkrafttreten der Gesetze nur knapp die Hälfte der bis dahin ausgegebenen Bildungsgutscheine eingelöst wurden (vgl. Kühnlein/Klein 2003). Dies ist u.a. damit zu begründen, dass sich sowohl die Bildungsteilnehmer als auch die Bildungsanbieter mit einer weitgehend intransparenten Marktsituation konfrontiert sehen. So gibt es z.B. keine klaren Kriterien für die Bestimmung der Bildungsziele geschweige denn für deren curriculare Umsetzung. Obwohl die prognostizierte Verbleibsquote entscheidendes Kriterium für die Ausstellung bzw. Nicht-Ausstellung eines Bildungsgutscheines sein soll, ist die Datenbasis für die Ermittlung der Verbleibsquote unklar. Es ist davon auszugehen, dass Erfolge und Wirkungen von Weiterbildungsmaßnahmen nicht allein am Verbleib im Arbeitsmarkt gemessen werden können. Dies gilt vor allem vor dem Hintergrund, dass auf Grund des „time-lags“ von empirischen Erhebungen jede Messung nur als „Momentaufnahme“ eines arbeitsmarktlichen Verbleibs ehemaliger Maßnahmenteilnehmer/-innen dienen kann und damit nur eingeschränkt Aussagen über die Nachhaltigkeit von Ergebnissen der Förderung beruflicher Weiterbildung zulässt. Auch über die Erhöhung der individuellen Beschäftigungsfähigkeit wird in diesem Verfahren faktisch nichts ausgesagt. Weiterhin ist davon auszugehen, dass die regionale Bindung der Bildungsgutscheine angesichts des massiven Verdrängungswettbewerbs unter den Bildungsträgern, der zu einer erheblichen Reduzierung von Anbietern der Weiterbildungsmaßnahmen führt, zum Problem für strukturschwache Regionen wird.[29]

Die hier nur kurz beschriebenen Instrumente der neuen Gesetzgebung, die die öffentlich geförderte berufliche Weiterbildung deutlich beeinflussen, zielen u.a. darauf, die Orientierung von Qualifizierungsmaßnahmen an betrieblichen Bedarfen sicherzustellen. Gleichzeitig sollen die Defizite des einzelnen Bildungsteilnehmers passgenauer beseitigt und so die Kosten für öffentlich geförderte berufliche Weiterbildung erheblich gesenkt werden. Die berufliche Weiterbildung wird damit in der Tradition der deutschen Berufsbildungspolitik nach wie vor so ausgerichtet,

29 vgl. zusammenfassend zur Hartz Reform und den Folgen für die berufliche Weiterbildung Dobischat 2004.

dass sie in erster Linie im Zuständigkeitsbereich der Betriebe verbleibt. „Die außerbetriebliche Weiterbildung hat folglich nur subsidiären Charakter und tritt so lange in Aktion, wie betriebliche Ressourcen nicht vorhanden sind." (Passens 2002, S. 6) Dass z.B. die Zulassung von Weiterbildungsanbietern neuerdings an „zuständige Stellen" delegiert wird, während sie vorher durch die Agenturen für Arbeit selbst vorgenommen wurden, kann als konsequente Fortführung des Prinzips des Korporatismus verzeichnet werden. Das Berufsprinzip spielt dagegen in den neuen Gesetzgebungen keine Rolle. Es kann im Gegenteil geradezu der Eindruck entstehen, dass im Zuge der hier dargestellten Entwicklungen das Berufskonzept durch die Kategorie „employability" abgelöst werden soll (vgl. Meyer 2003c).

Zusammenfassend kann also festgestellt werden, dass die „Gesetze für moderne Dienstleistungen am Arbeitsmarkt" bisher kaum geeignet waren, Transparenz auf dem unübersichtlichen Weiterbildungsmarkt zu erzeugen. Im Gegenteil wird für einzelne Maßnahmen, wie z.B. die o.a. Bildungsgutscheine, explizit konstatiert, dass sie „das beklagte Chaos auf dem Weiterbildungsmarkt derzeit eher noch verstärkt" hätten (Kühnlein/Klein 2003). Die Deregulierungstendenzen, die im Zuge der „Hartz-Reform" zur Zeit im Bereich der öffentlich geförderten Weiterbildung zu verzeichnen sind, beziehen sich, wie oben gezeigt wurde, vor allem auf Veränderungen in der Finanzierungsstruktur bisher arbeitsamtsgeförderter Maßnahmen. Darüber hinaus kann aber auch die zunehmende Tendenz zur *Regionalisierung* in der Berufsbildung als beispielhaft für ein deregulierendes staatliches Modernisierungskonzept gelten. Dieses zielt darauf, statt einer hierarchischen staatlichen Steuerung die Region als Referenzrahmen für Politikgestaltung zu begreifen. Der flexiblen Kooperation zwischen staatlichen, kommunalen und gesellschaftlichen Akteuren wird hier gegenüber der Regulierung auf bundes- oder landespolitischer Ebene der Vorrang eingeräumt (vgl. Faulstich 2002). Für Erfahrungen mit der Regionalisierung in der beruflichen Aus- und Weiterbildung stehen beispielhaft auch die Entwicklungen in Ostdeutschland. Sie können als Vorbild dafür gelten, wie in gesellschaftlichen Umbruchsituationen mittels direkter und indirekter staatlicher Steuerung eine neuartige Mischung von Arbeitsmarkt-, Sozial- und Bildungspolitik hervorgebracht wurde, die inzwischen auch als Ressource der Regionalgestaltung wirkt: „Neben vielen destruktiven und demotivierenden Momenten enthält die Umgestaltung der ostdeutschen Bildungslandschaft möglicherweise auch Elemente zukünftiger Gesellschaftspolitik." (Kirchhöfer 2002, S. 70).[30]

30 Als ein gelungenes Beispiel dafür können u.a. die Aktivitäten des Qualifizierungswerk Chemie (QFC) in Halle gelten, vgl. dazu eine Expertise im Auftrag der Hans-Böckler-Stiftung (Diettrich/Heimann/Meyer 2004).

Diesen faktisch bereits vollzogenen Maßnahmen der *Deregulierung* stehen die dargestellten gewerkschaftlichen Bestrebungen seit den 1970er Jahren entgegen, zu versuchen, die Defizite im Bereich der beruflich-betrieblichen Weiterbildung durch eine stärkere staatliche *Regulierung* in den Griff zu bekommen. Da die gewerkschaftlichen Forderungen im Rahmen einer gesetzlichen Verankerung der Weiterbildung bisher nicht umgesetzt werden konnten, steht nun zu befürchten, dass der im Rahmen der angestrebten Marktregulierung zu verzeichnende „neoliberale Mainstream" die Defizite der Weiterbildung eher verstärken wird (vgl. Bayer 2002).[31] Die Thematisierung der Konsequenzen, die sich aus diesen Entwicklungen insbesondere durch die Orientierung am Konzept der „employability" ergeben, findet zunehmend auch Eingang in den berufsbildungstheoretischen und -politischen Diskurs (vgl. Bosch 2002; Franzpötter 2003; Faulstich 2003; Lutz 2003; Eckert/Friese 2003; Kraus 2004).

Für den Bereich der Berufsbildung wird die Forderung nach einer verstärkten Marktsteuerung bereits in der Praxis umgesetzt und zieht dadurch entsprechende Folgen nach sich. Zu verzeichnen sind z.B., wie oben schon angedeutet, negative Konsequenzen im Hinblick auf einen ruinösen Wettbewerb der Bildungsanbieter. Positiv zu bewerten sind dagegen andererseits die verstärkten Anstrengungen zur Steigerung von Qualität und Professionalität. Im Folgenden werden diese neuen Steuerungsformen unter dem Aspekt der zunehmenden Marktausrichtung und Ökonomisierung der beteiligten Bildungsinstitutionen thematisiert.[32]

2.3.3 Marktausrichtung und Ökonomisierung

Wenn Marktsteuerung als politisches Instrument eingesetzt wird, wie das im Bereich der Berufsbildung zur Zeit zu beobachten ist, dann müssen sich alle Institutionen dem Markt stellen und sich damit auch den an ökonomischen Kriterien orientierten Funktionsmechanismen von Märkten aussetzen. Diese werden im Wesentlichen durch Angebot und Nachfrage gesteuert. Dieser Prozess der Marktanpassung ist für die Weiterbildungsanbieter wie auch für die -abnehmer, also die Teilnehmer von Weiterbildungsmaßnahmen, sowohl mit Risiken als auch mit Chancen behaftet.[33]

31 vgl. einführend und zusammenfassend Lieber (2004) in seiner differenzierten Erläuterung der Mechanismen des Neoliberalismus unter den Bedingungen moderner gesellschaftlicher und betrieblicher Arbeitsorganisation.

32 Unterschiedliche Positionen zum Thema „Bildung zwischen Markt und Staat" werden u.a. in Tagungsdokumentationen der Deutschen Gesellschaft für Erziehungswissenschaft (vgl. Benner u.a. 1996) sowie der evangelischen Akademie Loccum deutlich (vgl. Grimm 1999).

Bisher war, wie in Kapitel eins gezeigt wurde, der berufliche Weiterbildungsmarkt ein Anbietermarkt, der im Wesentlichen durch Intransparenz, eine privatwirtschaftliche Trägerstruktur, Standardangebote und ein „strukturkonservatives Handlungsmuster" (Dobischat 1999, S. 101) gekennzeichnet war. Dieses Handlungsmuster erweist sich allerdings für die Marktanpassung „als zentrale Engpassvariable." (ebd. 101) Dies gilt insbesondere vor dem Hintergrund einer permanenten Innovationsnotwendigkeit infolge sich dynamisch und schnell verändernder betrieblicher Bedarfslagen, die durch Reorganisations- und Umstrukturierungsprozesse verursacht sind. Die Institutionen müssen zunächst einmal ihr Leistungsangebot individualisieren und an den spezifischen Bedürfnissen ihrer Kunden, d.h. den Weiterbildungsabnehmern, orientieren. Dies schließt auch die strategische Entwicklung einer Geschäftspolitik durch Marketingstrategien von der Angebotsorientierung zu einer Dienstleistungsorientierung mit Bezug zu Betrieben in der Region ein. Dazu gehört ferner ein erweitertes und auf die nachfragenden Betriebe und Personen zugeschnittenes Beratungs- und Weiterbildungsangebot, das sich an modernen Managementkonzepten sowie an arbeitsprozessorientierten Qualifizierungsformen orientieren soll (vgl. Dobischat 1999, S. 102). In diesem Prozess werden von dem Weiterbildungspersonal veränderte Qualifikationen erwartet und es entstehen auch neue Funktionen, z.B. die eines Bildungsberaters oder Bildungsmanagers, der die Aktivitäten zwischen Bildungsanbieter und Unternehmen bzw. Beschäftigten und Institutionen koordiniert.

Als beispiel- und möglicherweise auch vorbildhaft für die Marktausrichtung von Bildungsinstitutionen kann die Entwicklung der Volkshochschulen in Deutschland angeführt werden, die den Prozess der Privatisierung und damit auch der Ökonomisierung in den letzten Jahre schon durchlaufen haben (vgl. Bastian 2002). Mit diesem Prozess ging auch eine Entwicklung der Professionalität des Personals einher. Dies ist angesichts aktueller Entwicklungen auch für den Bereich der beruflich-betrieblichen Weiterbildung zu erwarten und am Beispiel des IT-Weiterbildungssystems zu verdeutlichen.

Marktausrichtung heißt also auch für die Institutionen der Berufsbildung, sich an den Prozessen, die im Markt ablaufen, zu orientieren und sowohl die interne Organisationsentwicklung wie auch die nach außen zielenden Strategien daran auszurichten. Allerdings begeben sich die Bildungsinstitutionen mit ihrer pädagogischen Ausrichtung in eine paradoxe Situation, wenn sie in dieser Form am Markt

33 Zu der Frage, inwieweit Bildung als ein ökonomisches Gut gelten kann und welche Rolle der Staat dabei im Bildungswesen einnimmt vgl. Timmermann (2002). Er beschreibt, dass in der bildungsökonomischen Theorie seit Jahrzehnten eine kontroverse Diskussion um diese Frage geführt wird, die bis heute als unentschieden gelten kann.

(re-)agieren wollen. Sie geraten ihrerseits in ein Spannungsfeld von ökonomischen und pädagogischen Interessen und unterliegen damit einem Widerspruch im Hinblick auf die Notwendigkeit zu Flexibilität einerseits (induziert durch den Markt) und zu langfristiger Planung und Kontinuität (induziert durch die pädagogische Ausrichtung) andererseits. Hinzu kommt, dass die Ausrichtung am Markt und die damit verbundene Orientierung an (kurzfristigen) ökonomischen Interessen bei Wahrung eines hohen Maßes an Flexibilität grundsätzlich im Gegensatz zu langfristiger unternehmerischer strategischer Planung und Zielorientierung steht. Bei der strategischen Planung werden Ziele gesetzt und meist werden die Wege zur Zielerreichung vorbestimmt. Die kurzfristige Orientierung an den Prozessen des Marktes hingegen erfordert notwendigerweise Flexibilität, Kontingenz [34] und die Option zur Korrektur, wobei auch die Offenheit für nicht vorhersehbare Auswirkungen und Nebeneffekte mitgedacht werden muss (vgl. Becker/Langosch S. 48).

Mit *Marksteuerung* geht im Zuge der Selbstregulation des Marktes immer auch ein Verdrängungswettbewerb einher. Die entsprechenden Folgen haben die Bildungsinstitutionen zu tragen. Verdeutlichen lässt sich dies am Beispiel der ersten Konsequenzen der Hartz-Gesetzgebung: nach Einschätzungen der Bundesanstalt für Arbeit ermöglicht die Reform der öffentlich geförderten Weiterbildung u.a. eine „Marktbereinigung" um ca. ein Drittel der bisherigen Weiterbildungsträger (vgl. Passens 2002). Tatsächlich führte die Umsetzung der Vorschläge der Hartz Kommission wie oben beschrieben bereits dazu, dass ein erheblicher Rückgang bei den Eintritten in Bildungsmaßnahmen zu verzeichnen ist (vgl. Bundesverband der Träger beruflicher Bildung 2004). Von den Folgen der „Gesetze für moderne Dienstleistungen", die ursprünglich als ein Sicherungsinstrument der Arbeitsmarkt- und Beschäftigungspolitik gedacht waren, sind insofern vor allem Bildungsträger betroffen: so kann die Verkleinerung des Marktsegmentes nicht ohne weiteres durch die Erschließung neuer Geschäftsfelder kompensiert werden und es ergibt sich ein erheblich gesteigerter Wettbewerbsdruck unter den Anbietern. Die Folge ist, dass die Bildungsdienstleister ihrerseits unternehmerische Anpassungen vornehmen, um profitabler zu sein. Diese sind sowohl mit Arbeitsplatzverlusten [35] und auch mit Qualitätsverlusten, sowie mit der Ausgrenzung problematischer Teilnehmergruppen aus der Weiterbildung verbunden.

34 Der Begriff der Kontingenz besagt, dass die Wirklichkeit nicht notwendigerweise so sein muss, wie sie ist, sondern dass sie auch nicht bzw. anders sein könnte. Für Sachverhalte in der Realität ist damit das Nicht-Vorhandensein und die potenzielle Andersartigkeit grundlegend.

35 Die Dienstleistungsgewerkschaft verdi schätzt einen Arbeitsplatzverlust von 20.000 Stellen, was bedeutet, dass jeder fünfte Arbeitsplatz im Segment der Bildungsträger davon betroffen wäre (vgl. Schuldt/Troost 2004, S. 23).

Es ist allerdings auch festzustellen, dass im Zuge von Marktsteuerung neue Märkte entstehen. Auch diese Entwicklung lässt sich am Beispiel der öffentlich geförderten Weiterbildung nachvollziehen. Hier ist z.B. auf Grund der kürzlich erlassenen Verordnung zur Zertifizierung von Weiterbildungseinrichtungen das Entstehen eines „Zertifizierungsmarktes“ zu erwarten. Diese Entwicklung kann auch am Beispiel des IT-Weiterbildungssystems verdeutlicht werden (vgl. Kapitel fünf).

Die Konsequenzen, die die angestrebte Marktausrichtung in der Berufsbildung unter den aktuellen ökonomischen Bedingungen hat, wird mit Rekurs auf eine Diskussion, die aktuell im Bereich der Industriesoziologie geführt wird, im Folgenden kurz reflektiert. Eine interdisziplinäre Perspektive bietet sich hier insofern an, als dass die Marktsteuerung, die dem ökonomischen Sektor unter kapitalistischen Wirtschaftsbedingungen immanent ist, inzwischen selbst für den *industriellen* Produktionssektor problematisiert wird (vgl. Dörre/Röttger 2003), obwohl die Marktorientierung als konstitutives Element moderner kapitalistischer Arbeitsorganisation gelten kann. Für den Bildungssektor ist zu erwarten, dass ähnliche Probleme hier in verschärfter Form auftreten werden: Dörre (2003) konstatiert einen permanenten Restrukturierungswettbewerb der Unternehmen, der durch den Sachzwang der Marktorientierung hervorgerufen wird, und der von den Beschäftigten ständig neue Optimierungsleistungen erfordert: „Diese Rationalisierung in Eigenregie entpuppt sich als unendlicher Prozess.“ (ebd. S. 9) Während diese Art des reflexiven Managements, das den Zwang zur Selbstrationalisierung einschließt, früher nur die obersten Führungsebenen betraf (vgl. Deutschmann 1998), gilt es heute im Kontext modernisierter Arbeitsbeziehungen für alle Arbeitnehmer. Diese Situation hat zunehmend auch Auswirkungen auf die interessenpolitischen Konstellationen. Während die Arbeit in den neuen Sektoren (wie z.B. IT und Medien) lange Zeit als mitbestimmungsfrei galt, scheint sich auch hier ein Wandel zu vollziehen, da viele Angestellte offensichtlich nicht mehr in der Lage sind, ihr Arbeitsvolumen in der Regelarbeitszeit zu bewältigen. Darüber hinaus kommt es auch zu neuen Kontrollformen: „Zur Funktionsweise des marktzentrierten Kontrollmodus gehört die Versachlichung von Zwang und Anonymisierung von Herrschaft“ (ebd. S. 20), wobei nicht mehr die persönliche Verantwortung von Eigentümern und Führungskräften zählt, sondern diese auf den einzelnen Arbeitnehmer verlagert ist.

Es gibt gute Gründe zu vermuten, dass sich derartige Entwicklungen auch im Bereich der Berufsbildung fortsetzen werden, wenn zunehmend unter dem Einfluss von Marktzwängen gearbeitet wird. Schon Anfang der 1990er Jahre hat Baethge (1992) darauf verwiesen, dass zu erwarten ist, dass mit der Selbststeuerung des Marktes zwei Entwicklungen befördert werden, die zunächst im Widerspruch zueinander stehen: einerseits wird angesichts einer nach wie vor ungleichen Teilhabe an Weiterbildungsmaßnahmen die gesellschaftliche Segmentationsfunktion von Weiterbildung befördert. Andererseits sinkt im Zuge der allgemeinen Expansion der beruflichen Weiterbildung deren sozialer Grenznutzen für das einzelne Individuum. Weiterbildung entwickelt sich in diesem Zuge immer mehr von einer statusverbessernden zu einer statuserhaltenden Funktion (ebd. S. 318f.). Im Zuge der Marktorientierung wird auch das pädagogische Personal mit neuen Anforderungen konfrontiert und es werden von ihnen eher betriebswirtschaftliche Qualifikationen gefordert. Zu bedenken ist auch, dass die Verstetigung von Konkurrenz im Zuge von Marktanpassungen wiederum Konkurrenz erzeugt und somit ein nicht endender Wettbewerb entsteht.

Nicht zuletzt gilt es darüber hinaus auch zu bedenken, dass es sich bei Märkten um soziale Konstruktionen handelt, wobei die Machtrelation und Spielregeln im Wesentlichen von den marktbeherrschenden Unternehmen geprägt sind (vgl. Dörre 2003). Durch habitualisierte Praktiken erfolgt eine Bündelung sozialer Interessen, wobei die Akteure in verschiedenen Teilfeldern auf der Grundlage ihrer eigenen Interessen relativ autonom handeln und so eine Vielzahl von Praxisformen hervorbringen. Hinzu kommt jedoch, dass sich im ökonomischen Feld die Handlungsstrategien der Akteure nicht allein auf Mehrung und Verteilung ökonomischen Profits richten, sondern dass es „stets [...] auch um die Akkumulation von sozialem, kulturellem und symbolischem Kapital“ geht und insofern auch um sozialen Status, um die Besetzung von Positionen, um persönliche Anerkennung, Macht und Einfluss (ebd. S. 15). Alle Strategien zur Gestaltung der beruflich-betrieblichen Weiterbildung, sei es auf der politischen wie auch auf der Ebene der Unternehmen, treffen insofern immer auf eine Vielzahl von Interessen und Habitusformen, Denkmuster und Deutungsschemata der sozialen Akteure, die ihrerseits eine große Beharrungskraft haben. Allerdings liegt genau darin auch eine Chance zur Gestaltung moderner Weiterbildungsstrukturen, denn es wird deutlich, dass die subjektive Perspektive der Akteure bei Veränderungsprozessen unbedingt einbezogen werden muss, um eine Akzeptanz für neue Strukturen zu erreichen. Politische Deregulierungsmaßnahmen, die dem neoliberalen Duktus „Steuert Euch selbst“ unterliegen, könnten sich als kontraproduktiv für die Gestaltung moderner Weiterbildungsstrukturen und die Akzeptanz bei den sozialen Akteuren, einschließlich der Weiterbildungsabnehmer, erweisen.

Zusammenfassend und abschließend kann hier festgestellt werden, dass sich für den Bereich der Berufsbildungspolitik weder eine reine Marktsteuerung noch eine massive staatliche Steuerung als sinnvoll erweisen kann:

„Da es genügend bildungsökonomische Befunde sowohl für Staatsversagen als auch für Marktversagen in bezug auf pädagogisch wünschbare Entwicklungen gibt, können die Lösungen nicht in dichotomisierenden Alternativen liegen, sondern sollten optimale Kombinationen von Staat und Markt gesucht werden." (Kell 1996, S. 45)

Es muss also darum gehen, unter Berücksichtigung der Interessen der sozialen Akteure, die Rahmenbedingungen für einen funktionierenden Weiterbildungsmarkt so zu gestalten, dass dieser nicht unmittelbar den negativen Folgen einer zunehmend neoliberalen Politik ausgesetzt ist.[36]

Zu fragen ist, wie berufliche Weiterbildung im Spannungsfeld zwischen Regulation und Flexibilität auf der Ebene des Berufsbildungssystems organisatorisch-strukturell so zu gestalten ist, dass im Sinne eines modernen Konzeptes der Staat lediglich den Rahmen bestimmt und ein hohes Maß an Flexibilität zur inhaltlichen und auch methodischen Ausgestaltung gewährleistet. Dabei ist davon auszugehen, dass ein gewisses Maß an freier Marktregulierung auch ein Vorteil sein kann, nämlich dann, wenn die Steuerung über die Qualität der Maßnahmen erfolgt und sich gute Konzepte am Bildungsmarkt durchsetzen, während andere u.U. im Zuge einer Marktanpassung modifiziert werden müssen, um am Markt weiter zu bestehen. Aus der Sicht der Bildungsforschung ist allerdings darauf zu verweisen, dass der Markt nicht die inhaltlichen Merkmale für die Qualität pädagogischer Konzepte und Prozesse setzen kann. Dafür ist das Einholen der Nutzerperspektive, d.h. der Weiterbildungsteilnehmer, ebenso unerlässlich wie die permanente Konzeptentwicklung und -anpassung sowie eine begleitende Evaluation von Qualifizierungsmaßnahmen (vgl. dazu ausführlich Teil drei dieser Arbeit).

Auch die Entwicklungen und Probleme, die sich aus der Gleichzeitigkeit von Deregulierung, Regionalisierung und marktförmiger Organisation in der Praxis der beruflichen Bildung ergeben, sind zukünftig aus der Perspektive der Berufsbildungsforschung zu thematisieren. Aus bildungspolitischer Sicht ist anzustreben, dass die beruflich-betriebliche Weiterbildung nicht allein der Marktsteuerung überlassen wird, sondern dass Mischformen von staatlicher, öffentlicher und privater Verantwortung gefunden werden. In der Realität zeichnet sich diese Entwicklung - wie nachfolgend am Beispiel von Trends, die als Handlungsziele moderner

36 Obwohl die aktuellen Veränderungen auch im Bereich der Berufsbildung u.a. „in der radikalen Unterwerfung aller Elemente von Bildung (Inhalte, Formen, Methoden, Zeiten, Orte) unter den Zwang zur Selbstorganisation" (Kirchhöfer 2002, S. 76) bestehen, schließt dieser Individualisierungsprozess nicht notwendig die Privatisierung mit ein: „Sponsoring muss noch nicht Interessendominanz bewirken, wenn die Öffentlichkeit die Kontrolle behält." (ebd. S. 80)

Berufsbildung gelten, gezeigt wird - bereits ab. Diese inhaltlichen Orientierungen, an denen u.a. verdeutlicht werden kann, dass der Staat sich hier im Zuge öffentlicher Finanzierung direkt und indirekt an der Umsetzung beteiligt, sind auch in die Konzeption und Etablierung des IT-Weiterbildungssystems eingeflossen. Damit können sie als Beispiele dafür gelten, wie der Staat die Gestaltung von Weiterbildung organisatorisch-strukturell flankieren kann.

3 Aktuelle Orientierungen in der beruflichen Bildung

Während die Perspektive in den vorangegangenen Teilen dieser Arbeit mit einem eher institutionellen Focus auf die Ebene des Berufsbildungssystems, die betriebliche Organisation sowie die Problematik der politischen Steuerung beruflich-betrieblicher Weiterbildung gerichtet war, stehen im folgenden *inhaltliche* Herausforderungen und Trends in der beruflichen Bildung im Mittelpunkt. Hier werden drei Entwicklungen im Sinne von Trends dargestellt, die zur Zeit in der beruflichen Bildung und insbesondere im Bereich der Weiterbildung[37] Konjunktur haben und die auch grundlegend für die Konzeptionierung des IT-Weiterbildungssystems waren. Im Einzelnen handelt es sich dabei um: *Kompetenzentwicklung* als das Ziel von Qualifizierungsmaßnahmen in der beruflichen Aus- und Weiterbildung, *Prozessorientierung* als didaktisches Leitprinzip der Berufsbildung und um *Netzwerke* als eine neue Kooperationsform. Alle drei zeichnen sich zum einen dadurch aus, dass sie auf der Ebene der Realität, auf der konzeptionellen Ebene sowie in der wissenschaftlichen Thematisierung an Bedeutung gewonnen haben. Zum anderen fällt auf, dass gerade bezogen auf *diese* Themen seitens des Staates zum Teil sehr gut ausgestattete Entwicklungs- und Forschungsprogramme aufgelegt wurden[38], in deren Rahmen finanzielle Mittel zur Förderung von Praxisprojekten und zum Teil auch wissenschaftlichen Begleitprojekten bereitgestellt werden.

Mit diesen Förderprogrammen erfüllt die Bundesregierung u.a. ihren Beitrag zur Ko-Finanzierung des OECD Programms zum „Lebenslangen Lernen". In einem Bericht des BMBF, in dem die „Good Practice der Finanzierung Lebenslangen Lernens" im Rahmen des Projektes „Co-financing lifelong learning" dargestellt wird, werden Leitprojekte benannt, die einen Beitrag zur Förderung lebenslangen Lernens leisten. Diese Projekte können als Leitprojekte für den Bereich der Berufsbildung und damit auch für die beruflich-betriebliche Wei-

37 gemeint ist im Folgenden immer die berufliche und die betriebliche Weiterbildung.

38 Einen Überblick über die Förderaktivitäten von Bund und Ländern in Deutschland im Bereich Bildung und Forschung bietet die Homepage des Bundesverwaltungsamtes www.bund.de

terbildung gelten. Im einzelnen handelt es sich dabei um folgende Programme und Maßnahmen (vgl. Kruse 2003):[39]

- das Programm „Lernkultur Kompetenzentwicklung“
- das Rahmenkonzept „Innovative Arbeitsgestaltung - Zukunft der Arbeit“
- die BMBF-Initiative „Früherkennung von Qualifikationserfordernissen“
- das Berichtssystem Weiterbildung
- die Offensive „Qualität in der Weiterbildung“
- das Programm „Neue Medien in der Weiterbildung“
- die Zukunftsinitiative Hochschulen
- das Förderkonzept „Überbetriebliche Ausbildungsstätten“
- die BMBF-Initiative „Zusatzqualifikationen in der dualen Berufsausbildung“
- das Programm „Schule-Wirtschaft/Arbeitsleben“
- den „Europäischen Lebenslauf und die Weiterentwicklung des Europasses“
- das BLK Modellversuchsprogramm „Lebenslanges Lernen“
- das Programm „Lernende Regionen - Förderung von Netzwerken“

Insbesondere der Mittelstand - und damit auch explizit kleine und mittlere Unternehmen - sind Gegenstand einer umfassenden Förderpolitik durch das BMBF, wobei hier auch Entwicklungs- und Forschungsaktivitäten im Bereich der Aus- und Weiterbildung im Kontext von Personal- und Organisationsentwicklung in den Unternehmen gefördert werden (vgl. BMBF 2002).

Bei den Inhalten dieser Förderprogramme handelt es sich um berufsbildungspolitische Querschnittsthemen, die zur Zeit politisch intendiert sind und insofern eine deutliche Unterstützung bei der Implementation in die Praxis der Berufsbildung erhalten. Die Umsetzung erfolgt dabei meist in Projektstrukturen, das heißt, es besteht zunächst eine Begrenzung der zeitlichen und finanziellen Ressourcen. Ob damit tatsächlich eine *langfristige* Implementierung zu erwarten ist, bleibt zum jetzigen Zeitpunkt offen. Es ist allerdings aus berufspädagogischer Sicht davon auszugehen, dass eine lernorganisatorische Gestaltung unabdingbar ist, damit Kompetenzentwicklung, Prozessorientierung und Netzwerke sich in der Praxis der beruflich-betrieblichen Weiterbildung auf Dauer etablieren können. Insofern deutet sich an, dass auch wissenschaftliche Begleitforschung - die zum einen die Praxis erfasst, analy-

39 Die Förderprogramme stehen im Kontext des europäischen Aktionsprogramms zum „Lebenslangen Lernen“ und umfassen allein in Deutschland ein Gesamtvolumen von ca. 250 Mio. € (vgl. Bullinger u.a. 2003).

siert und die dort gemachten Erfahrungen in Theorien überführt und zum anderen an der Gestaltung innovativer Weiterbildungsstrukturen mitwirkt - eine zentrale Rolle zukommen kann.

3.1 Kompetenzentwicklung mit dem Ziel beruflicher Handlungsfähigkeit

Beruflicher Kompetenzentwicklung kommt in den letzten Jahren im Kontext wirtschaftlicher und gesellschaftlicher Modernisierung eine besondere Bedeutung zu. Vor dem Hintergrund einer strukturellen Ungeklärtheit in Bezug auf inhaltliche Qualifikationsanforderungen und angesichts einer rasanten technologischen und ökonomischen Entwicklung ist es schwer, den Qualifikationsbedarf der Zukunft inhaltlich zu bestimmen. Weder Unternehmen wissen, welche fachspezifischen Qualifikationen zukünftig benötigt werden, um im globalisierten Wettbewerb mithalten zu können, noch ist dem Einzelnen klar, was er lernen soll, um den Anforderungen, die in veränderten Arbeitsbeziehungen an ihn gestellt werden, zu bewältigen. Die zunehmende Forderung nach einer nicht in erster Linie fachgebundenen und damit formal und inhaltlich eher unspezifischen Kategorie wie „Kompetenz“ scheint auf Grund eines hohen Abstraktionsgehaltes geeignet, die gegenwärtigen und zukünftigen Qualifizierungsprobleme, wenn auch nicht lösen, so doch zumindest angemessen thematisieren zu können. Angesichts einer zunehmenden Entgrenzung von Fachqualifikationen wird Kompetenz seit Anfang der 1990er Jahre seitens der Wirtschaft als eine Universalqualifikation hierarchie- und branchenübergreifend vom Facharbeiter bis zum Manager gefordert.[40]

Besonders hervorzuheben ist im Vergleich zum europäischen Diskurs für die deutsche Diskussion um Kompetenzen, dass sie eine dezidiert subjektorientierte Perspektive verfolgt und dass sich damit - unter anderem auf Grund der Verschränkung mit der Diskussion um das Lernen in der Arbeit - auch die Hoffnung auf zunehmende Autonomisierung und Selbstentfaltung von Arbeitnehmerinnen und Arbeitnehmern richtet:

> *„Geht es in der spezifisch deutschen Arbeit an der Kompetenzentwicklung darum, Entwicklungen zu begegnen, die die tradierten Formen der beruflichen Fort- und Weiterbildung als dysfunktional, den veränderten Bedingungen in Produktion und Groß-*

40 Welche „Trendprämissen“ im Einzelnen zur Implementierung des Kompetenzbegriffs geführt haben, beschreibt Bolder (2002) ausführlich auf einer empirischen Datenbasis. Dazu zählt er die „Megatrends“ der sektoralen Verschiebungen im Beschäftigungssystem, veränderte Qualifikationsanforderungen sowie die Individualisierung.

verwaltungen unangemessen erscheinen lassen und die deshalb eher zur Verflüssigung institutionalisierter Wege der Weiterqualifizierung führen müssten, so strebt man im Kontext europäischer Bildungsinstitutionen [...]eher die Vergleichbarkeit bislang überwiegend nationalstaatlich zustande gekommener Anerkennungsverfahren beruflicher Abschlüsse und Weiterbildungen an." (Bolder 2002, S. 659)

Kompetenzentwicklung als politisches Programm

„Kompetenzentwicklung" ist nicht nur als eine inhaltliche Forderung und als theoretisches Konzept zu verstehen, sondern hinter diesem Begriff verbirgt sich zudem auch ein öffentlich finanziertes Forschungsprogramm. Während Kompetenzen auf der inhaltlichen Ebene schon seit den 1970 Jahren als Ziel von Prozessen in der Berufsbildung gelten können, ist das „Projekt Kompetenzentwicklung" als politisches Programm erst in den 1990er Jahren entstanden. Die bildungspolitische Initiative des damaligen Bundesministers, der an zwei Forschungsinstitute den Auftrag gegeben hatte[41], den damaligen Stand der Forschung zur betrieblichen Weiterbildung zu resümieren und Desiderata aufzuzeigen, hat den Ausschlag für ein umfangreiches Forschungsprogramm zu Kompetenzentwicklung gegeben (vgl. Bolder 2002). Dieses Forschungsprogramm, das bis heute von der Arbeitsgemeinschaft Betriebliche Weiterbildungsforschung (ABWF) getragen wird, ist allerdings noch vor seinem Start von der politischen Entwicklung der Wiedervereinigung überholt worden und hat damit die Weiterbildungsforschung in Deutschland maßgeblich beeinflusst. Von Anfang an diente es der „Transformation" im Sinne einer Anpassung des ostdeutschen Bildungssystems an das westdeutsche Bildungssystem, was zur Konzentration des Programms auf die Qualifikationsentwicklungsprozesse und ihr Management führte:

„Wie sich bald herausstellen sollte, war dieses Qualifikations-Entwicklungs-Management (QUEM) in einer kaum beherrschbaren Gemengelage zwischen einem chaotischen (Weiterbildungs-)Anbietermarkt, Nutzlosigkeitserfahrungen der Lernenden (vor allem hinsichtlich des Erfolgs beim Bemühen um Arbeitsplatzerhalt oder -vermittlung), kulturellen Inkompatibilitäten (zwischen real-sozialistischer Sozialisation und marktwirtschaftlichen Institutionen und Abläufen) und offenem Widerstand gegen als Zumutung erlebte Verhaltensimperative entschieden komplizierter, als man es sich vorgestellt hatte [...]." (Bolder 2002, S 662)

41 Außergewöhnlich war mit der Vergabe an das arbeitnehmerorientierte Göttinger Institut für Sozialforschung einerseits und das arbeitgebernahe Institut der deutschen Wirtschaft andererseits die Anerkennung eines prinzipiellen Interessengegensatzes zwischen den beiden Arbeitsmarktparteien.

Im Rahmen des Forschungs- und Entwicklungsprogramms „Lernkultur Kompetenzentwicklung“ und dem Vorläuferprogramm „Kompetenzentwicklung für den wirtschaftlichen Wandel“, deren Durchführung mit öffentlicher Förderung seitens des Bundes und des europäischen Sozialfonds erfolgt(e), wird in Deutschland der Versuch unternommen, berufliches Lernen in Innovationsprozessen und gesellschaftlichen Veränderungen mit Beteiligung der Sozialpartner und unter Gewährleistung eines hohen Theorie-Praxis-Transfers zu gestalten. Durch die Beteiligung der Sozialpartner werden in dem Programm zudem unterschiedliche Interessenlagen einbezogen und es werden dabei sowohl die Qualifikationserfordernisse der Unternehmen als auch die im Prozess der gesellschaftlichen Modernisierung entstandenen individuell-subjektiven Ansprüche von Arbeitnehmerinnen und Arbeitnehmern berücksichtigt.[42]

Im Einzelnen verfolgt das Programm das Ziel

- den Aufbau effizienter kontinuierlicher Lernstrukturen als Motor für Innovation und Wettbewerbsfähigkeit sowie die Voraussetzungen für Transformation zu unterstützen,
- individuelle berufliche Kompetenzen im Sinne von Employability, Flexibility, Entrepreneurship und Equality zu leisten,
- Strategien des Kompetenzerhalts und der Kompetenzentwicklung bei Arbeitslosigkeit zu entwickeln
- und eine nachhaltige Umsetzung der Ergebnisse und Erfahrungen aus abgeschlossenen bzw. laufenden Projekten in Praxis und Lehre zu fördern.

Ein Schwerpunkt liegt dabei insbesondere darauf, kleine und mittlere Unternehmen bei der Gestaltung innovativer Weiterbildungsstrukturen zu unterstützen. Das mit ca. 20 Mio. € jährlich geförderte Programm unterteilt sich in mehrere Teilprogramme. Dazu zählen im Einzelnen:

- Lernen in Prozess der Arbeit
- Lernen im sozialen Umfeld
- Lernen in Weiterbildungseinrichtungen
- Lernen im Netz sowie
- Grundlagenforschung und wissenschaftliche Begleitung.

42 Die Beteiligung unterschiedlicher Interessengruppen kann u.a. als Ausdruck dafür gelten, dass derartige Programme immer auch politischen Charakter haben und somit der Durchsetzung spezifischer sozialer Interessenlagen seitens der beteiligten Akteure dienen.

Inhaltlich ist der Kompetenzbegriff, der diesem umfangreichen programmatischen Forschungsrahmen zugrunde liegt, auf die Definition des deutschen Bildungsrates von 1971 zurückzuführen. Demnach bezieht sich Kompetenz auf die Befähigung des Einzelnen zu eigenverantwortlichem Handeln in privaten, beruflichen und gesellschaftlichen Situationen und ist demzufolge an das einzelne Subjekt gebunden.

> *„Unter Kompetenzen sind Fähigkeiten, Methoden, Wissen, Einstellungen und Werte zu verstehen, deren Erwerb, Entwicklung und Verwendung sich auf die gesamte Lebenszeit eines Menschen bezieht." (Dehnbostel 2001, S. 76)*

Formale Abschlüsse in Institutionen spielen dabei eher eine untergeordnete Rolle, vielmehr ist die Herausbildung von Kompetenzen - die Kompetenzentwicklung - ein lebensbegleitender Prozess. Kompetenzentwicklung beschränkt sich damit nicht auf das Berufsleben, sondern reicht weit in soziale und damit auch persönliche Bereiche hinein. Vor diesem Hintergrund kann Kompetenzentwicklung kein kurzfristig angelegter Qualifizierungsprozess im Sinne einer Anpassung an rein technische oder ökonomische Erfordernisse sein.

Im beruflichen und betrieblichen Kontext ist das Ziel von Qualifizierungsmaßnahmen zunehmend die Entwicklung *beruflicher Handlungskompetenz*. Diese setzt sich aus unterschiedlichen Einzelkompetenzen zusammen und zielt auf die Ausbildung von *Fach*kompetenz, auf *Sozial*kompetenz als die Fähigkeit zur Zusammenarbeit mit anderen, auf *Personal*kompetenz, d.h. auf die Fähigkeit, sich selbst zu managen und seine eigenen handlungsleitendenden Motive zu erkennen. Das Leitbild der beruflichen Handlungskompetenz liegt den Rahmenlehrplänen der Kultusministerkonferenz (KMK) zur Berufsausbildung schon seit Anfang der 1980er Jahre zugrunde und ist Mitte der 1980er Jahre auch in den Neuordnungen der Ausbildungsberufe verankert worden. Definiert wird diese als die Fähigkeit und Bereitschaft des Einzelnen, in beruflichen Situationen sach- und fachgerecht zu handeln und das eigene Handeln zu reflektieren. Der Einzelne ist dabei auch gefordert, gesellschaftliche Verantwortung zu übernehmen und seine Handlungskompetenzen und auch -möglichkeiten ständig weiterzuentwickeln (vgl. Bader 1989).

Als Erweiterung der beruflichen Handlungskompetenz kann das Leitbild der *reflexiven Handlungskompetenz* als Ziel von Kompetenzentwicklung in der Berufsbildung gelten. Reflexive Handlungskompetenz zielt darauf, einerseits die Qualität des individuellen Handlungsvermögens und andererseits die Souveränität des Handelns im gesellschaftlichen Kontext zu erhöhen:

> *„Reflexive Handlungsfähigkeit findet ihren Ausdruck im selbständigen, kritischen Handeln und individueller und gesellschaftlicher Mündigkeit [...] und bedeutet, durch Lern- und Reflexionsprozesse vorgegebene Strukturen zu hinterfragen, zu deuten und zu bewerten". (Dehnbostel/Meyer-Menk 2003, S. 6)*

Es kann damit festgestellt werden, dass die Entwicklung von Kompetenzen kontextabhängig ist. Es geht weniger um das Anhäufen von inhaltlichem Wissen, als um kontextadäquates Verhalten und Handeln, wobei der Kategorie des Erfahrungswissens eine besondere Bedeutung zukommt (vgl. Dehnbostel u.a. 2001).

Kompetenz wird in der Weiterbildungsdiskussion dem Begriff der Qualifikation gegenübergestellt und es wird eine „kompetenzorientierte Wende" (Arnold 1998a, S. 88) konstatiert. Die Argumente, die in diesem Zusammenhang vorgebracht werden, lassen sich wie folgt skizzieren:

- Kompetenz ist ein subjektbezogener Begriff, während Qualifikation auf die Erfüllung konkreter Nachfragen und Anforderungen zielt.
- Sie bezieht sich mit ganzheitlichem Anspruch auf die ganze Person, während Qualifikation sich auf unmittelbar tätigkeitsbezogene Kenntnisse, Fähigkeiten und Fertigkeiten richtet.
- Kompetenz verweist auf die Selbstorganisationsfähigkeit der Lernenden, während Qualifikation in fremdorganisierten Lernprozessen vermittelt wird.
- „Kompetenzlernen" beinhaltet die Vermittlung von Werten, während sich „Qualifikationslernen" an Sachverhalten orientiert.
- Kompetenzen umfassen eine Vielfalt von Handlungsdispositionen, während Qualifikation auf die Elemente der Handlungsfähigkeit zielt, die zertifizierbar sind.

Auch wenn in der Literatur Kompetenzen und Qualifikationen häufig gegenübergestellt werden, so zeigt allein diese schematische Gegenüberstellung, dass dabei Ungereimtheiten entstehen und dass sich diese Begriffe inhaltlich begründet kaum gegeneinander abgrenzen lassen. Die vielzähligen Versuche dies zu tun, haben offensichtlich auch „mehr Verwirrung gestiftet, als dass sie zur Klärung beigetragen hätten" (Bolder 2002, S. 651).

Arnold selbst kritisiert an der Trennung entlang der o.g. Argumente, dass die „rigiden begrifflichen Demarkationslinien [...] möglicherweise die Chance, das Neue an das Alte anzuschließen" (Arnold 1998a, S. 88) verbauen würde. Insofern werden hier Qualifikationen, die fachbezogen sind und eindeutig der beruflichen Verwertbarkeit im Sinne des Erhalts von Beschäftigungsfähigkeit dienen, als Teil von Kompetenzen verstanden. [43] Auch der aus pädagogischer Perspektive relevante Aspekt von *Bildung* im Sinne von Persönlichkeitsentwicklung ist in diesem Verständnis von Kompetenz eingeschlossen. [44]

In der Auseinandersetzung mit diesem Thema stellt sich aus der Perspektive der Berufsbildungsforschung die Frage nach der *inhaltlichen* Ausgestaltung und nach der *formalen* Organisation der angestrebten Kompetenzentwicklungsprozesse, die als ein zukunftsorientiertes Konzept für Aus- und Weiterbildung gehandelt werden. Auf der *inhaltlichen* Ebene gilt es zu klären, was genau sich hinter dem Begriff von Kompetenz verbirgt und ob persönlichkeitsbezogene Eigenschaften, die in modernen Arbeitsstrukturen gefordert sind, lehr- und lernbar sind bzw. unter welchen Bedingungen Aneignungs- und Vermittlungsprozesse dieser Qualitäten sich vollziehen können. Da Kompetenzen, wenn sie in berufliche Verwertungszusammenhänge gestellt werden, immer auch ökonomischen und einzelbetrieblichen Interessen ausgesetzt sind, kommt auch der Frage nach ihrer Mess- und Bewertbarkeit eine besondere Bedeutung zu. Darüber hinaus stellt sich auf der formalen Ebene die Frage nach der sozialen Gestaltbarkeit von Prozessen der Kompetenzentwicklung. Dies gilt vor dem Hintergrund der in Deutschland aktuell geführten Diskussion um die Erosion des Berufskonzepts und den damit zum Teil einhergehenden Versuchen, alternative Kategorien zum Beruf zu finden (vgl. Harney 1999; Kurtz 2001).

3.2 Prozessorientierung als leitendes Prinzip

Arbeitsprozessorientierte Formen des Lernens haben in den letzten Jahren sowohl in der beruflichen Erstausbildung als auch in der betrieblichen Weiterbildung an Bedeutung gewonnen. In der wissenschaftlichen Diskussion ist diese Entwicklung in jüngster Zeit unter anderem im Zusammenhang mit der Einführung des neuen IT-Weiterbildungssystems thematisiert worden. Mit der Orientierung auf

43 Kompetenzentwicklung schließt in dem hier zugrunde gelegten Verständnis den Begriff der Qualifikation bzw. den Prozess Qualifizierung als rein berufsbezogene Maßnahme mit ein. Aus der Perspektive von Unternehmen unterliegt Qualifizierung zunächst ökonomischen Interessen. Hier zielt Kompetenzentwicklung auf Qualifizierung im Sinne einer permanenten Qualifikationserzeugung und -anpassung mit dem Ziel der Steigerung von Qualität und Effizienz der Produktionsprozesse.

44 Habermas (1971) verweist darauf, dass der Gebildete über Orientierung im Handeln verfügt. Allein das Verfügenkönnen über Wissen reiche nicht aus und sei mit der „Potenz aufgeklärten Handelns nicht zu verwechseln." (S. 365) Wenn die Kompetenzentwicklung auf der individuellen Ebene des Subjekts das Ziel der reflexiven Handlungsfähigkeit erreicht, dann schließt sie Bildung in diesem Verständnis ein.

arbeitsprozessorientierte Lernformen verbindet sich die Hoffnung, informelles Lernen und Erfahrungslernen, das sich im Arbeitsprozess eher beiläufig vollzieht, mit formalen und organisierten Formen des Lernens zu verbinden und auf diesem Wege den Lernenden durch das Element der Reflexion des eigenen beruflichen Handelns zu der oben beschriebenen umfassenden beruflichen Handlungskompetenz zu führen (vgl. Dehnbostel/Rohs 2003). In der nachdrücklich und immer häufiger vertretenen Forderung nach einer Orientierung beruflicher Lehr-Lernprozesse an Geschäfts- und Arbeitsprozessen zeigt sich im Begriff der „Prozessorientierung" die Herausbildung eines neuen Leitbildes für den Bereich der Aus- und Weiterbildung. Im Bereich der Berufsbildung wird der Kategorie „Prozessorientierung" in der Praxis offensichtlich eine große Bedeutung beigemessen. Dafür spricht auch die öffentliche Förderung im Rahmen von Modellversuchen.

Aus der Perspektive der Berufsbildungsforschung ist festzustellen, dass in der Thematisierung in aktuell geführten Diskussionen um eine Modernisierung von Aus- und Weiterbildung der Prozessbegriff vor allem im Hinblick auf die Orientierung an den realen betrieblichen Geschäfts- und Arbeitsabläufen verwandt wird (vgl. z.B. Bremer/Jagla 2000, Getsch 2001).[45] Dies gilt auch für die Projekte in der Modellversuchsreihe zur „Prozessorientierten Aus- und Weiterbildung" des Bundesinstituts für Berufsbildung.[46] Schon in der Modellversuchsreihe „Dezentrales Lernen" des Bundesinstituts für Berufsbildung stand in den 1990er Jahren das Lernen im Prozess der Arbeit im Vordergrund (vgl. Dehnbostel/Holz/Novak 1996). Als didaktisches Prinzip wurde Prozessorientierung in der beruflichen Bildung bisher für den Bereich der Weiterbildung am konsequentesten im Zuge des IT-Weiterbildungssystems umgesetzt (vgl. Kapitel vier).

Vor dem Hintergrund seines scheinbaren Selbsterklärungsgehaltes und eines geradezu inflationären Gebrauchs dieses Begriffs soll an dieser Stelle der Frage nachgegangen werden, was den Sinn- und Geltungsanspruch von „Prozessorientierung" ausmacht und wie der Begriff in unterschiedlichen Kontexten definiert

45 Für den Bereich der Ausbildung gilt in diesem Zusammenhang der Modellversuch GAB „Geschäfts- und arbeitsprozessorientierte, dual-kooperative Ausbildung in ausgewählten Industrieberufen mit optionaler Fachhochschulreife" als beispielhaft. Im Rahmen eines BLK Modellversuchs wurden hier mit wissenschaftlicher Begleitung des ITB in Bremen neue Lehr- und Lernkonzepte in der Berufsausbildung bei der Volkswagen AG entwickelt und erprobt (vgl. Bremer/Jagla 2000).

46 Vgl. die Modellversuchsreihe „Prozessorientierung in der beruflichen Bildung" des Bundesinstituts für Berufsbildung. Ziel dieser Reihe ist es u.a., inhaltlich relevante Dimensionen der Arbeitsprozesskompetenz als Lernziele entlang des Konzeptes der beruflichen Handlungskompetenz (s.o.) zu identifizieren und geeignete didaktische Wege, Methoden und Instrumentarien zur Vermittlung dieser Kompetenzen aufzuzeigen, vgl. www.bibb.de; vgl. auch das BLK-Programm „Neue Lern-konzepte in der dualen Berufsausbildung".

und verwendet wird.[47] Im folgenden wird daher zunächst Prozessorientierung als Leitbild moderner Arbeitsorganisation beleuchtet. Im Anschluss daran wird dann der Versuch unternommen zu klären, was sich hinter dem Begriff „Prozess" verbirgt und welche Konsequenzen sich daraus für die Weiterbildung ergeben.

Prozessorientierung als Leitbild moderner Arbeitsorganisation

Bei wissenschaftlichen Recherchen zum Begriff Prozessorientierung fällt auf, dass dieser im Wesentlichen in einer eher engen, betriebswirtschaftlichen Orientierung im Kontext von Organisationsentwicklung, Qualitätsmanagementkonzepten und der Netzwerkorganisation betrieblicher Abläufe verwandt wird. Die Verwendung des Begriffs häuft sich auch im Umfeld von Beratung, wobei es in diesem Rahmen zumeist um Prozesse der Organisationsentwicklung und projektbezogene Arbeitsformen geht. Im Bereich der Informationstechnologien werden mit diesem Begriff Datenanalyse- und Softwareentwicklungsverfahren, sowie die Gestaltung des beruflichen Lernens in der Aus- und Weiterbildung thematisiert. Allerdings erfährt, im Gegensatz zu der zahlreichen wissenschaftlichen Literatur zum Thema „Kompetenzentwicklung", der Begriff der „Prozessorientierung" über konkrete Praxisbeispiele hinaus nur eine marginale akademisch-wissenschaftliche Thematisierung und damit auch keine grundlegende Systematisierung.

Auf der Ebene der *betrieblichen* Arbeitsorganisation ist der Begriff der Prozessorientierung schon seit Mitte der 1980er Jahre präsent. Was damals unter dem Stichwort der „systemischen Rationalisierung" thematisiert wurde, entsprach der Einführung prozessorientierter Arbeitsformen (vgl. Schumann u.a. 1994). Prozessorientierung zielte hier auf die Reorganisation betrieblicher Arbeitsabläufe in der industriellen Produktion. Heute wird Prozessorientierung nicht nur für den Bereich der Produktion, sondern als Reorganisationsziel für nahezu alle Unternehmenseinheiten umgesetzt.[48] Die folgende Definition von Baethge und Schiersmann (1998) verdeutlicht die ökonomische Motivation zur Einführung einer prozessorientierten Arbeitsorganisation:

47 Es kann festgestellt werden, dass der Begriff der Prozessorientierung – ähnlich wie die Begriffe „Schlüsselqualifikation" und „Sozialkompetenz" – in den Bereich der „Wieselwörter der Pädagogik, die häufiger zitiert als definiert werden" gehört (vgl. Euler 2001, S. 346).

48 Eine industriesoziologische Untersuchung von Mickler u.a. (2001) bestätigt die zunehmende Ausbreitung prozessorientierter Arbeitsformen insbesondere in der neuen Mega-Branche TIMES. Diese umfasst die Bereiche Telekommunikation, Informationstechnik, Medien, Entertainment sowie Security. Dort wird auf betrieblicher Ebene eine eindeutig prozessorientierte Gestaltung der komplexen Dienstleistungsprozesse und der unternehmensweiten Abläufe konstatiert, die mit neuen Arbeitsformen, wie z.B. Projektarbeit, einhergeht.

„Prozessorientierung zielt auf die gleichzeitige Optimierung von Markt- und Kundenbezug, Produktqualität, Kosten und Innovation mit Hilfe einer organisatorischen Flexibilisierung und einer en detail kostenbezogenen Steuerung der betrieblichen Austauschbeziehungen." (ebd., S 11)

Als zentrale Merkmale der prozessorientierten Arbeitsorganisation werden im Einzelnen benannt:

- Dynamisierung des betrieblichen Leistungsspektrums
- ezentralisierung der Unternehmenseinheiten
- Intensivierung querfunktionaler Kooperation
- Auflockerung berufstypischer Einsatzkonzepte
- partiell dehierarchisierte Statusorganisation
- Flexibilisierung des Arbeitszeitregimes und der Belegschaftsstruktur

Für prozessorientierte Arbeitsorganisation kann tendenziell eine Entgrenzung aus funktionalen Zusammenhängen, wie sie traditionell der deutschen Berufskultur entsprechen, konstatiert werden. Diese Entgrenzung vollzieht sich auf Grund des zunehmenden Komplexitätsgrades der Arbeitsabläufe in bezug auf die Arbeitsinhalte. Hinsichtlich der inhaltlichen Qualifikationsanforderungen ist festzustellen, dass auf Grund der zunehmend berufs- und fachübergreifenden, d.h. der querfunktionalen Organisation der Abläufe, sowie auf Grund eines steigenden Abstraktionsgrades und damit verbunden auch eines Verlustes an Anschaulichkeit, das geforderte Wissen nicht mehr ohne weiteres berufs- und fachspezifisch zuzuordnen ist. Diese Entgrenzungstendenzen drücken sich auch in der Entwicklung aus, dass moderne Formen betrieblicher Arbeitsorganisation kaum noch auf Dauer gestellt sind: hohe Flexibilität und Ad-hoc-Reaktionen wie z.B. spontane Gruppenbildung und spontane Aufgabenzuweisung sind dagegen kennzeichnend. Insofern steht Prozessorientierung für das Gegenteil von traditionellen, institutionalisierten Formen der Arbeitsorganisation. Als Merkmale der Prozessorientierung werden der Trend zu kurzfristigen Entscheidungen und schnell wechselnden Zielen, ständige Restrukturierung der Verwertungsmuster sowie der flexible Umgang mit Unvorhersehbarem benannt (Mickler u.a. 2001). Festzuhalten ist, dass durch die enge Anbindung des Begriffs der Prozessorientierung an ökonomische und technische Faktoren eines einzelnen Betriebes, die Flexibilität und der Transfer von Qualifikationen auf der Ebene von Beruflichkeit (vgl. Kapitel zwei) nicht ohne weiteres gewährleistet ist. In dieser explizit ökonomischen Orientierung und damit engen Bindung an betriebliche Verwertungsinteressen ist eine Verkürzung im

Verständnis von Prozessorientierung zu verzeichnen, die aus pädagogischer Perspektive einer Erweiterung bedarf. Insofern wird hier zunächst versucht, den Begriff „Prozess" näher zu definieren.

Zum Begriff Prozess

Im allgemeinen Sprachgebrauch bezeichnet der Begriff „Prozess" einen Hergang, einen Verlauf in seinem Fortschreiten sowie Abläufe, Verfahren und Entwicklungen. In der Soziologie beschreibt er in der Regel soziale Vorgänge, die als Interaktion vor sich gehen und auf einen gegebenen Zustand, die Struktur einer Gruppe oder die Sozialstruktur einer Gesellschaft verändernd einwirken. Eine inhaltliche Präzisierung des Prozessbegriffs bietet sich mit einem Rückgriff auf die Systemtheorie an:

In systemtheoretischer Betrachtung steht „Prozess" in engem Zusammenhang mit dem Begriff „Struktur". Beide setzen sich sogar wechselseitig voraus, denn, so Luhmann, „Strukturierung ist unter anspruchsvolleren (nicht rein zufallsbestimmten) Bedingungen ein Prozess und Prozesse haben Strukturen." (Luhmann 1996, S. 73) Sie unterscheiden sich jedoch durch ihr Verhältnis zur Zeit: während Strukturen in ihrer jeweils unterschiedlichen Ausprägung Zeit irreversibel festhalten, markieren Prozesse die Irreversibilität von Zeit, denn sie können nicht rückwärts ablaufen. Sie kommen dadurch zustande, dass konkrete selektive Ereignisse zeitlich aufeinander aufbauen. In Prozessen ergibt sich damit die Reproduktion von Strukturen als ein Dauerproblem, denn ihre Sicherung erfordert eine unaufhörliche Erneuerung der Systemelemente. Einerseits setzt jede Strukturänderung gleichzeitig Stabilität und Selbsterhaltung der Strukturen voraus. Andererseits ist Destabilisierung keineswegs dysfunktional, sondern in hohem Maß funktional. Paradoxerweise brauchen soziale Systeme, um flexibel reagieren zu können, auch ein hohes Maß an struktureller Instabilität und müssen diese Instabilität als Voraussetzung für Flexibilität laufend selbst reproduzieren. Ein wesentliches Problem besteht allerdings darin, dass Strukturänderungsprozesse auf Zufälle angewiesen sind, da sie sich nicht vorgreifend an Resultaten orientieren können. Daher akkumulieren diese Prozesse Unwahrscheinlichkeiten und jeder Versuch einer stärkeren Zielorientierung von Transformationsprozessen würde zu einem ständigen Abbrechen von Versuchen führen, „weil man schon unterwegs sehen würde, dass sich die Ziele nicht im Kontext der vorgesehenen Kosten und Nebenfolgen erreichen lassen." (ebd., S. 486)

Diese Beschreibung lässt sich auch auf die betriebliche Wirklichkeit und ihre Bedeutung für berufliche Qualifizierungsprozesse übertragen. So stellen z.B. Becker und Langosch (1995) bezogen auf betriebliche Organisationsstrukturen fest, dass Prozessorientierung im *Gegensatz* zu strategischer Planung und Zielorientierung steht. Dies gilt u.a. weil bei der strategischen Planung konkrete Ziele gesetzt werden und die Wege zur Zielerreichung meist detailliert vorbestimmt werden. Die Orientierung an betrieblichen Geschäfts- und Arbeitsprozessen hingegen beinhaltet die Kontingenz und die Option zur Korrektur. Weg und Ziel bilden hier eine vorher kaum zu bestimmende Einheit, wobei Offenheit für nicht vorhersehbare Auswirkungen und Nebeneffekte mitgedacht wird (ebd., S.48). Baethge und Schiersmann (1998) äußern zudem die Einschätzung, dass Prozessorientierung irreversibel sei. Sie begründen dies mit den funktionalen Erfordernissen der Betriebs- und Arbeitsabläufe, die angesichts der Internationalisierung, der Dienstleistungsorientierung, hohem Innovationsdruck und der Informatisierung, Flexibilisierung und Dynamisierung erfordern (ebd., S. 77). Es ist naheliegend zu vermuten, dass sowohl die Kontingenz als auch die Irreversibilität, die sich hier im Kontext von Prozessorientierung andeutet, auch für die *curriculare* Umsetzung in der betrieblichen Aus- und Weiterbildung bedeutsam ist. Dieser Aspekt wird in Kapitel fünf im Kontext der arbeitsprozessorientierten Weiterbildung (APO-IT), die dem IT-Weiterbildungssystem als didaktisches Konzept zugrunde gelegt wurde, näher thematisiert.

Hier stellt sich u.a. die Frage, welche spezifischen Qualifikationsanforderungen sich aus der Forderung nach Prozessorientierung in der Berufsbildung ergeben. Als eine wichtige Kategorie wird in diesem Zusammenhang in der Konzeption der gestaltungsorientierten Berufsausbildung das Arbeitsprozesswissen benannt. Arbeit, Technik und Bildung werden in diesem Ansatz als ein Wirkungsgefüge verstanden, wobei Prozessorientierung über die Orientierung an konkreten technischen Produktionsabläufen hinaus, hinsichtlich der *prinzipiellen* sozialen Gestaltbarkeit von Technik gefordert wird (vgl. Rauner 1995). Insofern beinhaltet diese Position auch eine bildungstheoretische Dimension, da davon ausgegangen wird, dass jeder Einzelne in seinen unterschiedlichen Rollen und Funktionen zur Mitgestaltung von Technik herausgefordert ist und über sozialverträgliche Gestaltung von Technik auch Bildungsprozesse ermöglicht werden.

Arbeitsprozesswissen kennzeichnet in diesem Ansatz das Wissen, das im jeweiligen Arbeitsprozess unmittelbar benötigt wird und durch Erfahrung eben dort erworben wird. Es umfasst einen vollständigen Arbeitsprozess im Sinne der Zielsetzung, Planung, Durchführung und Bewertung der Arbeit und schließt Verwendung von fachtheoretischen Kenntnissen mit ein (vgl. Röben 2004, S. 22).[49] Röben (2004) weist darauf hin, dass sich in dieser Definition mit der Kategorie Arbeitsprozesswissen *keine* normative Zielsetzung für die berufliche Bildung verbindet. Es handelt sich dabei auch nicht um „sekundäres, vom wissenschaftlichen (akademischen) Wissen per didaktischer Reduktion abgeleitetes Wissen„ (ebd. S. 23), sondern es hat demgegenüber eine *eigene* Qualität. Eine normative Konnotation erhalte der Begriff erst dann, wenn man berücksichtigt, dass in den Betrieben ein *individueller* Lernprozess „als Reflexion der Relation im Handlungssystem im Hinblick auf ihre Relevanz für das Handlungsziel" (ebd. S. 25) befördert werden soll. In dieser Sichtweise sieht Röben auch eine entscheidende Differenz zur Kompetenzforschung:

> *„Während die Kompetenzforschung die Persönlichkeitseigenschaften der Fachkräfte in den Fokus nimmt und damit die inhaltliche Fragestellung als mehr oder weniger gegeben hinnimmt, ist es in den Berufswissenschaften eher umgekehrt: Die Inhalte, die als Arbeitsprozesswissen die Kompetenz der Fachkräfte begründen, stehen im Fokus, während die Persönlichkeitseigenschaften eher als gegeben angesehen werden." (ebd., S. 26)*

Das Arbeitsprozesswissen liefert demnach im Ansatz der gestaltungsorientierten Berufsbildung erst die *Voraussetzung* für die Kompetenzentwicklung:

> *„Die fachlich-inhaltliche Analyse der Arbeit liefert reichhaltige Bestimmungen für die Einbettung des Arbeitsprozesses in die Relationen zwischen Person und Organisation und erlaubt damit eine Bestimmung des Verhältnisses zwischen Kapazität und Kompetenz ohne deren Berücksichtigung Kompetenzentwicklung inhaltsleer bleibt." (Röben 2003, S. 30)*

Da Prozessorientierung im Kontext der industriellen Betriebsorganisation das Gegenteil von berufsbezogenen und institutionalisierten Formen der Arbeitsorganisation meint, ist davon auszugehen, dass das zunehmend querfunktionale Organisationsprinzip tendenziell auch eine Entgrenzung bzw. Erweiterung des Fachprinzips verlangt. Daher erscheint es in der Tat notwendig, auch das Verhältnis von konkretem Fachwissen zu Kompetenzen zu thematisieren. Während Arbeitsprozesswissen durch seine enge Orientierung an den konkreten Unternehmensabläufen der betrieblichen Arbeitsorganisation *inhaltlich* zu definieren und

---

49 In seiner ursprünglichen Definition sollte Arbeitsprozesswissen nach Kruse (2001) drei wesentliche Elemente erfüllen, die eher subjekt- als betriebsorientiert sind: erstens sollen durch Funktionalität und die angemessene Abbildung komplexer Arbeitsprozesse die Beschäftigungsmöglichkeiten von Facharbeitern erhöht werden. Zweitens sollten die Facharbeiter die Arbeitsprozesse maßgeblich mitgestalten können, und drittens hat Arbeitsprozesswissen die Funktion, eine Gegenmacht zur Dominanz des Managements zu bilden. Kruse selbst kritisiert heute allerdings, dass mit der meist engen Ausrichtung an den konkreten Unternehmensabläufen der betrieblichen Arbeitsorganisation auch eine Begrenzung zu verzeichnen ist (ebd.).

auch als *Fachwissen* auszuweisen ist, ist der Kompetenzbegriff weniger an Inhalte gebunden. In den hier dargestellten Überlegungen wird daher die Auffassung vertreten, dass sowohl Fachwissen als auch Arbeitsprozesswissen als ein *Teil* von beruflicher Handlungskompetenz zu verstehen sind. In Kapitel fünf wird im Kontext der Thematisierung der Rolle von Lernprozessbegleitern auf der Basis dieser Ausführungen noch einmal näher auf die Frage eingegangen, was eine spezifische Prozesskompetenz in der beruflich-betrieblichen Weiterbildung ausmachen könnte.

Abschließend ist festzustellen, dass Prozessorientierung neben der Orientierung an betrieblichen Geschäfts- und Arbeitsabläufen auf der betrieblichen Ebene auch im Kontext der zunehmenden Informatisierung und parallel dazu im Kontext der Ausprägung neuer Formen der Handlungskoordination zu betrachten ist. Dies zeigt sich in der Entgrenzung und Individualisierung einerseits (z.B. bezogen auf Lernorte, Qualifizierungsformen, Entlohnungs- und Arbeitszeitstrukturen) und in dem Trend zu kollektiven Arbeitsformen und Vernetzungsbestrebungen andererseits. Auf der Ebene der Organisation werden zwar Prozesse der Organisationsentwicklung thematisiert und mit der Prozessorientierung explizit auch angestrebt; was dies jedoch für Konsequenzen aus der Sicht der Arbeitnehmer nach sich zieht, wird auch in der Bildungsforschung kaum thematisiert. Wegen der sich einander bedingenden Faktoren von individueller Kompetenzentwicklung und dem Prozess organisationalen Lernens verdient dieser Aspekt verstärkt Beachtung (vgl. Geißler 2000). Auch interorganisationale betriebliche und überbetriebliche Vernetzungsprozesse - insbesondere Aspekte der Initiierung und Koordination der Zusammenarbeit bei der Bildung von Netzwerken - könnten dabei in den Blick genommen werden.

Nachfolgend werden Netzwerke als eine neue Kooperations- und Steuerungsform für die Zusammenarbeit von Personen und Institutionen, die sich auch für den Bereich der Berufsbildung und besonders bei der Umsetzung des IT-Weiterbildungssystems andeutet, thematisiert.

3.3 Netzwerke als Kooperationsform

Die Erosion traditioneller Organisations- und auch Kooperationsformen in der beruflichen Bildung geht zur Zeit mit einer Neuorientierung einher, die sich auch in der - nicht immer theoretisch legitimierten zum Teil aber deutlich normativen - Präsentation neuer Schlagworte ausdrückt. Dazu gehört neben „Kompetenz“ und „Prozessorientierung“ auch der Begriff „Netzwerk“. Auch dabei handelt es sich um einen Begriff, der sich inhaltlich und formal für die Berufsbildung nur schwer bestimmen lässt. Auf der einen Seite ist es ein Modewort, dem als verbale Konstruktion ein inflationärer Gebrauch zugeschrieben werden kann. Auf der anderen Seite sind die sozialen Phänomene, die durch diesen Begriff gekennzeichnet werden, auch in diesem Fall konkret empirisch beobachtbar und politisch erwünscht. Dies deutet auch hier die öffentliche Finanzierung von Netzwerkprojekten an. Howaldt u.a. (2002) vertreten daher die Auffassung, Netzwerke seien „(noch) ein Phänomen, das sich ohne empirischen Zugriff nur vage, jedenfalls nur recht abstrakt bestimmen" (S. 409) ließe. Andere Autoren kommen auf Grund empirischer Studien zu dem Ergebnis, dass Netzwerke schon jetzt ein „Mythos der Innovationsgesellschaft" seien (Krücken/Meier 2003; vgl. auch Heuer 2003).

Gemeinsam zu lernen, in lernenden Organisationen, in Netzwerken oder in communities, hat derzeit also eine hohe gesellschaftliche und bildungspolitische Akzeptanz und es scheint, dass sich damit die Hoffnung verbindet, Modernitätsprobleme zu lösen, die durch die traditionellen Kooperationsformen in der Berufsbildung nicht mehr organisiert werden können. Im Bereich der Berufsbildung haben regionale Verbund- und Netzwerkstrukturen zunehmend an Bedeutung gewonnen. Neben einer organisatorisch-strukturellen Dimension kommt in der Perspektive der Berufsbildungsforschung auch der *inhaltlichen* Dimension von Netzwerken eine Bedeutung zu, weil sie in dieser Perspektive explizit das Ziel der beruflichen Qualifizierung verfolgen. Als solche werden sie auch als ein Beitrag zur Regionalpolitik verstanden (vgl. Faulstich 2002; Dobischat 1999) und im Rahmen öffentlicher Förderung in einem beachtlichen Ausmaß unterstützt.[50] Als Ausdruck auch dieser Entwicklung sind letztlich neue politische Steuerungsformen und neue Kooperationsformen zu verzeichnen. Es existieren zahlreiche staatliche, von der EU kofinanzierte Förderprogramme. Hervorzuheben ist das Aktionsprogramm „Lernende Regionen", das seit Ende 2000 den Aufbau und die Weiterentwicklung regionaler Netzwerke unterstützt.[51] Für die Erprobung und Implementierung von innovativen Konzepten zum Lebenslangen Lernen wurden hier aus Bundes- und ESF-Mitteln ca. 118 Mio. € bereitgestellt. Auf der internationalen Ebene arbeitet darüber hinaus das Bundesinstitut für Berufsbildung an der

50 Für Erfahrungen mit der Regionalisierung in der beruflichen Aus- und Weiterbildung stehen beispielhaft die Entwicklungen in Ostdeutschland (vgl. Kirchhöfer 2002; Diettrich/Heimann/Meyer 2004). Aber auch die neuen arbeitsmarktpolitischen Strategien der Bundesregierung, sowie die Bestrebungen der Länder, Berufsschulen in Kompetenzzentren einzubinden bzw. sie selbst in solche umzuwandeln, können als Beispiel dafür gelten.

51 vgl. BMBF-Programm „Lernende Regionen", vgl. www.lernende-regionen.info; zum Thema Netzwerke in der Berufsbildung wurden bereits einige „Leuchtturmprojekte" erfolgreich durchgeführt (vgl. Katenkamp/Martens 2002).

Gestaltung von Berufsbildungsnetzwerken. Im Rahmen von Regierungsprogrammen und in Zusammenarbeit mit internationalen Organisationen und Partnerinstituten leistet es damit einen Beitrag zum internationalen Informations- und Wissenstransfer.

Netzwerke können als die *Erweiterung* von herkömmlichen Formen der Lernortkooperation gelten, wobei die Erforschung von Netzwerken sich sowohl in grundlagentheoretischer Hinsicht als auch im Hinblick auf die methodische Vorgehensweise erst in ihren Anfängen befindet (vgl. Dehnbostel 2003). Die Berufsbildung folgt damit einem Trend, der sich in der Ökonomie schon seit Anfang der 1990er Jahre durchgesetzt hat. Es kommt vielfach zu Netzwerkgründungen, die explizit das Ziel der beruflichen Qualifizierung verfolgen, wobei u.a. durch die Nutzung einer gemeinsamen Infrastruktur Synergieeffekte für die am Netzwerk beteiligten Institutionen und Personen geschaffen werden. Grundsätzlich geht es bei Netzwerken um das „technisch-organisatorische und pädagogische Zusammenwirken des Lehr- und Ausbildungspersonals der an der Berufsausbildung beteiligten Lernorte“ (Pätzold 2003, S. 72). Wie auch in der Lernortkooperation sind dabei unterschiedliche Formen der Zusammenarbeit möglich (vgl. Pätzold/Walden 1999), die in der Intensität von gegenseitigem Erfahrungs- und Informationsaustausch über die Abstimmung des pädagogischen Handelns bis zur Planung und Verfolgung gemeinsamer Vorhaben reichen.

In einer der ersten Untersuchungen zu Netzwerken in der beruflichen Bildung wurden Mitte der 1990er Jahre von Wegge (1996) unterschiedliche Typen von Qualifizierungsnetzwerken für den Bereich der Berufsbildung differenziert.[52] In dieser Typologie werden zum einen Qualifizierungsnetzwerke identifiziert, die im Rahmen von Projekten eher extern initiiert werden und die auf spezielle organisatorische und finanzielle Unterstützungsleistungen zugreifen können. Zum anderen werden eigeninitiierte Qualifizierungsnetzwerke, die auch im Hinblick auf die Finanzierung weitgehend ohne externe Unterstützung funktionieren, benannt. In Anlehnung daran, stellen in einer neueren Zusammenfassung auch Howaldt u.a. (2002) im Wesentlichen zwei Grundtypen von Netzwerken fest, die sie zum einen als „Projektnetzwerke“ und zum anderen als „Optionsnetzwerke“ bezeichnen. Projektnetzwerke orientieren sich in ihrer Analyse an klaren Zielvorgaben und haben die gemeinsame produktorientierte Bearbeitung von definierten Aufgaben zum Ziel. Optionsnetzwerke dagegen zeichnen sich durch eine latente Struktur aus, wobei informelle Aspekte im Vordergrund stehen und die persönliche Verflechtung der Akteure dominiert.

52 Eine typologische Studie zu Netzwerken haben kürzlich Sydow u.a. (2003) vorgelegt, diese bezieht sich allerdings nicht explizit auf den Bereich der Berufsbildung.

Um *Qualifizierungs*netzwerke handelt es sich Dobischat (1999) zufolge dann, wenn ein Zusammenschluss von regionalen Einrichtungen - z.B. Betrieben, Bildungsträgern, Kammern u.ä. - erfolgt, die gemeinsam das Ziel der besseren Ausschöpfung der regionalen Aus- und Weiterbildungsressourcen verfolgen und deren Weiterentwicklung betreiben. Das Netzwerk kann mehr oder weniger formalisiert sein, wobei die Struktur sich entlang der spezifischen Interessenlagen im Verlauf des Kooperationsprozesses ergibt. In diesem Rahmen kann eine Koordination der Aus- und Weiterbildungsaktivitäten auf verschiedenen Handlungs- und Gestaltungsfeldern ermöglicht werden: z.B. bei der Bedarfsermittlung, der Angebotsplanung und Herstellung von Markttransparenz, der Curriculumentwicklung, der Lern- und Bildungsberatung, der Qualitätssicherung, der Professionalisierung des Personals und bei der Initiierung von Lernortkooperationen.

Aus berufs- und wirtschaftspädagogischer Perspektive müssen Netzwerke - wenn sie tatsächlich berufliche Lernprozesse befördern und eine *qualifizierende* Funktion haben sollen - sowohl in organisatorisch-struktureller als auch in didaktisch-curricularer Hinsicht gestaltet werden (Dehnbostel/Uhe 2002). Als soziale Konstruktionen müssen Netzwerke von den beteiligten Akteuren darüber hinaus *kooperativ* gestaltet werden (vgl. Büchter/Gramlinger 2003). Dadurch ergibt sich schon in der Phase der Initiierung und Gestaltung ein hoher Koordinationsaufwand, in dem auch unterschiedliche Interessen wirksam werden. Die bisher vorliegenden Forschungen zu Netzwerken haben gezeigt, dass eine effektive Vernetzung vor allem über das Personal, d.h. die Aus- und Weiterbildner vor Ort, zu leisten ist (vgl. Dehnbostel 2001). Am Beispiel des IT-Weiterbildungssystems wird dieser Aspekt an späterer Stelle im Kontext dieser Arbeit wieder aufgenommen.

Zusammenfassend ist in bezug auf die drei hier dargestellten Trends - Kompetenzentwicklung, Prozessorientierung sowie Netzwerke - festzuhalten, dass sie sich angesichts gesellschaftlicher und betrieblich-arbeitsorganisatorischer Veränderungen als Orientierungen und Handlungsziele in der beruflich-betrieblichen Weiterbildung entwickelt haben. Die staatliche Bildungspolitik greift hier durch die Bereitstellung von finanzieller Unterstützung im Rahmen von Förderprogrammen indirekt in die Gestaltung von Weiterbildungsstrukturen ein. Sie schafft damit Rahmenbedingungen, die einerseits Kontinuität ermöglichen und andererseits gleichzeitig eine hohes Maß an Flexibilität sichern. Gemeinsam ist diesen Konzepten der bildungspolitisch motivierte Appell an die Betriebe und an das lernende Individuum, neue Lernkulturen herzustellen. Damit wird ihnen neben der beruflichen und/oder ökonomischen Verwertbarkeit auch ein *pädagogisches* Potenzial zugesprochen. Dies gilt in dem Sinne, dass diese Orientierungen langfristig auch der individuellen Persönlichkeitsentwicklung, der Beförderung von Selbststeuerung und damit verbunden auch dem Autonomiezuwachs des Einzelnen dienen können.

Die beschriebenen Orientierungen und Handlungsziele werden sowohl in der Praxis der Berufsbildung als auch in der wissenschaftlichen Thematisierung zum Teil als paradigmatische Neuerungen gehandelt, was unterstellt, es handele sich dabei um *neue* Kategorien, die an die Stelle von etwas Altem getreten seien und dieses ablösen. Dabei wird der Eindruck erweckt, Kompetenzen träten an die Stellen von Qualifikationen, Prozessorientierung löse das Prinzip der Fachlichkeit ab und Netzwerke seien neue Kooperationsformen, die die traditionellen Formen der Lernortkooperation, wie z.B. Verbünde, ersetzen. Demgegenüber ist allerdings festzustellen, dass es sich bei keiner dieser vermeintlich neuen Kategorien um wirkliche Innovationen handelt. Vielmehr zeigt sich, dass - naheliegenderweise - jeweils ältere bildungspolitische und lernorganisatorische Ansätze und Diskussionen in diese Orientierungen aufgenommen wurden. Ob diese Kategorien sich auf die Dauer in der berufsbildungspolitischen und -theoretischen Diskussion als tragfähig erweisen, wird sich zeigen. Dagegen spricht, dass die „durchschnittliche Verfallszeit dieser oft paradigmatisch genannten Wenden auf gerade einmal fünf Jahre" (Bolder 2002, S. 667) begrenzt ist. Aus der Sicht der Bildungsforschung sind sie dennoch ernst zu nehmen, denn die theoretischen Diskussionen, die im Kontext dieser neuen Orientierungen geführt werden, hinterlassen, wie z.B. die Debatte um „Schlüsselqualifikationen" eindrucksvoll gezeigt hat (vgl. Lehmkuhl 1994), durchaus ihre Spuren in der Theorie und Praxis der Berufsbildung.

Vor dem Hintergrund der bisherigen Ausführungen lässt sich für die beruflich-betriebliche Weiterbildung sowohl die Notwendigkeit einer organisatorisch-strukturellen Gestaltung der Rahmenbedingungen wie auch eine didaktisch-curriculare und lernorganisatorische Gestaltung auf der Ebene der Unternehmen ableiten. Die Berufsbildungsforschung ist in diesem Rahmen gefordert, die theoretische Fundierung moderner Lernkonzepte und -methoden zu leisten, an deren konzeptioneller Entwicklung mitzuwirken und ihre Erprobung in der betrieblichen Praxis zu begleiten. Wie dies auf der Ebene der praktischen Realisierung aussehen kann wird hier nachfolgend am Beispiel des IT-Weiterbildungssystems gezeigt.

Für den Bereich der IT-Tätigkeiten ist erstmals versucht worden, berufliche Weiterbildung einerseits zu institutionalisieren, aber andererseits gleichzeitig ein System zu schaffen, das eine möglichst große Offenheit und Flexibilität für weitere Entwicklungen gewährleisten soll. Die oben dargestellten inhaltlichen Orientierungen und Handlungsziele sind dort eingeflossen.

Teil 2

Das IT-Weiterbildungssystem

4 Qualifizierung im IT-Sektor als Prototyp für moderne Weiterbildung

Deutschland wird in diesem Teil der Arbeit beispielhaft die Organisation der Weiterbildung im IT-Sektorbeschrieben. Der IT-Sektor steht hier im Mittelpunkt, weil die Erwerbstätigkeit in diesem Bereich zum einen als „Prototyp" für moderne Arbeit gelten kann und weil das neue IT-Weiterbildungssystem derzeit als „Best-practice" für die Organisation moderner Weiterbildungsstrukturen steht. Die Konzeption und Realisierung dieses Systems erfolgte zum einen im Kontext der in Teil eins dieser Arbeit beschriebenen Systemprobleme der Weiterbildung. Zum anderen wurden dabei auch die in Kapitel drei beschriebenen inhaltlichen Orientierungen und Handlungsziele - Kompetenzentwicklung, Prozessorientierung und Netzwerke - in organisatorisch-struktureller Hinsicht und in didaktisch-curricularerPerspektive weitgehend aufgenommen.

Es geht in diesem Teil der Arbeit angesichts der Tatsache, dass sich institutionalisierte Weiterbildungsstrukturen im IT-Sektor gerade erst etablieren, zum einen zunächst darum, den Prozess der Gestaltung und Umsetzung dieses Systems nachzuvollziehen und derzeit bestehende Ansätze zu seiner Realisierung zu präsentieren. Hier wird in diesem Zusammenhang beispielhaft das Konzept des arbeitsprozessorientierten Lernens (APO-IT) des Fraunhofer Instituts ISST in Berlin sowie ein Hamburger Entwicklungs- und Begleitforschungsprojekt zur regionalen Umsetzung des IT-Weiterbildungssystems dargestellt. Zum anderen wird im Anschluss daran gefragt, ob und inwieweit sich mit Blick auf die Organisation von Arbeit und Qualifikation im IT-Sektor Erkenntnisse für die Weiterbildung in anderen Branchen generieren lassen, bzw. welche bildungspolitischen Impulse sich unter Modernisierungsaspekten aus diesem System auch für andere Bereiche der beruflichen Bildung sowie für die Berufsbildungsforschung ergeben könnten. Diese Fragestellungen werden in Kapitel fünf im Hinblick auf Potenziale und Probleme diskutiert und reflektiert, die sich mit der Umsetzung des IT-Weiterbildungssystems in Deutschland verbinden.

Ein Problem in der Darstellung ergibt sich daraus, dass bisher nur wenige empirische und wissenschaftlich systematisierte Erkenntnisse in Bezug auf die Qualifizierung im IT-Weiterbildungssystem dokumentiert sind. Dies liegt u.a. daran, dass das System neu und der Prozess der Gestaltung noch nicht abgeschlossen ist. Die Ausführungen stützen sich auf die wenigen empirischen Untersuchungen, die für diesen Bereich bereits vorliegen.[53] Sie verfolgen darüber hinaus im Wesentlichen ein heuristisches Vorgehen, wobei die Argumentation - insbesondere in dem problematisierenden Teil in Kapitel fünf - auf einer Auswertung der Fachliteratur, auf Expertengesprächen und nicht zuletzt auf den Erfahrungen und ersten Erkenntnissen, die im Zusammenhang mit der Konzeption eines Entwicklungs- und Begleitforschungskonzeptes zur Qualifizierung von IT-Spezialisten in KMU gewonnen wurden, basiert.

Ein weiteres Problem in der Thematisierung ergibt sich dadurch, dass es sich bei dem IT-Sektor um einen innovationsintensiven Bereich handelt, so dass Forschungsarbeiten in diesem Sektor in besonderem Maße einem „time-lag" unterliegen. Dieses Schicksal, nämlich dass zwischen der Konzipierung und Durchführung bis hin zur Veröffentlichung einer Untersuchung ein längerer Zeitraum liegt, in dem sich sowohl der untersuchte Gegenstand selbst als auch das gesellschaftliche und (hier: bildungs-)politische Umfeld verändert, teilt diese Arbeit mit vielen sozialwissenschaftlichen Forschungen. Allerdings wird auch hier die Gültigkeit von Ergebnissen empirischer Untersuchungen *nicht* infrage gestellt, „da es sich bei wissenschaftlichen Untersuchungen dieser Art in der Regel nicht um tagesaktuelle Momentaufnahmen oder Meinungsbilder, sondern um strukturbezogene Analysen handelt." (vgl. Baethge/Denkinger/Kadritzke 1995, S. 29) Obwohl dieser Arbeit nicht ausdrücklich eine strukturtheoretische Perspektive zugrunde liegt, zeigt sich doch, dass das konkrete Handeln der Akteure im IT-Weiterbildungssystem einerseits die Systemstrukturen verändert, während jede Systemveränderung wiederum andererseits auf das Handeln der Akteure zurückwirkt.[54]

Mit den nachfolgenden Ausführungen wird das Ziel verfolgt, in *praktischer* Perspektive zum einen Hinweise zur weiteren Gestaltung der IT-Weiterbildung

---

53 Dabei handelt es sich vor allem um Arbeits- und Evaluationsberichte des ISST zu Pilotumsetzungen bei der Telekom (vgl. Manski/Küper 2002) sowie für KMU in Thüringen (vgl. Mattauch 2003 und 2004) sowie in Baden-Württemberg (vgl. Loroff/Kubarth/Hüttner 2004) und in der Region Stuttgart (Mattauch/Birke 2004; Loroff/Mattauch 2004).

54 Organisations- und strukturtheoretische Untersuchungen belegen, dass Strukturen erst im Handeln aktualisiert werden und das solche Strukturationsprozesse rekursive Schleifen bilden (Ortmann/Sydow/Windeler 1997), die von oben nach unten und von unten nach oben verlaufen.

zu geben und zum anderen Ansatzpunkte für eine - für die praktische Umsetzung notwendige - weitere *theoretische* Fundierung grundlegender Konzeptionselemente dieses Systems aus der Perspektive der Berufsbildungsforschung zu leisten. Insofern versteht sich diese Arbeit als Ausgangspunkt für weitere Forschungsarbeiten, in der die hier präsentierten Überlegungen bestätigt oder falsifiziert werden könnten. Im Rahmen dieser Arbeit wird die Auffassung vertreten, dass eine Chance zur Realisierung des IT-Weiterbildungssystems gerade darin besteht, die im Prozess der Gestaltung und Umsetzung gewonnenen Erkenntnisse direkt wieder in die Praxis der Weiterbildung einfließen zu lassen. Ziel ist dabei die Implementierung und Verstetigung moderner Weiterbildungsstrukturen und -konzepte. Dabei geht es nicht um die Implementierung von starren, staatlich reglementierten und auf Dauer gestellten institutionellen Strukturen, sondern vielmehr darum, Weiterbildungsstrukturen so zu gestalten, dass ein hohes Maß an Flexibilität erhalten bleibt und dass im Sinne eines „empowerment" die Betroffenen zu Beteiligten gemacht werden. Bildungspolitische und betriebliche Akteure sowie die Weiterbildungsteilnehmer selbst sollten diese Prozesse mitgestalten und auch Einfluss darauf haben, einmal gesetzte Rahmenbedingungen wieder zu verändern. Hier wird die These vertreten, dass eine theoriegeleitete wissenschaftliche Handlungs- und Begleitforschung dazu einen Beitrag leisten kann, indem sie die Implementierung moderner Weiterbildungsstrukturen unterstützt. Dadurch kommt der wissenschaftlichen Begleitforschung allerdings eine neue Rolle zu, da sie damit zum Teil auch die Mitverantwortung für das Gelingen oder Scheitern von Projekten in der beruflich-betrieblichen Weiterbildung, die Modellcharakter haben, trägt. Dieser Aspekt wird abschließend in Teil drei dieser Arbeit weiter vertieft.

4.1 Ausgangssituation

Die IT-Branche kann in Deutschland als ein Beispiel für moderne Arbeit und moderne Beruflichkeit angeführt werden, da - zunächst einmal unabhängig von formalen und institutionalisierten Strukturen - in diesem Sektor diejenigen Elemente, die üblicherweise als Kennzeichen moderner Arbeitsorganisation genannt werden, zum Alltag gehören. Dazu zählen z.B. projekt- und prozessorientierte Arbeitsorganisationsformen, Selbststeuerung, individualisierter Qualifikationserwerb durch informelles und Erfahrungslernen, Entgrenzung und Subjektivierung der Arbeit, individualisierte Interessenorganisation u.ä. (vgl. z.B. Voß/Pongratz 1998; Mickler 2001; Moldaschl/Voß 2002; Boes 2003). Gegenüber anderen Branchen wird der Informations- und Kommunikations-Sektor (IuK) als „Zugpferd in die Zukunft“ hervorgehoben, weil er im Zeitraum von 1995 bis 2001 ein Umsatzwachstum von 92% verzeichnen konnte (vgl. iwd 2004).

Schon vor der Einführung des IT-Weiterbildungssystems wurde von „IT-Berufen“ gesprochen, obwohl diese sich weder hinsichtlich der Arbeitsmarktsituation noch bezogen auf die Qualifizierungswege eindeutig erfassen ließen (vgl. Dostal 2004). Die Abgrenzung der IT-Berufe gestaltete sich als schwierig, weil es sich bei der Informationstechnik einerseits um eine Querschnittstechnologie handelt und IT-Fachkräfte andererseits nicht nur in der IT-Branche beschäftigt sind.[55] Systematische Abgrenzungen werden zudem durch die permanente Erweiterung der Telekommunikations- und Multimediabranche noch erschwert. Daher wird hier auf eine Darstellung der Entwicklung des IT-Arbeitsmarktes verzichtet und auf die vorliegenden industriesoziologischen Forschungsergebnisse verwiesen.[56] Hinsichtlich der Beschäftigungsstruktur im IT-Sektor ist zusammenfassend festzustellen, dass dort vorwiegend junge Menschen arbeiten, dass er deutlich männlich geprägt ist und dass die Arbeitnehmer in diesem Bereich erheblichen Arbeitsbelastungen ausgesetzt sind (vgl. Dostal 2004).

Bezogen auf die *berufliche Qualifizierung* kann für den IT-Bereich konstatiert werden, dass er sich im Vergleich zu anderen Branchen vor der Einführung des IT-Weiterbildungssystems durch eine besonders geringe Strukturierung und Transparenz auszeichnete und dass es an Karrierepfaden für die Absolventen der IT-Ausbildungsberufe mangelte (vgl. Rohs/Mattauch 2001, S. 13). Gerade auf der mittleren Qualifikationsebene bestand im IT-Sektor eine hohe Intransparenz. Diese Unübersichtlichkeit wird u.a. darin deutlich, dass noch 2002, also als das IT-Weiterbildungssystem formal schon existierte, über 400 unterschiedliche Weiterbildungsabschlüsse im Internet recherchiert werden konnten (vgl. Häcker 2002). Auf Grund der branchentypisch außergewöhnlich kurzen Innovationszyklen, waren die Unternehmen permanent auf der Suche nach qualifizierten Fachkräften mit Innovations- und Entwicklungspotenzial. Insofern bestand auch die Notwendigkeit der Realisierung von Anpassungsfortbildungen der Fachkräfte in diesem Bereich.

Folgende Ausprägungen der formalen Weiterbildung lassen sich für den IT-Sektor benennen (vgl. Rohs/Mattauch 2001, S. 12f):

---

55 Dennoch kann mit dem Bestehen des Bundesverbands für Informationswirtschaft, Telekommunikation und Neue Medien e.v. (BITKOM) eine „Branchenidentität“ verzeichnet werden (vgl. Me-nez/Töpsch 2003).

56 vgl. zur Situation des Arbeitsmarktes und zur Arbeits- und Interessenregulation in dieser Branche ausführlich die Arbeiten von Baukrowitz/Boes 2002 sowie Menez/Töpsch 2003.

- Maßnahmen, in denen ein Leistungsnachweis ausgestellt wird, der aber keine Bedeutung für die persönliche Fortentwicklung des Teilnehmenden hat.
- Zertifizierung durch private Bildungsanbieter; es gibt einen offenen Markt von Programmen und Abschlüssen, wobei die Wertigkeit der Zertifikate nicht transparent ist; als Anbieter treten insbesondere IHKs, Fachhochschulen und Universitäten auf; im IT-Sektor zählen zu diesem Bereich besonders die Weiterbildungsmaßnahmen, die nur auf die Beherrschung *eines* Softwareproduktes zielen (Microsoft, Cisco, Oral, SAP u.ä.)
- Staatlich anerkannte Weiterbildungen, denen ordnungspolitische Regelungen zugrunde liegen; die Vergabe der Zertifikate erfolgt durch öffentlich-rechtliche Körperschaften; die Durchführung erfolgt von privaten Bildungsträgern; kennzeichnend ist hier die bundesweite Geltung und damit eine hohe Vergleichbarkeit.

Grundsätzlich wird für die *Qualifikationsentwicklung* in der IT-Branche ein Wandel vom Techniker zum Dienstleister verzeichnet (vgl. Rohs/Mattauch 2001). Dazu gehört mit einer verstärkten Orientierung an Kundenbedürfnissen und deren Problemlösungen auch die Veränderung des beruflichen Selbstverständnisses der Berufsgruppe der IT-Spezialisten. Es wird erwartet, „dass sie in konkreten Fragestellungen von Anwendern denken, deren Probleme wahrnehmen und davon ausgehend nach technischen Lösungsmöglichkeiten suchen" (ebd., S. 24). Dies schließt Einfühlungsvermögen gegenüber dem Kunden, die Fähigkeit zu Kommunikation und hier vor allem die Transformation technischer Begriffe in eine laiengerechte Sprache ein. Zusammenfassend beschreiben Rohs und Mattauch (2001) den Wandel von IT-Spezialisten wie folgt:

> *„An die Persönlichkeit von IT-Fachkräften werden Erwartungen gestellt wie sie bislang nicht typisch für die stark technisch geprägten Berufsbilder waren. Hierzu gehören insbesondere Eigenverantwortung, Selbstorganisation, Teamfähigkeit, Kreativität, Konfliktbereitschaft, Fremdsprachenkenntnisse. Karriere im IT-Bereich bedeutet häufig aber auch die Bereitschaft zu örtlicher Mobilität, zeitlicher Flexibilität und ungewöhnlichen Arbeitszeitrhythmen (z.B. Schichtdienst im Support, Rufbereitschaft am Wochenende). Allgemein wird den Mitarbeitern mehr Entscheidungs- und Mitgestaltungsfreiheit am Arbeitsplatz eingeräumt, wofür ein eigenverantwortlicher Arbeitsstil vorausgesetzt werden muss." (ebd., S. 25)*

Auffällig ist, dass für den Bereich der beruflichen Qualifizierung von Beschäftigen im IT-Sektor, der den Fokus dieser Arbeit bildet, bisher kaum wissenschaftlich fundierte Erkenntnisse vorliegen. Die könnte u.a. daran liegen, dass es sich bei dem

IT-Sektor um eine vergleichsweise junge Branche handelt. Hinzu kommt, dass, wie Baukrowitz und Boes (2002) anführen, für die Unternehmen der IT-Branche die informelle Weiterbildung vorherrschend ist, „welche im Arbeitsprozess und nicht selten in der Freizeit stattfindet." (ebd., S. 17) Diese Aussage wird in fast allen Studien, die sich mit dem Lernen in der Arbeit im IT-Sektor befassen, bestätigt und sie legt nahe, dass sich darauf auch die Berufsbildungsforschung einstellen muss. Vor diesem Hintergrund haben Dehnbostel/Molzberger/Overwien (2003) im Auftrag des Berliner Senats in Klein- und Mittelbetrieben in der IT-Branche eine Studie zum informellen Lernen durchgeführt. Im Rahmen dieser Untersuchung wurde u.a. analysiert, wie sich informelles Lernen zu formalen und organisierten Lernprozessen verhält und welche Wechselwirkungen zwischen diesen Lernformen auszumachen sind. Als zentrales Ergebnis einer Unternehmensbefragung und drei Fallstudien kann festgestellt werden, dass die Weiterbildung im IT-Sektor sich überwiegend informell und im Prozess der Arbeit, d.h. jenseits organisierter Lern- und Lehrarrangements vollzieht. Strukturierte, und damit auch über einen längeren Zeitraum stabile, unternehmensspezifische Konzepte der Weiterbildung fanden die Autoren kaum vor. Weiterbildung findet im IT-Sektor demnach weniger organisiert und formell, sondern eher informell und im Austausch mit Kollegen statt (vgl. ebd., S. 185). Allerdings ist auch deutlich geworden, dass informelle Lernprozesse, wenn sie nachhaltig zur individuellen beruflichen und betrieblichen Weiterentwicklung beitragen sollen, dringend eines professionellen Bildungsmanagements bedürfen. Ziel arbeitsprozessorientierter Weiterbildungsmaßnahmen muss es demnach also sein, formelle und informelle Lernprozesse u.a. durch die Gestaltung lernförderlicher Arbeitsbedingungen, insbesondere in KMU, zu unterstützen. Heyse u.a. (2002) haben eine computergestützte telefonische Repräsentativbefragung bei Personalverantwortlichen in mittelständischen Unternehmen der IT- und Softwarebranche durchgeführt und kommen ebenfalls zu dem Schluss, dass das Lernen im IT-Sektor primär selbstorganisiert erfolgt und dass die befragten Unternehmen für alle IT-Berufe „eindeutig das informelle Lernen bevorzugen" (ebd. S. 87; vgl. auch Schütte/Schlausch 2004).[57]

Insgesamt ist allerdings festzustellen, dass in der IT-Branche in einem besonderen Ausmaß situative, informelle und an Erfahrung gebundene Lernprozesse zu verzeichnen sind, die sich in diesem Bereich als erfolgreiche Lernstrategien für den Einzelnen bewährt haben. Für die *zukünftige* Entwicklung des innovationsintensi-

57 Zu einem davon abweichenden Ergebnis kommen Gonon/Schleif/Weil (2004). Sie haben eine explorative Studie zu Weiterbildung und informellem Lernen in IT-Kleinstbetrieben in der Region Trier/Saarland durchgeführt und stellen entgegen der o.a. Untersuchungen fest, dass das Lernen am Arbeitsplatz zwar einen besonderen Stellenwert einnimmt, dass aber auch der formalen Weiterbildung eine bedeutende Rolle zukommt und dass diese durchaus systematisch geplant und strategisch eingesetzt wird.

ven IT-Sektors wurden diese hoch individualisierten Lernstrategien offensichtlich jedoch wegen des massiven Fachkräftemangels Ende der 1990er Jahre als wenig funktional eingeschätzt. Dafür sprechen auch die Aktivitäten, die zur Regulierung der Aus- und Weiterbildung im IT-Sektor sowohl auf der europäischen Ebene als auch in Deutschland zu verzeichnen sind:

Auf europäischer Ebene ist unter dem Stichwort „Career Space" mit der Einrichtung eines Konsortiums von führenden Unternehmen aus dem Bereich der Informations- und Kommunikationstechnologien (IKT) ein Gremium geschaffen worden, das in Zusammenarbeit mit Hochschulprofessoren Leitlinien für die Curriculumentwicklung erarbeitet hat (vgl. Hernaut 2003). Diese haben allerdings zum einen keine Verbindlichkeit und sie beziehen sich zum anderen ausschließlich auf das Hochschulsystem. Darunter liegende Qualifikationsebenen sind hier ausdrücklich nicht eingeschlossen (vgl. Amt für Veröffentlichungen der Europäischen Gemeinschaften 2001). In Deutschland ist dagegen explizit die mittlere Qualifikationsebene Gegenstand ordnungspolitischer Maßnahmen geworden. Hier einigten sich die Sozialpartner darauf, die Qualifizierung im IT-Sektor über den Bereich der schon seit Mitte der 1990er Jahre bestehenden vier Ausbildungsberufe (IT-Systemelektroniker, Fachinformatiker, IT-Systemkaufmann, Informatikkaufmann) hinaus zu regeln.

4.2 Konzeption des IT-Weiterbildungssystems

Im Mai 2002 hat die Bundesregierung die „Verordnung über die berufliche Fortbildung im Bereich der Informations- und Telekommunikationstechnik (IT-Fortbildungsverordnung)"[58] erlassen, die in ein komplexes System zur Weiterbildung in der IT-Branche eingebettet ist. Aus berufs- und wirtschaftspädagogischer Sicht sind in der Thematisierung dieses IT-Weiterbildungssystems im Wesentlichen zwei Perspektiven zu unterscheiden: In einer *organisatorisch-strukturellen* Perspektive rücken dabei Fragen der formalen Organisation und der institutionellen Struktur beruflicher Weiterbildung in den Blick. Dabei spielen, wie schon die Ausführungen in Kapitel zwei gezeigt haben, bildungspolitische Aspekte und die Interessen der sozialen Akteure eine bedeutende Rolle. In einer *didaktisch-curricularen* Perspektive sind darüber hinaus Aspekte der konzeptionellen und methodischen lernorganisatorischen Gestaltung der konkreten Lernsituationen in den

58 vgl. BGBl. I S. 1547; Schon 1983 wurde mit dem Fortbildungsberuf „Geprüfter Wirtschaftsinformatiker" für den IT-Bereich eine Rechtsverordnung erlassen, diese wurde aber mit der neuen Verordnung zum IT-Weiterbildungssystem außer Kraft gesetzt (vgl. Häcker 2002).

Betrieben zu berücksichtigen. Diese Perspektiven werden an späterer Stelle in Kapitel fünf im Zuge einer Analyse und Reflexion auf die Potenziale und Probleme des IT-Weiterbildungssystems im Hinblick auf seine konkrete Umsetzung wieder aufgenommen und vertieft. Die nachfolgende Darstellung des IT-Weiterbildungssystems und der ihm zugrundeliegenden didaktisch-curricularen Konzeption APO-IT wird von daher auf wesentliche Merkmale beschränkt, die für ein grundlegendes Verständnis der Konzeption notwendig sind.

4.2.1 Formale Struktur und Organisation

Das Ziel der Partner, die an der Entwicklung und Gestaltung des IT-Weiterbildungssystems beteiligt waren, war die bundeseinheitliche Strukturierung der beruflichen Kompetenzentwicklung von Arbeitnehmern über den Bereich der Erstausbildung hinaus für die berufliche Weiterbildung. Die Initiative zum Aufbau dieses Systems entstand ursprünglich im Kontext des „Bündnisses für Arbeit, Ausbildung und Wettbewerbsfähigkeit" aus einer „Offensive zum Abbau des IT-Fachkräftemangels" und führte dazu, dass Vertreter aus der Großindustrie (Deutsche Telekom AG) und den Interessenverbänden (IG Metall, Deutsche Postgewerkschaft und Zentralverband der Elektroindustrie) Grundsätze entwickelten, die sie im Rahmen einer gemeinsam unterzeichneten Vereinbarung in zehn Markierungspunkten festlegten. Auf dieser Basis erteilte das Bundesministerium für Bildung und Forschung (BMBF) dem Bundesinstitut für Berufsbildung (BIBB) den Auftrag, IT-Berufe auf der *mittleren* Qualifikationsebene in Spezialistenprofilen zu strukturieren und in einer zweiten Stufe auf einer *gehobenen* Qualifikationsebene Fortbildungsberufe nach dem Berufsbildungsgesetz (BBiG) zu erarbeiten (vgl. verdi 2002). Dies geschah auf der Basis der Erkenntnis, dass Weiterbildung in der innovationsgeprägten IT-Branche auch - oder erst recht - nach dem Börsencrash in der New-Economy ein wichtiger Wettbewerbsfaktor für die Beschäftigten und die Unternehmen ist. Zielgruppen des IT-Weiterbildungssystems sind die Absolventen der vier IT-Ausbildungsberufe ebenso wie Seiten- und Wiedereinsteiger (einschl. Arbeitslose) ohne formale Qualifizierung.[59]

Auf drei verschiedenen Qualifikationsebenen (IT-Spezialisten, Operative Professionals, Strategische Professionals) sind in sechs Fortbildungsverordnungen und einer zusätzlichen Vereinbarung über die „Spezialisten-Profile" insgesamt 35

59 Damit werden mit den Qualifizierungsmaßnahmen in der IT-Weiterbildung 1,6 Mio. Beschäftigte im IT-Sektor angesprochen, wovon ca. 80% als Seiteneinsteiger einen An- bzw. Ungelerntenstatus haben. Des Weiteren zielen die Maßnahmen auf jährlich ca. 20 Tsd. Absolventen der neuen IT-Ausbildungsberufe sowie jährlich ca. 40 Tsd. Arbeitslose, die sich in Qualifizierungsmaßnahmen befinden (vgl. BMBF 2002, S. 9).

Abschlüsse entwickelt worden, um der bis dahin herrschenden Unübersichtlichkeit der Weiterbildungslandschaft im IT-Bereich entgegenzuwirken.

Für sechs Berufe der beiden oberen Qualifikationsebenen bestehen Rechtsverordnungen des Bundes, auf deren Grundlage ein Nachweis der beruflichen Qualifikation durch die Prüfung an einer Industrie- und Handelskammer erbracht werden muss (nach § 46 BBiG). Dabei handelt es sich um zwei Berufsprofile mit Qualifikation für Leitungsfunktionen auf der Ebene von „Strategischen Professionals" und vier Berufe mit Qualifikation für mittlere Fach- und Führungskräfte auf der Ebene von „Operativen Professionals".

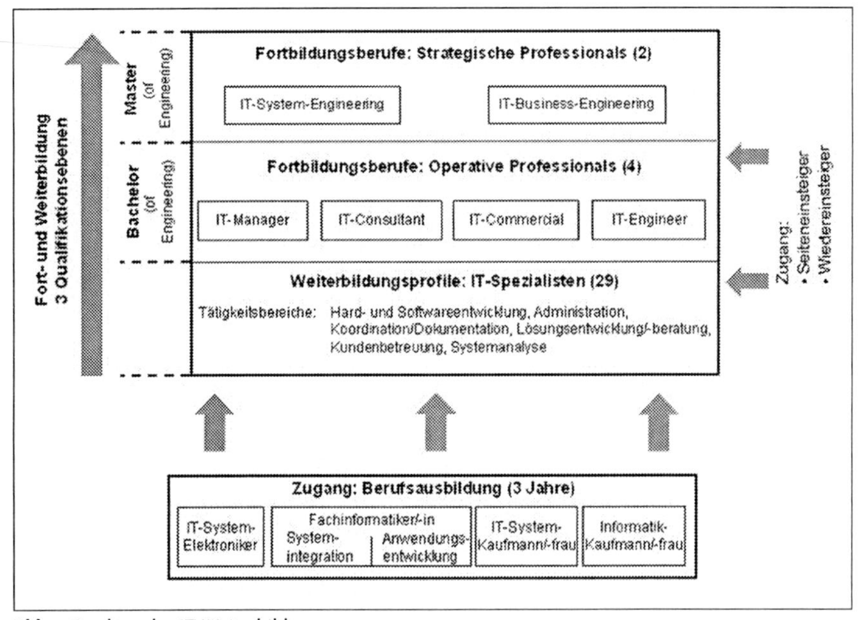

Abb. 1 Struktur der IT-Weiterbildung

Bei diesen sechs Berufen handelt es sich um „klassische" Fortbildungsberufe nach dem Berufsbildungsgesetz, die hier nicht weiter in den Blick genommen werden. In dieser Arbeit wird ein Fokus auf die Ebene der „Spezialisten" gelegt, weil es sich bei dieser Berufsgruppe, die „quasi als Nebenprodukt der Vorarbeiten für die IT-Fortbildungsverordnung" (Häcker 2002, S. 10) entstanden ist, um ein bildungspolitisches Novum handelt. Es ist hervorzuheben, dass die erste Ebene des Weiterbildungssystems mit den 29 Spezialistenprofilen aus Gründen, die sich nicht unmittelbar nachvollziehen lassen, gegenüber den Fortbildungsberufen eher

„ungeregelt" bleibt: „Die Anpassungsfortbildung spielt sich im so genannten nicht geordneten Bereich ab, also außerhalb der Regelungen des § 46 BBiG." (Häcker 2002, S. 5) Die formalen Voraussetzungen von Fortbildungsberufen erfüllt diese Gruppe damit zwar nicht, unabhängig davon kommt ihnen jedoch in der gesamten Struktur des IT-Weiterbildungssystems - nicht zuletzt auf Grund der hohen Anzahl der Profile - eine bedeutende Rolle zu.

Zur Umsetzung des IT-Weiterbildungssystems wurden in der Konzeption fünf Aktionsfelder definiert (vgl. Borch u.a. 2003): im ersten Aktionsfeld ging es im Zuge einer methodischen Orientierung um die Erarbeitung einer Konzeption zum arbeitsprozessorientierten Lernen (APO-IT). Diese strebt handlungsorientierte Kompetenzentwicklung an (vgl. Kapitel drei) und möchte so eine „Entschulung" der institutionalisierten beruflichen Weiterbildung erreichen.

Im Rahmen des Aktionsfeldes „Entwicklungspartnerschaften" wurden in Kooperation mit industriellen Partnern und Bildungsanbietern profiltypische Referenzprozesse erarbeitet, entlang derer anhand von Ablaufdiagrammen die normierten Curricula für jedes Spezialistenprofil entwickelt. Das Aktionsfeld „Qualitätssicherung" umfasste die Erarbeitung des Zertifizierungsverfahrens. Hierfür wurde innerhalb der Trägergemeinschaft für Akkreditierung (TGA) ein IT-Sektorkomitee konstituiert, das die Standards der Personalzertifizierung erarbeitet und fortlaufend aktualisiert. Im Aktionsfeld „Integration" geht es um die Sicherung der Durchlässigkeit zwischen den Weiterbildungsebenen sowie die Verzahnung mit dem Hochschulbereich auf der Basis des europäischen Leistungspunktesystems (ECTS). Eine Leistungsbewertung über das international anerkannte Credit-Point-System und die Vergabe von Bachelor- und Masterabschlüssen soll eine Vergleichbarkeit über die Bundesgrenzen hinweg einerseits und die Durchlässigkeit zwischen Beruf und Studium andererseits garantieren (vgl. Mucke 2003).

Im Aktionsfeld „Bildungsnetzwerke" wurden zudem regionale Kooperationen initiiert und ein überregionaler Austausch über Best-Practice-Strategien für die Umsetzung des IT-Weiterbildungssystems entwickelt. In diesem Rahmen wird auch explizit das Ziel verfolgt, eine Umsetzung für kleine und mittlere Unternehmen (KMU) zu ermöglichen. Die IG Metall und der Arbeitgeberverband BITKOM haben im Rahmen eines gemeinsamen Projektes ein spezielles Informationsportal zur Realisierung von Bildungsnetzwerken aufgebaut.[60]

Im Verlauf des Ordnungsvorhabens wurde zunächst eine Aufteilung des IT-Sektors in einzelne Geschäftsfelder vorgenommen. Darauf basierend wurden entlang

60 vgl. www.kib-net.de

dieser Felder Marktstudien und Stellenanzeigen sowie Tätigkeitsbeschreibungen von Unternehmen der IT-Branche ausgewertet. Auf der Ebene der Spezialisten wurden dabei zunächst 50 Profile identifiziert, die im nächsten Schritt entlang typischer Arbeitsprozesse auf 29 reduziert wurden. Die IT-Spezialisten decken die gesamte Geschäftsprozesskette der IT-Tätigkeiten von der Analyse, Beratung, Produktentwicklung, Vertrieb, Administration bis zum Support ab. Die Bezeichnungen der Spezialistenprofile orientieren sich an den jeweiligen Tätigkeitsschwerpunkten. [61] Entlang der Kategorien zur Abgrenzung der Qualifikationsebenen kommen den Spezialisten im Einzelnen folgende Aufgaben zu (vgl. Rohs/Mattauch 2001, S. 20):

- Erarbeitung von Konzepten zur Problemlösung
- Aushandlung von Lösungen in internen und externen Gruppen
- Erzielung einvernehmlicher Lösungen im Team
- Vertretung des Teams nach außen, Sicherung der Kundenbindung
- Verantwortung für die Wirtschaftlichkeit der Lösungen

Besonders hervorzuheben ist, dass mit dem Konzept der „Arbeitsprozessorientierten Weiterbildung" (APO) erstmalig ein didaktisch-curriculares Modell für die Weiterbildung zur Umsetzung der konkreten Qualifizierung in den Betrieben empfohlen wird. Selbstbestimmtes und projektorientiertes Lernen am Arbeitsplatz bildet den Kern dieses Konzeptes, das vom Fraunhofer-Institut für Software- und Systemtechnik in Berlin (ISST) im Auftrag des BMBF entwickelt wurde. [62]

4.2.2 Arbeitsprozessorientierung als didaktisch-curriculares Prinzip

In dieser didaktisch-curricularen Konzeption arbeitsbezogenen Lernens geht es unter anderem darum, durch weitgehend modularisierte Lernstrukturen eine Verknüpfung von formellen und informellen Lernprozessen herzustellen. Im Rahmen der Entwicklung erfolgte zunächst eine exemplarische Herauslösung berufstypischer Referenzprojekte aus dem Arbeitsprozess. Diese wurden in idealisierten und abstrahierten Modellen in Form von Ablaufdiagrammen dargestellt und bilden als curriculare Vorgabe die Grundlage für die Qualifizierung und für die Zertifizie-

61 Die operativen und strategischen Professionals haben gegenüber den Spezialisten einen deutlich größeren Verantwortungsbereich und/oder steuern auch Organisationseinheiten. Grundlage für diese Funktionsebene bleibt allerdings die Spezialistenkompetenz, die durch Berufserfahrung nachzuweisen ist.

62 Auf der Projektseite www.apo-it.de findet sich eine Auflistung aller beteiligten Partner.

rung. An der Ausarbeitung dieser Referenzprozesse waren sowohl Unternehmen als auch Bildungsdienstleister der IT-Branche beteiligt.

Bei den Rahmenvorgaben, die den Spezialistenprofilen zugrunde liegen, handelt es sich um sehr klar definierte Profile, die nicht durch andere ersetzt werden können.[63] Für jedes Spezialistenprofil wurden fünf Felder definiert, die sich in folgende Abschnitte gliedern: eine Kurzbeschreibung des Profils (1), Arbeitsgebiete und Aufgaben (2), profiltypische Arbeitsprozesse (3), profilprägende Kompetenzfelder (4) sowie die jeweiligen Qualifikationserfordernisse (5). Den *profiltypischen Arbeitsprozessen* sind wiederum Teilprozesse zugeordnet, deren Beherrschung in Verbindung mit den Kompetenzen in den jeweiligen Kompetenzfeldern und der Berufserfahrung die Grundlage für die berufliche Handlungskompetenz darstellen sollen. Für das Spezialistenprofil des IT-Systemadministrators wurden z.B. sechs profiltypische Arbeitsprozesse festgelegt (vgl. BMBF 2002, S. 182): Changemanagement, Faultmanagement, Performancemanagement, Securitymanagement, Datensicherung/Backup sowie Organisation/Beratung. Darüber hinaus sind Teilprozesse in allen profiltypischen Arbeitsprozessen benannt worden. Für den profiltypischen Arbeitsprozess „Changemanagement“ ergeben sich daraus z.B. im Einzelnen die folgenden Teilprozesse (vgl. ebd.):

- Analysieren der Anforderung, Prüfen des Änderungsbedarfs aus technischer Sicht, Durchführen von Evaluierungen und Variantenvergleichen, Durchführen von Wirtschaftlichkeitsbetrachtungen.
- Erstellen und Weiterentwickeln von Betriebskonzepten, Planen der Änderungen.
- Ausarbeiten von Angeboten, Führen und Begleiten von Vertragsverhandlungen.
- Beschaffen von Hard- und Software.
- Vorbereiten und Inbetriebnahme von informationstechnischer Hardware, Installieren der Betriebssysteme und der Software, Installieren von Übertragungsmedien und Schnittstellen. Installieren von Serverdiensten.
- Konfigurieren der Hard- und Software sowie der Betriebssysteme, Abstimmen von Schnittstellen, Konfigurieren von Serverdiensten.
- Prüfen der durchgeführten Änderungen, Integrieren des Systems in die bestehende Infrastruktur.
- Durchführen der Übergabe an (interne) Kunden, Durchführungen von Einweisungen und Schulungen von Nutzern in neue und geänderte Systeme.
- Erstellen von Prozessdokumentationen.

---

63 vgl. zu Funktionsbild und dazugehörigen Referenzprozessen von IT-Spezialisten ausführlich Rogalla (2003).

Der Weiterbildungsteilnehmer muss *jeden* der einzelnen Teilprozesse der profiltypischen Arbeitsprozesse entsprechend den Zertifizierungsvorgaben während seiner Qualifizierung bearbeiten und dokumentieren, um zur Zertifizierung zugelassen zu werden.

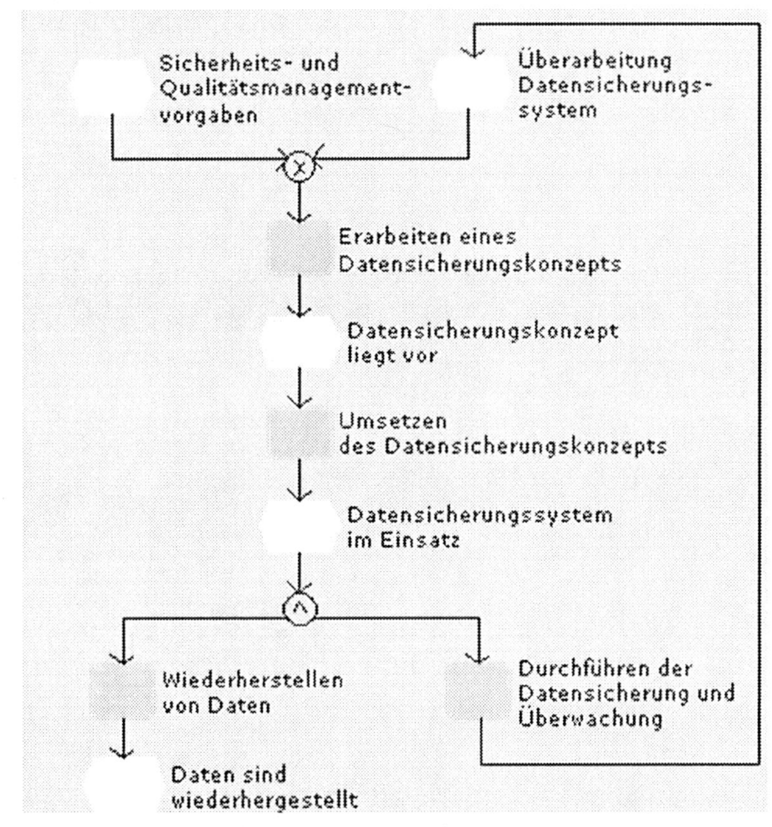

Abb. 2 Beispiel für den Referenzprozess Datensicherung

Entsprechend der Vereinbarung über die Spezialisten-Profile (s.o.) gelten die *profilprägenden Kompetenzfelder* als eine Voraussetzung für die Beherrschung der profiltypischen Arbeitsprozesse. Ihnen sind Wissen und Fähigkeiten sowie typische Methoden und Werkzeuge unterschiedlicher Breite und Tiefe zugeordnet. Die untenstehende Tabelle zeigt beispielhaft die profilprägenden Kompetenzfelder des IT-Systemadministrators (vgl. BMBF 2002, S. 184).

Die Qualifizierung selbst, die einschließlich der Zertifizierung ungefähr ein Jahr umfasst, wird auf der Basis dieser Vorgaben an realen betrieblichen, individuell ausgesuchten Projekten im Arbeitsprozess und am Kundenauftrag durchgeführt. Der Lernprozess soll dabei von den Lernenden weitgehend selbstständig organisiert und mit inhaltlicher und methodischer Unterstützung von Fachberatern und Prozesscoaches [64] durchgeführt, reflektiert und dokumentiert werden (vgl. Rohs 2002).

Tab. 3 Kompetenzfelder des IT-Systemadministrators

<table>
<tr><th>Grundlegend zu beherrschende, gemeinsame Kompetenzfelder</th><th>Fundiert zu beherrschende, gruppenspezifische Kompetenzfelder</th></tr>
<tr><td rowspan="3">Unternehmensziele/Kundeninteressen
Problemanalyse, -lösung
Präsentation, Kommunikation
Konflikterkennung, -lösung
fremdsprachliche Kommunikation (engl.)
Projektorganisation, -kooperation
Zeitmanagement/Aufgabenplanung und Priorisierung
wirtschaftliches Handeln
Selbstlernen, Lernorganisation
Innovationspotenziale
Datenschutz, -sicherheit
Dokumentationsstandards
Qualitätssicherung</td><td>Datenbanken, Netzwerke, Betriebssysteme
Datensicherungskonzepte
Sicherungskonzepte und -überwachung
Statistik und Datenvisualisierung
Wirtschaftlichkeitsanalysen
Marktüberblick
Unternehmensorganisation
Nutzerorientierte Problemanalyse</td></tr>
<tr><th>Routiniert zu beherrschende, profilspezifische Kompetenzfelder</th></tr>
<tr><td>Betriebssystemkonzepte
Übertragungsprotokolle
Systemmanagement-, Systemanalysewerkzeuge
Systemkomponenten
Systemintegration und -anpassung
Serverdienste, Anwendungen
Client-Server-Systeme, heterogene Systeme</td></tr>
</table>

Für diese Unterstützungsfunktionen hat das Fraunhofer Institut ISST detaillierte Rollenbeschreibungen erarbeitet (vgl. ausführlich in Rohs 2004b). Der *Fachberater* steht in den Unternehmen als Ansprechpartner für allgemeine Fragen sowie für die unternehmensspezifische Ermöglichung der Weiterbildungsmaßnahme zur Verfügung. Er unterstützt den Teilnehmer bei der Abstimmung seines Lernprozesses auf unternehmensspezifische Besonderheiten und berät bei der Auswahl lernrelevanter Fachinhalte (ebd. S. 77).

Der *Lernprozessbegleiter* nimmt eine Schlüsselposition in dem APO-IT-Konzept ein. Er berät und begleitet den Weiterbildungsteilnehmer individuell und zeitnah wäh-

64 An dieser Stelle ist darauf hinzuweisen, dass keine einheitliche begriffliche Verwendung für diese Funktion zu verzeichnen ist: es wird von Prozesscoaches, Lernprozessbegleitern oder auch Lernberatern gesprochen (vgl. Rohs/Mattauch 2001).

rend des gesamten Lernprozesses. Zu seinen Aufgaben gehört neben der Durchführung von Kompetenz- und Potenzialanalysen die Strukturierung und Moderation regelmäßiger Reflexionsgespräche und die gemeinsame Festlegung geeigneter Weiterbildungsschwerpunkte. Damit soll u.a. der Aufbau von Erfahrungswissen gefördert werden. Zwischen den Weiterbildungsteilnehmern und den Lernprozessbegleitern werden in diesem Rahmen Qualifizierungsvereinbarungen getroffen, in denen u.a. die Lernziele definiert werden, die die Teilnehmer dann selbst aktiv verfolgen und realisieren sollen. In den Reflexionsgesprächen mit dem Lernprozessbegleiter werden zudem Schlüsselsituationen im Lernprozess identifiziert. Es wird dabei davon ausgegangen, dass durch die Reflexion dieser Schlüsselsituationen, die sowohl positive wie auch negative Lernerlebnisse beinhalten können, ein Lernzuwachs bei den Weiterbildungsteilnehmern erfolgt. Die Reflexion der Schlüsselsituationen und die Dokumentation des Lernprozesses bilden zugleich die Grundlage für das Prüfungsgespräch, das im Rahmen der Zertifizierung durchgeführt wird.

Für die konkrete *methodische* Gestaltung und Umsetzung der arbeitsprozessorientierten Weiterbildung werden in dem APO-IT-Konzept kaum konkrete Hinweise gegeben. Damit wird vorausgesetzt, dass durch die Bearbeitung der Teilprozesse das informelle Lernen am Arbeitsplatz gewährleistet ist. Empfohlen wird, dass daneben auch „Weiterbildungsmethoden mit hoher Realitätsnähe und Selbststeuerung (Projektmethode, Jobrotation, Qualitätszirkel, Juniorfirma) zum Einsatz kommen. Traditionelle Kurse sollten nur in Einzelfällen zum Tragen kommen." (vgl. Rohs/Mattauch 2001, S. 92) Insofern sind in den Referenzprojekten „konkrete Lern- und Weiterbildungsaufgaben" (ebd. S. 72) nicht definiert worden.

Ein zentraler Bestandteil zur Umsetzung des arbeitsprozessorientierten Lernens ist in dem APO-IT-Konzept eine *Medienplattform,* auf der elektronische Lernmaterialien zur Verfügung gestellt werden. Dieser sogenannte „APO-Pilot" stellt zum einen Wissen bereit, indem er eine „prozessorientierte Navigation durch die Referenzprozesse der Weiterbildungsprofile" (Caumanns, Manski, Fuchs-Kittowski 2001, S. 90) ermöglicht. Zu jedem Prozess werden dabei ergänzende Selbstlernmaterialien zur Verfügung gestellt, wobei der Weiterbildungsteilnehmer die Art der Medienunterstützung individuell auswählen kann. Es werden u.a. auch Foren angeboten, in denen er sich mit Fachexperten austauschen kann. Darüber hinaus können die Teilnehmer einer Qualifizierungsmaßnahme im APO-Pilot auch selbst aktiv werden, indem sie ihre Meinungen und Erfahrungen in ein Diskussionsforum einbringen.

Zertifizierung

Die Zulassungsvoraussetzungen und Durchführungsbestimmungen für die Zertifizierung der Spezialistenberufe wurden von einem staatlich unabhängigen „Sektorkomitee" erarbeitet und in einem „normativen Dokument" festgeschrieben. [65] In Anlehnung an die betriebliche Erstausbildung ist ein dokumentenzentriertes „Prüfungsverfahren" für die Zertifizierung entwickelt worden (vgl. Gamer/Grunwald 2003). Dabei werden jedoch nur Rahmenbestimmungen vorgegeben, die im Einzelnen durch Zertifizierungsstellen zu füllen sind (vgl. IT-Sektorkomitee 2002). Eine öffentlich-rechtliche Prüfung ist für die IT-Spezialisten nicht vorgesehen. Über eine sogenannte „Personalzertifizierung" findet eine Bescheinigung von individuell erworbenen Kompetenzen durch unabhängige Akkreditierungsstellen statt. Ziel der Zertifizierung ist nicht, das Wissen bzw. die Kenntnisse einer Person zu bescheinigen, sondern ihre beruflichen Handlungskompetenzen zu zertifizieren (vgl. Kapitel drei). Insofern findet neben dem Produkt (d.h. der Dokumentation der Projektbearbeitung) auch der Lern*prozess* in der Zertifizierung einschließlich informeller Kompetenzen, die im Prozess der Arbeit erworben werden, Berücksichtigung.

Die Zertifizierung erfolgt unabhängig von institutionalisierten Lernorten, alsodavon, *wo* diese Kompetenzen erworben wurden. Sie umfasst einen maximalen Zeitraum von 24 Monaten und basiert auf einem zweiphasigen „Prüfungskonzept". Vor der eigentlichen Weiterbildung muss demnach eine Anmeldung zur Zertifizierung erfolgen. Nach der Prüfung, ob der Kandidat die Voraussetzungen für das Verfahren erfüllt, wird das Verfahren der Dokumentation entlang der definierten Referenzprozesse festgelegt. Voraussetzung für die Zertifizierung ist, dass eine komplette Dokumentation der oben dargestellten Teilprozesse erfolgt [66] , weil davon ausgegangen wird, dass der Weiterbildungsteilnehmer nur dann den im Spezialistenprofil definierten Kompetenzrahmen beherrschen kann. [67] Über die Dokumentation der Arbeitsprozesse hinaus muss die Dokumentation von insgesamt zehn Schlüsselsituationen, die die Teilnehmer als relevant für ihren Lernprozess gehalten haben, erfolgen. Nachdem die Zertifizierungsstelle die Erfüllung

---

65 Das IT-Sektorkomitee ist ein Gremium der Trägergemeinschaft für Akkreditierung (TGA) und das Verfahren der Zertifizierung, das in dem normativen Dokument geregelt ist, entspricht der internationalen Norm DIN EN 45013 für Personalzertifizierungen, vgl. dazu ausführlich Gamer/Grunwald (2003).

66 Die Dokumentation der Arbeitsprozesse und der dazugehörigen Teilprozesse nimmt je nach angestrebtem Profil einen Umfang von bis zu sechzig DIN A4-Seiten ein. Aus ihnen muss die fachliche Bearbeitung des Prozesses deutlich werden. Die Dokumentation ist vier Wochen vor der Prüfung bei der Zertifizierungsstelle einzureichen.

67 Unklar bleibt dabei allerdings, welche Voraussetzungen im Einzelnen erfüllt sein müssen, damit Kompetenzen „grundlegend" bzw. „fundiert" vorliegen.

dieser formalen Voraussetzungen geprüft hat, findet eine Präsentation und ein Fachgespräch statt. Bei der *Präsentation*, die der Weiterbildungsteilnehmer dem Prüfungsgremium vorstellt, handelt es sich in der Regel um das betriebliche Projekt, das er im Zeitraum seiner Qualifizierungsphase bearbeitet hat. Der zeitliche Umfang dieser Präsentation soll dreißig Minuten betragen. Die Dokumentation der Teilprozesse ist dann Gegenstand des *Fachgespräches*, das ebenfalls einen Umfang von dreißig Minuten hat.

Dieses aufwändige Zertifizierungsverfahren auf der Ebene der Spezialistenprofile ist die Einstiegsvoraussetzung für die darüber liegenden Fortbildungsberufe. Über dieses Verfahren soll u.a. die Qualitätssicherung im IT-Weiterbildungssystem gewährleistet werden. Vor diesem Hintergrund wurde im Dezember 2002 von den IT-Sozialpartnern (Bitkom, ZVEI, IG Metall, verdi) gemeinsam mit dem Fraunhofer Institut und der Gesellschaft für Informatik (GI) der „Verein zur Förderung der Qualität der IT-Weiterbildung" (QUIT) gegründet mit dem Ziel, die IT-Personalzertifizierung für die Spezialistenprofile sicherzustellen.

Zusammenfassend lässt sich erkennen, dass das APO-IT-Konzept insbesondere aus pädagogischer und auch aus lernpsychologischer Sicht nur in Ansätzen theoretisch fundiert ist. Dies führt auf der Ebene der konkreten Umsetzung in der Praxis insofern zu Problemen, als zwar die Referenzprozesse für die einzelnen Spezialistenprofile sehr detailliert ausgearbeitet wurden, dass aber bei APO-IT kaum Hinweise zur *methodischen* Umsetzung gegeben werden. Das APO-IT-Konzept bietet so zwar eine gute Orientierungshilfe in bezug darauf, *was* gelernt werden soll, wenn es jedoch darum geht, *wie* eine arbeitsprozessorientierte Qualifizierung umzusetzen ist, sind potenzielle Interessenten auf Beratung und Unterstützung angewiesen. In diesem Zusammenhang ist allerdings zu bedenken, dass es sich bei dem IT-Weiterbildungssystem um ein sehr junges Projekt handelt und dass voraussichtlich auf der Basis der konkreten Erfahrungen auch im Zuge der Umsetzungsmaßnahmen eine weitere Konkretisierung erfolgen wird (vgl. dazu auch die detaillierte Analyse in Kapitel fünf).

4.3 Stand der Umsetzung des IT-Weiterbildungssystems

In der Vereinbarung über die „Spezialisten-Profile" ist festgelegt, dass arbeitsplatzorientierte Weiterbildungsstrukturen die Grundlage für die Spezialistenzertifikate bilden (BMBF 2002, S. 140). Daraus ergibt sich, dass berufliche Qualifizierungsmaßnahmen, die im Rahmen der IT-Weiterbildung durchgeführt werden, den curricularen Vorgaben durch die Referenzprozesse mit einer konsequenten Orientierung am Arbeitsprozess des jeweiligen Spezialistenprofils folgen sollten. Es wird in diesem Zusammenhang allerdings ausdrücklich darauf verwiesen, dass das APO-IT-Konzept des Fraunhofer Instituts lediglich eine *mögliche* und keine verbindliche Form der Weiterbildung darstellt.

Das Bundesinstitut für Berufsbildung (BIBB) hat im Sommer 2003 mehrere Evaluationen zum Stand der Umsetzung des IT-Weiterbildungssystems in Auftrag gegeben. Die Abschlussberichte, die im Rahmen dieser Untersuchungen verfasst wurden, liegen dem BIBB seit Beginn 2004 vor.

Auf der Ebene der *Spezialisten* sind bisher folgende Umsetzungen bekannt:

In einigen Bundesländern sind Umsetzungsprojekte abgeschlossen worden, in denen das APO-IT-Konzept auf der Ebene der Spezialisten regional erprobt wurde. Für ein Länderprojekt in Thüringen, in dem 17 Spezialisten qualifiziert wurden, liegt eine Evaluation des Fraunhofer-Instituts ISST vor (vgl. Mattauch 2003 und 2004), auf deren Ergebnisse in Kapitel fünf näher eingegangen wird. In Baden-Württemberg sind zwei Umsetzungsprojekte mit insgesamt 24 Teilnehmern abgeschlossen worden (vgl. Loroff/Kubath/Hüttner 2004). In Niedersachsen wird die Qualifizierung zu IT-Spezialisten im Rahmen des von der Europäischen Union geförderten Projektes Love-IT-Plus angeboten. [68] Bestehende Weiterbildungskooperationen und -netzwerke, die im Kontext der IT-Weiterbildung entstanden sind, haben Ehrke, Rohs und Einhaus (2003) dokumentiert. Diese sind auch im Internet über das oben schon erwähnte Portal www.kib-net abzurufen.

Im Rahmen einzelner betrieblicher Umsetzungen wurden z.B. bei der Deutschen Telekom AG 13 Mitarbeiter aus fünf Standorten entlang des APO-Konzeptes zu Netzwerkadministratoren qualifiziert (vgl. Manski/Küper 2002). Bei der Firma Kölsch und Altmann in München wurde zudem eine Erprobung mit einer (!) Person im Profil IT-Projektkoordinator durchgeführt, um zu prüfen, ob die Umsetzung von APO-IT auch in einem kleinen Unternehmen ohne externe Unterstützung erfolgen kann (vgl. Einhaus/Manski 2004). Bei T-Systems wird bereits seit Herbst 2001 an fünf Pilotprojekten zur Umsetzung der Qualifizierung auf der Spezialistenebene gearbeitet (vgl. Schiller 2003).

In Hamburg läuft seit Mitte 2003 ein Entwicklungs- und Forschungsprojekt zur „Arbeitsprozessorientierten Weiterbildung für IT-Spezialisten in vernetzten kleinen und mittleren Unternehmen“. Geplant ist, in diesem Rahmen über einen Zeitraum von drei Jahren insgesamt 60 IT-Spezialisten in unterschiedlichen Pro-

68 vgl. www.love-it-plus.de sowie www.apo-it-niedersachsen.de

filen zu qualifizieren und zu zertifizieren. Auf die Konzeption dieses Projektes, das vom Europäischen Sozialfonds und dem Senat der Hansestadt Hamburg unterstützt wird und durch die Helmut-Schmidt-Universität, Universität der Bundeswehr wissenschaftlich begleitet wird, wird im Verlauf dieser Arbeit noch näher eingegangen (vgl. Kapitel 4.4 und 6.3.3). Für die Ebene der *Professionals* liegt bereits eine Untersuchung vor, die vom Vorstand der IG-Metall (Ressort Bildungs- und Qualifizierungspolitik) in Auftrag gegeben wurde (vgl. Frackmann/Frackmann/Tärre 2004). Demnach befanden sich im September 2004 ca. 350 Teilnehmer in Maßnahmen der Weiterbildung zu einem der vier Profile der operativen Professionals. Abgeschlossen hatten die Qualifizierung zu diesem Zeitpunkt allerdings erst zwölf Teilnehmer.

Grundsätzlich ist festzustellen, dass sich die konkreten Umsetzungsaktivitäten zur Realisierung des IT-Weiterbildungssystems auf der Spezialistenebene vor allem auf die Phase der Entwicklung und *Konzeption* von APO-IT richtete. In diesem Rahmen wurden auch alle oben genannten Projekte mit finanzieller Unterstützung seitens des Bundesministeriums für Bildung und Forschung (BMBF) durchgeführt und vom Fraunhofer-Institut ISST begleitet und evaluiert.[69] Unabhängig davon sind systematische Umsetzungsprojekte und Qualifizierungsmaßnahmen, die von betrieblicher Seite finanziert werden, zur Zeit nur vereinzelt bekannt. Als ein Beispiel dafür kann die Ausschreibung des Verbandes der Deutschen Rentenversicherer (2004) gelten, der plant, bis Oktober seine Mitarbeiter im IT-Bereich in 25 Spezialistenprofilen zu qualifizieren und zu zertifizieren. In diesem Rahmen sollen auch explizit Lernprozessbegleiter qualifiziert werden. Weitere Umsetzungs-

69 Das Fraunhofer-Institut ISST selbst hat das APO-IT-Konzept, das im Rahmen der Pilotumsetzungen von Spezialistenqualifizierungen unter seiner wissenschaftlichen Begleitung und Beratung zum Einsatz kam, evaluiert und die Ergebnisse in Arbeits- und Evaluationsberichten dokumentiert. Ziel der Evaluation, die zuerst im Länderprojekt in Thüringen durchgeführt wurde, war es zum einen, ein Evaluationsinstrument für die IT-Weiterbildung zu entwickeln und zu erproben und zum anderen, konzeptionelle und praktische Optimierungshinweise für die Praxis der IT-Weiterbildung zu entwickeln. Darüber hinaus sollten die Hypothesen, die dem APO-IT-Konzept zugrunde liegen, überprüft werden (vgl. Mattauch 2003). Im Rahmen der Evaluation kommen die Autoren zu dem Ergebnis, dass sich die Hypothesen bestätigt haben und dass sich auch das Evaluationsinstrument bewährt habe. Insofern wurde es in dieser Form auch zur Evaluation von zwei Länderprojekten in Baden-Württemberg eingesetzt (vgl. Loroff/Kubath/Hüttner 2004), wobei auch hier, diesmal allerdings mit Einschränkungen, die Hypothesen bestätigt werden konnten. Bezogen auf die Reichweite der Ergebnisse der Evaluation ist allerdings einschränkend festzustellen, dass es sich bei dem ersten evaluierten Projekt nicht in erster Linie um ein Umsetzungsprojekt von APO-IT handelte. Im Mittelpunkt des Projektes stand hier zunächst die Entwicklung des Referenzprofils „Project Coordinator" und anschließend daran erfolgte exemplarisch die Qualifizierung. Zu bedenken ist zudem, dass alle Maßnahmen, die evaluiert wurden, projektinitiiert waren und intensiv durch das ISST begleitet wurden. Insofern lassen die Ergebnisse nur bedingt allgemeine Schlüsse im Hinblick auf die Eignung von APO-IT als ein Konzept des Lernens im Prozess der Arbeit zu.

aktivitäten sind in Fortführung des o.g. Pilotprojektes auch bei der Deutschen Telekom zu verzeichnen.

Der wohl verlässlichste Indikator für die Umsetzung des IT-Weiterbildungssystems auf der Ebene der Spezialisten dürfte die Zahl der bisher durchgeführten Zertifizierungen sein. Insgesamt sind nach Aussage des Geschäftsführers von Cert-IT bisher ca. 50 Spezialisten zertifiziert worden, 100 Anmeldungen liegen vor (z.T. auch von Einzelpersonen). Es gibt z.Zt. zwei Zertifizierungsstellen, die die Akkreditierung durch die TGA erhalten haben und Spezialisten zertifizieren dürfen.[70]

Die geradezu „schleppende" Umsetzung des IT-Weiterbildungssystems ist zum einen mit der permanenten Veränderung der Rahmenbedingungen in der IT-Branche als ein mitlaufendes Strukturproblem zu begründen. So herrscht z.B. gegenüber der ursprünglichen Ausgangslage, die durch einen massivem Fachkräftemangel gekennzeichnet war, eine veränderte Situation. Dies gilt auch für die politischen Rahmenbedingungen und die entsprechenden Interessenkonstellationen. So existiert z.B. das Bündnis für Arbeit, das Ende der 1990er Jahre den Ausgangspunkt für die Regelungen im IT-Sektor gegeben hat, nicht mehr. Am gravierendsten zeichnen sich die Veränderungen allerdings hinsichtlich der Marktbedingungen ab: ging man noch Ende des letzten Jahrzehnts von einem unbegrenzten Aufschwung der IT-Branche aus, zeichneten sich im Herbst 2002 die ersten Einbrüche ab und es wurde erstmalig eine negative Marktentwicklung verzeichnet (vgl. zur Arbeitsmarktsituation im IT-Sektor zusammenfassend Dostal 2004 und Mattauch/Birke 2004).[71] Bei der Ausgangskonzeption zum IT-Weiterbildungssystem wurde zwar erwartet, dass der größte Teil der Weiterbildungsmaßnahmen sich zunächst auf der Ebene der Spezialisten vollziehen würde, da es „einen Stau von Quereinsteigern ... [gibt], die sich die Chance zur Zertifizierung und Fortbildung sicher nicht entgehen lassen werden". (Häcker 2002, S. 25) Die tatsächlichen Zahlen sind bisher jedoch nur schwer einzuschätzen.

Die obigen Ausführungen zeigen, dass konkrete Umsetzungsbeispiele, in denen das APO-IT-Konzept umfassend und konsequent realisiert wurde, zum derzeitigen Zeitpunkt nur vereinzelt auszumachen sind. Im folgenden wird daher ein regio-

70 Dabei handelt es sich zum einen um Cert-IT, eine Ausgründung des Fraunhofer ISST und zum anderen um IHK-Cert, eine Tochter des DIHT. Es ist allerdings auf Grund der engen Anbindung bzw. Ausgründung aus anderen Institutionen zu bezweifeln, ob diese Organisationen, wie in den Vorschriften vorgesehen, tatsächlich als „unabhängig" gelten können.

71 So schrumpfte das Marktvolumen um 1,3 % gegenüber dem Vorjahr und auch die Zahl der Beschäftigten ging um 3 % zurück. Als Grund gibt der IT-Verband BITKOM „eine verfehlte Politik bei der Fortentwicklung der Rahmenbedingungen des UMTS-Marktes" an (BITKOM 2002).

nales Beispiel für die Qualifizierung von IT-Spezialisten vorgestellt, das derzeit als die weitestgehende Umsetzung der Vorgaben des IT-Weiterbildungssystems gelten kann und hier wurden auch inhaltliche und methodische Erweiterungen gegenüber dem APO-IT-Konzept vorgenommen.[72]

4.4 Umsetzungsbeispiel: Projekt „Arbeitsprozessorientierte Weiterbildung für IT-Spezialisten in vernetzten kleinen und mittleren Unternehmen"

Das Entwicklungs- und Forschungsprojekt „Arbeitsprozessbezogene Weiterbildung für IT-Spezialisten in vernetzten kleinen und mittleren Unternehmen"(kurz: ITAQU) zielt darauf, gemeinsam mit einem Bildungsträger das Konzept einer arbeitsprozessorientierten Qualifizierung in kleinen und mittleren IT-Unternehmen (KMU) zu gestalten und zu implementieren. Es hat eine Laufzeit von Juni 2003 bis Mai 2006 und wird gefördert durch die „Behörde für Wirtschaft und Arbeit" des Hamburger Senats sowie aus Mitteln des Europäischen Sozialfonds (ESF). Die wissenschaftliche Begleitung erfolgt durch die Helmut-Schmidt-Universität/Universität der Bundeswehr in Hamburg (HSU-HH). Die Umsetzung des IT-Weiterbildungssystems und die Entwicklung eines arbeitsbezogenen Qualifizierungskonzepts wird im Rahmen des Projektes am Beispiel einiger Berufsprofile auf der Spezialistenebene durchgeführt. Dabei erfolgt in der Qualifizierung zunächst eine Beschränkung auf die Berufe des IT-Systemadministrators und des Datenadministrators. Vorgesehen ist darüber hinaus, im Rahmen des Projektes auch IT-Trainer zu qualifizieren.

Projektziele und Zielgruppen

Übergeordnetes Ziel des Projekts ist die Entwicklung und modellhafte Umsetzung des IT-Weiterbildungssystems für IT-Spezialisten in Hamburg. Durch die Gestaltung arbeitsorientierter Lernformen soll zugleich eine Personal- und Organisationsentwicklung in den KMU sowie eine nachhaltige Qualitätssicherung der beruflichen Qualifizierung im IT-Sektor erreicht werden. Im einzelnen geht es um

72 Dieser Abschnitt lehnt sich an den Projektantrag an, der in einer überarbeiteten Fassung veröffentlicht ist (vgl. Dehnbostel/Harder/Meyer 2004); die theoretische Grundlegung und die praktische Konzeptionierung des Projektes ist im Wesentlichen auf die Erfahrungen und Ergebnisse der BIBB-Modellversuchsreihe „Dezentrales Lernen" zurückzuführen (vgl. Dehnbostel/Holz/Novak 1996).

- die Qualifizierung und Zertifizierung von ca. 60 Beschäftigten aus KMU im IT-Sektor entlang der Spezialistenprofile Systemadministrator, Datenbankadministrator und IT-Trainer,
- den Aufbau innovativer Lernstrukturen und Erprobung neuer Lernformen in den Unternehmen,
- den Aufbau eines Qualifizierungsnetzwerkes,
- die Transformation eines bisher traditionell seminaristisch orientierten Bildungsträgers zu einer dienstleistungsorientierten „Lernagentur",
- die Entwicklung und Erprobung von Handreichungen und Materialien,
- sowie eine handlungsorientierte Begleitforschung und Evaluation des Qualifizierungskonzeptes durch die Helmut-Schmidt-Universität, Universität der Bundeswehr Hamburg (HSU-HH).

Das Projekt richtet sich im Wesentlichen an zwei Zielgruppen in der Weiterbildung: zum einen an sogenannte „Seiteneinsteiger", d.h. Fachkräfte, die mehrere Jahre in IT-Unternehmen beschäftigt sind und dort eine qualifizierte Tätigkeit als Administrator ausgeübt haben *ohne* über die formalen Qualifikationen, d.h. den Berufsabschluss in diesem Bereich zu verfügen. Eingangsvoraussetzung ist lediglich die nachweisliche Beschäftigungszeit, formale Abschlüsse werden nicht erwartet. Zum anderen richtet sich das Projekt an die Absolventen der vier IT-Ausbildungsberufe. Eingangsvoraussetzung ist in diesem Fall der Ausbildungsabschluss sowie einjährige Berufserfahrung in dem entsprechenden Fachgebiet. Es ist angestrebt, über den Seiteneinstieg insbesondere die Gruppe der weiblichen IT-Beschäftigten anzusprechen.

Durch die Qualifizierungsmaßnahmen sollen Beschäftigte einen höheren Berufsabschluss erhalten, welcher den Arbeitsplatzerhalt sichert und darüber hinaus weitere Bildungs- und Karriereoptionen eröffnet.[73] Auch An- und Ungelernte sollen über den Seiteneinstieg ebenfalls diese Chance erhalten, wobei durch die explizite Anbindung an den *betrieblichen* Lernort die Arbeitsmarktchancen der Arbeitnehmer erhöht werden und der Erhalt des Arbeitsplatzes sowie ein potenzieller Arbeitsplatzwechsel deutlich erleichtert werden soll. Dafür sprechen auch die Ergebnisse einer Studie des BIBB, nach der Absolventinnen und Absolventen einer betriebsnahen Ausbildung bessere Arbeitsmarktchancen haben, als diejenigen, die in einer außerbetrieblichen Fördermaßnahme ihre Ausbildung absolviert haben (vgl. BIBB

73 Erwerbslose bzw. arbeitssuchende Personen sind auf Grund der Förderrichtlinien des ESF von der Qualifizierungsmaßnahme ausgeschlossen.

2002). Vor diesem Hintergrund leistet das Projekt auch einen Beitrag zu präventiver Arbeitsmarktpolitik in der Region Hamburg.

Arbeitsbezogenes Qualifizierungskonzept

Die Konzeption des Qualifizierungskonzeptes lehnt sich im Wesentlichen an die oben dargestellte APO-IT-Konzeption des Fraunhofer-Instituts an, jedoch ohne ihr im Detail zu folgen. Grundlegend sind dagegen die rechtlichen Vorgaben im Rahmen der Zertifizierung. Die in der Qualifizierungsmaßnahme zu vermittelnden Inhalte ergeben sich zum einen aus den in der „Vereinbarung über die Spezialisten-Profile im Rahmen des Verfahrens zur Ordnung der IT-Weiterbildung" erlassenen Spezialistenprofilen und zum anderen aus den Anforderungen, die das IT-Sektorkomitee als Voraussetzung zur Prüfungszulassung formuliert hat (vgl. Hettinger 2003).

Die Qualifizierung der IT-Spezialisten erfolgt in dem Projekt über den Erwerb von Qualifikationen und Kompetenzen, die durch die systematische Verbindung von Lernen und Arbeiten erworben werden. Insofern ist auch hier - wie bei APO-IT - ein wesentliches Kennzeichen des Qualifizierungskonzeptes das prozess- und reflexionsbezogene *Lernen in der Arbeit*. Bei dem Lernen in der Arbeit werden die individuellen Lernvoraussetzungen der Weiterbildungsteilnehmer und die betrieblichen Qualifizierungsanforderungen zusammengeführt. Entgegen der traditionell lehrgangsorientierten Weiterbildung sollen Arbeiten und Lernen miteinander verbunden werden, wobei im Rahmen der beruflichen Kompetenzentwicklung informellen Lernprozessen und dem Erfahrungslernen ein hoher Stellenwert eingeräumt wird. Um das Arbeiten mit dem Lernen zu verbinden, werden zum einen ganzheitliche Arbeits- und Lernaufgaben entwickelt und es werden zum anderen - unterstützt durch die Projektmitarbeiter - in den Betrieben lernförderliche Arbeitsbedingungen geschaffen. Somit können dann im Rahmen des Qualifizierungsverlaufs gezielt Lernanlässe herbeigeführt und methodisch umgesetzt werden. In diesem Punkt - besonders durch die Entwicklung von Arbeits- und Lernaufgaben - geht das Projekt deutlich über das APO-IT-Konzept hinaus.

Wie bei APO-IT wird auch hier eine individuelle Lernprozessbegleitung angeboten, wobei das Erfahrungswissen der Teilnehmer einbezogen und weiterentwickelt wird. Ziel der Qualifizierungsmaßnahme ist ausdrücklich die Erlangung einer umfassenden beruflichen Handlungskompetenz der Teilnehmer. Dabei wird mit dem Anspruch, eine über die rein fachliche Qualifizierung hinausgehende Bildungsarbeit unter dem Aspekt der Subjektorientierung zu ermöglichen, das in Kapitel drei beschriebene Konzept einer umfassenden beruflichen Handlungskompetenz zugrunde gelegt. Das Erreichen der entsprechenden Kompetenzen wird am Ende der Maßnahme durch die Zertifizierung von einer unabhängigen Zertifizierungsstelle attestiert.

Im Zentrum der Organisation und Begleitung der Qualifizierung steht die Lernagentur ComPers (www.compers.de), ein Bildungsträger der bereits über langjährige Erfahrung auf dem Gebiet der IT-Qualifizierung verfügt. Der Begriff „Lernagentur" steht hier unter anderem für eine strategische Neuausrichtung der Institution. Intendiert ist damit, wie in Kapitel zwei beschrieben, ein Wandel des zuvor traditionell seminaristisch- und angebotsorientierten Bildungsträgers zu einem Dienstleister: die institutionelle und organisatorische Neuausrichtung zielt u.a. auf die Änderung der Geschäftspolitik durch Marketingstrategien von der Angebotsorientierung zu einer Dienstleistungsorientierung mit engem Bezug zu den IT-Betrieben der Region. In dieser Lernagentur sind zwei ehemalige IT-Dozenten als Lernprozessbegleiter beschäftigt, die die Qualifizierung der Weiterbildungsteilnehmer unterstützen. Die Lernagentur moderiert und steuert auch das Netzwerk, das im Qualifizierungsverlauf zwischen den Teilnehmern und den beteiligten Betrieben entstehen soll.

Qualifizierungsverlauf und Lernorte

Die prozessorientierte berufliche Kompetenzentwicklung der Teilnehmer bis zum zertifizierten Abschluss als IT-Spezialist gliedert sich in unterschiedliche Phasen, die zum Teil ineinander greifen und in einem Qualifizierungskonzept festgeschrieben sind. Dieses Qualifizierungskonzept zeichnet sich in seiner didaktischen Ge-staltung durch die Kombination unterschiedlicher Lernformen aus, wobei im Zuge arbeitsprozessorientierten Lernens für jedes einzelne Unternehmen ein didaktisches Gesamtkonzept zu entwickeln wäre (vgl. Dubs 2003). Das Qualifizierungskonzept von ITAQU geht darüber noch hinaus und entwickelt für jeden Weiterbildungsteilnehmer ein didaktisches Konzept bzw. ein Curriculum, das auf die Lernpotenziale und -bedürfnisse der Unternehmen wie auch der Weiterbildungsteilnehmer abgestimmt ist. Auf der Basis von Kompetenz- und Arbeitsplatzanalysen wird so für jeden Weiterbildungsteilnehmer ein individueller Bildungsplan erstellt, der mit den Unternehmen abgestimmt ist.

Das Qualifizierungskonzept, das im folgenden vorgestellt wird, unterliegt im Rahmen der wissenschaftlichen Begleitforschung einer kontinuierlichen Verbesserung.[74] Geplant ist, in den 36 Monaten Laufzeit fünf Qualifizierungsdurchgänge mit jeweils 12 Teilnehmern durchzuführen. Der Qualifizierungsverlauf für den einzelnen Weiterbildungsteilnehmer erstreckt sich über einen Zeitraum von max.

74 vgl. dazu auch das Konzept der Begleitforschung, das in Kapitel sechs dargestellt wird.

12 Monaten, in dem jeweils die folgenden Phasen und die Lernorte des Qualifizierungskonzepts durchlaufen werden:

Zunächst erfolgt die *Information und Auswahl der beteiligten Betriebe* durch die Lernagentur. In dieser Phase werden interessierte Betriebe und deren Mitarbeiter informiert und auf der Grundlage von Erkundungsgesprächen und ersten Betriebsbesuchen ausgewählt. In einem *Kick-Off-Workshop*, der über zwei Tage in der Lernagentur stattfindet, werden das IT-Weiterbildungssystem und dessen angestrebte Umsetzung sowie das arbeitsbezogene Qualifizierungskonzept vorgestellt. In Kleingruppenarbeit reflektieren die Teilnehmer die wesentlichen Arbeitsprozesse im gewählten IT-Profil. Dabei erfolgt eine erste Erfassung und Dokumentation der jeweiligen betrieblichen Arbeitsprozesse der Weiterbildungsteilnehmer. In diesem Rahmen wird auch die betriebliche Arbeitssituation der Teilnehmer mit den Referenzprozessen in dem APO-Ansatz abgeglichen.

Daran anschließend erfolgt in den Betrieben die *Analyse der Kompetenzen* der Teilnehmer und die *Erschließung des Arbeitsplatzes als Lernort.*Im Rahmen der Arbeitsprozess- und Kompetenzanalyse werden die betrieblichen Arbeitsprozesse, die Kompetenzentwicklung, die lernförderliche Gestaltung des Arbeitsplatzes, der Weiterbildungsbedarf und zukünftig anstehende betriebliche Projekte analysiert. Diese Arbeitsprozess- und Kompetenzanalyse dient als Grundlage zur Erstellung der didaktisch-curricularen Bildungsplanung und eines individuellen Bildungsplans der Teilnehmer. Sie bildet auch die Grundlage für die didaktische Planung und Erstellung von Arbeits- und Lernaufgaben sowie die inhaltliche Strukturierung von Kompetenzworkshops (s.u.).

Im nächsten Schritt erfolgt die Erstellung eines *Bildungsplans* und einer *Zielvereinbarung* mit den beteiligten Betrieben. Die Bildungspläne werden von der Lernagentur mit den Teilnehmern und den Unternehmen abgestimmt und in einer Qualifizierungsvereinbarung festgehalten. Der Bildungsplan beschreibt den Ablauf und die Inhalte des individuellen Lernens im Prozess der Arbeit. Er umfasst die Abfolge der zu dokumentierenden Arbeitsprozesse, betriebsinterne Präsentationen des Weiterbildungsteilnehmers und die Gestaltung der betrieblichen Rahmenbedingungen für eine erfolgreiche Bearbeitung des Qualifikationsprojektes. Parallel dazu wird von der Lernagentur mit didaktischer Unterstützung der wissenschaftlichen Begleitung die *Bildungsplanung* vorgenommen, d.h. es wird für die Lerngruppe sowie für jeden einzelnen Teilnehmer festgelegt, was wann, wo und mit welchen Methoden gelernt werden soll. Dazu gehört auch die Erstellung von Lernmaterialien, wie z.B. Arbeits- und Lernaufgaben bzw. umfassende betriebliche Projektaufgaben in Orientierung am APO-Konzept, die der Weiterbildungsteilnehmer an seinem Arbeitsplatz im Betrieb selbständig bearbeiten kann.

Die Durchführung der Qualifizierungsmaßnahmeerfolgt an unterschiedlichen Lernorten und in differenzierten strukturierten Lernformen. Grundsätzlich ist das dominante Prinzip das *Lernen am Arbeitsplatz* im Betrieb des Weiterbildungsteilnehmers. Hier lernt er auf der Basis seines Bildungsplanes weitgehend selbstorganisiert. Er bearbeitet und dokumentiert fortlaufend einzelne Arbeits- und Lernaufgaben oder auch umfassendere Projektaufgaben und wird dabei von seinem betrieblichen Fachberater begleitet und in regelmäßigen Abständen von einem Lernprozessbegleiter unterstützt. Die *Lernprozessbegleitung* hat reflektierende und beratende Funktion und soll so Selbsterkenntnis und Veränderungsprozesse ermöglichen. Im Verlauf der Qualifizierung besucht der Lernprozessbegleiter den Teilnehmer an ca. vier Tagen am Arbeitsplatz, um in Abstimmung mit dem fachlichen Ansprechpartner den Lernprozess zu optimieren. Dazu gehört auch die Thematisierung der lernförderlichen Gestaltung der jeweiligen Arbeitsumgebung. Darüber hinaus wird die Erstellung der individuellen Dokumentation begleitet, die Gegenstand der Zertifizierung sein wird.

Über den Lernort Arbeitsplatz hinaus erfolgt die berufliche Qualifizierung im Rahmen von *Kompetenzworkshops* in der Lernagentur. Dort findet über die Verbindung von Arbeiten und organisiertem Lernen die Aneignung all derjenigen Inhalte, Techniken und Methoden statt, die zwar im jeweiligen Spezialistenprofil vorgesehen sind, aber nicht im Unternehmen des Mitarbeiters vermittelt werden können. Diese Kompetenzworkshops dienen zum einen dem fachlichen Wissensaufbau und beziehen sich auf die Lernbereiche des Changemanagements, des Fault-, Performance- und Securitymanagements sowie auf die Datensicherung und die Organisation bzw. Beratung. Zum anderen wird dort entlang der Teilnehmerinteressen sowie der Anforderungen der Betriebe auch die Gelegenheit zu einer umfassenden Entwicklung der beruflichen Handlungskompetenzen geboten. In diesem Rahmen finden z.B. Workshops zu Präsentationstechniken, Projektmanagement u.ä. statt. Die dort zu vermittelnden Qualifizierungsinhalte sind im Bildungsplan fixiert worden und können im Verlauf der Qualifizierungsmaßnahmen konkretisiert werden.

Zwischen den Weiterbildungsteilnehmern und den beteiligten Unternehmen ist zudem eine intensive Zusammenarbeit in einem *Netzwerk* angestrebt. Dieses Bildungs- bzw. Qualifizierungsnetzwerk, das im Zuge des Projektes entstehen soll, ist seinerseits als eine Lernform zu verstehen und damit im Zuge der Konzeption des Qualifizierungskonzeptes ebenfalls lernorganisatorisch zu gestalten. Dabei sollen informelle und formelle Lernformen miteinander verbunden werden. Die Lernagentur stellt lernförderliche Bedingungen für das Netzwerk her und schafft damit konkrete Lernoptionen (z.B. durch die Bereitstellung einer Lernplattform, die Initiierung von Kommunikation in den Workshops, die Übernahme der Moderatorenrolle u.ä.). Neben dem informellen Austausch, der didaktisch-methodisch im Rahmen des Qualifizierungskonzepts unterstützt wird, soll im Zuge einer Rotation auch ein Arbeiten und Lernen in jeweils anderen Betrieben bzw. an den Arbeitsplätzen der anderen Teilnehmer des Netzwerkes stattfinden. Diese Erkundungen können für die gesamte Lerngruppe von der Lernagentur organisiert oder auch von einzelnen Weiterbildungsteilnehmern auf eigene Initiative durchgeführt werden. Der besondere Vorteil einer solchen Rotation besteht darin, dass sowohl profilprägende Kompetenzen als auch Zusammenhangswissen und Transferfähigkeit in verstärktem Maße erworben werden können. Langfristig ist angestrebt, dass das Netzwerk sich selbst steuern und ohne externe Moderation funktionieren soll.[75]

Der letzte Kompetenzworkshop ist ein *Prüfungs-Workshop* , der ebenfalls in der Lernagentur durchgeführt wird. Der Teilnehmer reicht die im Verlauf des Qualifizierungsprozesses von ihm erstellte Dokumentation einer bearbeiteten Arbeits- und Lernaufgabe oder Projektaufgabe vorab der Lernagentur ein. In dem Workshop präsentiert der Weiterbildungsteilnehmer seine Dokumentation. Gemeinsam mit der Gruppe und unter Moderation der Lernprozessbegleiter erfolgt eine Reflexion, es wird Feed-Back gegeben und der Teilnehmer wird so auf die spätere Zertifizierung vorbereitet.

Die Prüfung und *Zertifizierung* erfolgt bei einer der akkreditierten Zertifizierungsstellen. Im Mittelpunkt steht hier die Beurteilung der angefertigten Dokumentation und ein anschließendes Fachgespräch mit einem unabhängigen Prüfer. Im Verlaufe dieses Gespräches soll der Teilnehmer den Nachweis dafür erbringen, dass er alle im betreffenden Spezialistenprofil beschriebenen Arbeitsprozesse erfolgreich durchlaufen hat und beherrscht.

Organisation und Begleitung

Um den Kompetenzerwerb auf der Seite der Teilnehmer sowie die Entwicklung und Erprobung der neuen Lernformen in den Betrieben gewährleisten zu können, ist eine kontinuierliche Unterstützung der Lernprozesse durch Vorgesetzte, Fach-

75 Dieses Netzwerk lässt sich entlang der typologischen Studie zu Netzwerken, die Sydow u.a. (2003) vorgelegt haben, thematisieren. Im Kontext dieser Typisierung in einem dreidimensionalen Raum entspricht es der Ausprägung heterarchisch-stabil-explorativer Netzwerktypen (vgl. ebd. S. 96). Heterarisch ist das Netzwerk, weil es nicht von außen, d.h. durch die Lernagentur, gesteuert wird. Vielmehr sollen Rahmenbedingungen geschaffen werden, die eine weitgehende Selbstorganisation des Informations- und Kommunikationsflusses der Teilnehmer ermöglichen. Das Netzwerk ist stabil, weil es intentional auf Langfristigkeit und Nachhaltigkeit, auch über den Zeitraum des Projektverlaufs hinaus, angelegt ist. Das Netzwerk ist explorativ, weil es auf der Ebene der Teilnehmer auf die Generierung neuen Wissens zielt und es auch um die Entdeckung neuer Lernoptionen und -potenziale geht.

kollegen, interne und externe Experten sowie durch Lernprozessbegleiter notwendig. Es liegt nahe, dass KMU, wie in Kapitel zwei beschrieben wurde, auf Grund ihrer begrenzten Ressourcen diesen Prozess ohne Unterstützung kaum bewältigen können. Insofern werden von der Lernagentur und der wissenschaftlichen Begleitung arbeitsbezogene Lernformen gemeinsam entwickelt und durch personelle und mediale Unterstützungssysteme umgesetzt. Dies setzt eine Orientierung an strukturellen Voraussetzungen, d.h. an den Rahmenbedingungen in den Betrieben sowie an den Lernvoraussetzungen der Weiterbildungsteilnehmer voraus.

Die Organisation und Begleitung des Qualifizierungsverlaufs erfolgt auf vier Ebenen: Zum einen im Zuge der individuellen Begleitung durch zwei Lernprozessbegleiter, die mit dem Teilnehmer zunächst dessen Lernvoraussetzungen bzw. Qualifizierungsbedarf ermitteln, die Lernbedingungen in den Betrieben erheben, Lernzielvereinbarungen mit dem Teilnehmer abschließen und in regelmäßigen Abständen mit dem Lernenden Reflexionsgespräche am Arbeitsplatz führen. Zum zweiten durch die Fachberatung, d.h. die Aufbereitung von Arbeits- und Lernaufgaben sowie Unterstützung in inhaltlichen und formalen Fragen, wobei die Person des Fachberaters und die des Coaches auch identisch sein kann. In Gesprächen vor Ort in den Betrieben und im Rahmen der Qualifizierungsvereinbarung wird die Unterstützung eines Vorgesetzten im Betrieb des Teilnehmers, der die Freiräume für das Lernen am Arbeitsplatz schafft, sichergestellt. Die Weiterbildungsorganisationwird durch die Lernagentur geleistet: Sie ist Anbieter und verantwortlicher Träger der Weiterbildungsmaßnahme, schließt Qualifizierungsvereinbarungen mit den Unternehmen und den Teilnehmern, sichert den erfolgreichen Ablauf, koordiniert die betrieblichen, außer- und überbetrieblichen Lernphasen und -orte einschließlich des Qualifizierungsnetzwerks. Auf einer vierten Ebene wird die Qualitätssicherung im Zuge der wissenschaftlichen Begleitung durch die HSU-HH geleistet. Dazu gehört neben der pädagogischen Qualifizierung des Ausbildungspersonals durch ebenfalls arbeitsprozessorientierte Lernformen (z.B. Coaching und Supervision) auch die Entwicklung von Lernmaterialien (z.B. der Arbeits- und Lernaufgaben) sowie die Evaluation und kontinuierliche Verbesserung der beruflichen Qualifizierungsprozesse.[76]

Welche Erfolge letztlich mit dem hier präsentierten Projekt in der Praxis erzielt werden und inwieweit dieses Konzept einen inhaltlichen und regionalen Transfer zulässt, werden nicht zuletzt die Ergebnisse der wissenschaftlichen Begleitung zei-

76 Vor dem Hintergrund, dass in dieser Arbeit davon ausgegangen wird, dass einer theoriegeleiteten wissenschaftlichen Handlungs- und Begleitforschung bei der Implementierung moderner Weiterbildungsstrukturen eine unterstützende Rolle zukommt, wird die Forschungskonzeption des hier vorgestellten Projektes in Kapitel sechs gesondert thematisiert.

gen. Schon jetzt deutet sich allerdings an, dass es sich bei diesem Projekt vor allem auf Grund seiner konsequenten Arbeitsprozessorientierung um einen elementaren Beitrag zur Weiterentwicklung und zur Umsetzung des IT-Weiterbildungssystems handelt. Die Entwicklung und Erprobung der neuen Lernkonzepte sowie die sukzessive Begleitung der Transformation des Bildungsträgers zu einer Lernagentur - und damit verbunden der ehemals „klassischen" IT-Trainer zu Lernprozessbegleitern - lassen den Schluss zu, dass dieses Konzept zur Gestaltung innovativer Lernkulturen und moderner Weiterbildungsstrukturen nachhaltig beiträgt. Im nachfolgenden Kapitel werden die Potenziale und auch konkrete Probleme benannt, die im Zuge der Umsetzung der Konzeption des IT-Weiterbildungssystems zu erwarten sind.

5 Potenziale und Probleme der IT-Weiterbildung als System

Wie schon angedeutet wurde, zielten die bildungspolitischen Aktivitäten bezüglich der Umsetzung des IT-Weiterbildungssystems einschließlich der finanziellen Förderung bisher im Wesentlichen auf die *Konzeption* der Weiterbildungsstrukturen und ihre curriculare Grundlegung. Die eigentliche flächendeckende *Umsetzung* konnte bisher erst ansatzweise realisiert werden. Dies liegt zum einen darin begründet, dass die Umsetzung nicht in dem selben Maß wie die Konzeptionierung finanziell gefördert wird. Zum anderen wird insbesondere die Realisierung des arbeitsprozessorientierten Lernens in der betrieblichen Praxis dadurch erschwert, dass zwar mit dem APO-IT-Konzept in didaktisch-curricularer Perspektive relativ detaillierte Vorgaben bestehen, dass sich jedoch im Zuge der *konkreten* lernorganisatorischen und methodischen Umsetzung Defizite offenbaren, die u.a. in einer mangelnden theoretischen Grundlegung der Konzeption begründet sind.

Im folgenden wird auf der Basis der grundsätzlichen Überlegungen, die in Teil eins der Arbeit hinsichtlich der Systemprobleme von beruflicher und betrieblicher Weiterbildung präsentiert wurden, zunächst eine Einschätzung des IT-Weiterbildungssystems in organisatorisch-struktureller Hinsicht vorgenommen (5.1). Im Anschluss an die eher bildungspolitische Analyse werden in didaktisch-curricularer Sicht u.a. Perspektiven für die theoretische Weiterentwicklung des arbeitsprozessorientierten Lernens formuliert (5.2).

5.1 Bildungspolitische Bedeutung in organisatorisch-strukturellerPerspektive

Wie in Teil eins dieser Arbeit ausführlich gezeigt wurde, ist es eine bildungspolitische Grundsatzfrage, inwieweit ein Staat regulierend in die berufliche und betriebliche Bildung eingreift und ordnungspolitische Regelungen für den Bereich der Weiterbildung trifft. Dabei kommt den beteiligten Akteuren und ihren spezifischen Interessen eine besondere Rolle zu. Staatliche Regulierung einerseits und marktbezogene einzelbetriebliche Lösungen andererseits gelten im deutschen Konzept der Berufsbildung als zwei Elemente, die sich diametral gegenüberstehen und gerade in der Auseinandersetzung um die gesetzliche Regelung der Weiterbildung die politischen Grenzlinien gebildet haben. Bei den Regulierungen, die im IT-Weiterbildungssystem getroffen wurden, ist nun dagegen der Versuch unternommen worden, eine Balance zwischen Institutionalisierung einerseits und größtmöglicher Offenheit und Flexibilität andererseits herzustellen. Hier wurde die beruflich-betriebliche Weiterbildung zwischen Markt und Staat und unter Berücksichtigung der unterschiedlichen politischen Interessenlagen reguliert.

5.1.1 Regulierung als Ausdruck politischer Interessenlagen

Einer der ursprünglichen Anlässe zur Gestaltung von Weiterbildungsstrukturen war der massive Fachkräftemangel im IT-Sektor Ende der 1990er Jahre. Als sich nach dem wirtschaftlichen Einbruch der New-Economy die damals gestellten Prognosen im Hinblick auf die Fachkräfteentwicklung nach unten relativierten, hielten die politischen Akteure jedoch an dem Vorhaben fest, die Kompetenzentwicklung von Arbeitnehmern nicht nur in der Erstausbildung, sondern auch für den Bereich der Weiterbildung im Sinne der Ermöglichung von Aufstiegs- und Karrierewegen bundeseinheitlich zu strukturieren. Dies geschah unter der Annahme, dass die Qualifikationen der Mitarbeiter in der innovationsgeprägten IT-Branche ein wichtiger Wettbewerbsfaktor für die Beschäftigten, die Unternehmen sowie auch für den Standort Deutschland insgesamt sind. *Gemeinsames* Ziel aller beteiligten Partner war es - darüber konnte im Rahmen der Markierungspunkte Konsens erzielt werden - ein System zu entwickeln, das den Unternehmen neue Möglichkeiten der Personalentwicklung eröffnet, das flexibel auf die kurzen Innovationszyklen der IT-Branche reagieren kann, das den Absolventen einer betrieblichen Ausbildung sowie Seiteneinsteigern weiterführende Karrierechancen eröffnet und das zur Beseitigung des IT-Fachkräftemangels beiträgt (vgl. verdi 2002).

Im Vergleich zur beruflichen *Erst*ausbildung, wo der Staat durch die Gestaltung beruflicher Curricula, die verbindlich umgesetzt werden müssen, eine stark regulierende Funktion hat, hat sich der Staat im IT-*Weiter*bildungssystem mit inhaltlicher Einflussnahme auf der Ebene der Spezialistenprofile deutlich zurückgehalten. Dies wird z.B. auch daran deutlich, dass das BIBB an diesem Gestaltungsprozess, verglichen mit dem Entstehen von Aus- und Fortbildungsverordnungen, eher eine untergeordnete Rolle spielte: so wurde die Erarbeitung der Spezialistenprofile einschließlich der didaktischen Umsetzung nicht an das BIBB, sondern an das Fraunhofer-Institut ISST in Berlin delegiert. Obwohl eine direkte finanzielle Beteiligung durch Bund und Länder, vergleichbar der Neuordnungsverfahren von

Berufsbildern in der Erstausbildung, für die weitere Implemtierung nicht vorgesehen ist, ist festzustellen, dass der Staat sich hier - insbesondere in der ersten Umsetzungsphase - über Fördermaßnahmen und damit durch eine indirekte Finanzierung an der Umsetzung des IT-Weiterbildungssystems beteiligt.

Die beschriebene Zurückhaltung des Staates wird im Rahmen der Zertifizierung deutlich. Während auf der Ebene des Professionals die formalen Vorgaben und Regelungen des Berufsbildungsgesetzes greifen, sind die Prüfungsmodalitäten vor allem auf der mittleren Qualifikationsebene der Spezialistenprofile privatisiert worden und damit der staatlichen Kontrolle weitgehend entzogen. Für das mittlere Qualifikationsniveau - die eigentliche Zielgruppe *berufs*bildungspolitischer Maßnahmen - wurden, um Offenheit und Flexibilität zu gewährleisten, lediglich Empfehlungen ausgesprochen.

Mit seiner ordnungspolitischen Zurückhaltung befördert der Staat eine Privatisierung beruflicher Qualifizierungsprozesse. Dies lässt sich z.B. an der marginalen Beteiligung des Bundes und der Länder festmachen: Träger der Weiterbildungsmaßnahmen sind zunächst einmal nach wie vor die Betriebe, die ihre Mitarbeiter für eine Weiterbildungsmaßnahme freistellen, sowie die einzelnen Arbeitnehmer, die an dieser Maßnahme teilnehmen. Das impliziert, dass die Betriebe und die Arbeitnehmer im Wesentlichen auch die Finanzierung der Qualifizierung leisten werden und darüber hinaus die Lernorte bestimmen bzw. die Lernortkombinationen sowie die Lernzeiten individuell regeln. Je weniger Gestaltung auf der politischen Ebene seitens des Bundes und der Länder stattfindet, desto mehr wird also der Betrieb zum Raum sozialer und politischer Aushandlungsprozesse. In diesem Zusammenhang bleibt abzuwarten, ob sich hier neue Formen der Interessenkonstellation ergeben bzw. ob sich, auch angesichts des gesellschaftlichen Trends von Entgrenzung und Subjektivierung der Arbeit, neue Formen der Interessenorganisation bzw. der Vergemeinschaftung verzeichnen lassen.[77]

Jenseits der staatlichen Aktivitäten ist darüber hinaus festzustellen, dass auch die Akteure bei ihrer Mitwirkung an der Gestaltung des IT-Weiterbildungssystems naheliegenderweise jeweils eigene Interessen verfolgten. Während sich das Interesse der Arbeitgebervertreter eher in die Richtung der Entwicklung verlässlicher und erwartbarer Qualifikationsprofile richtete, um so die Flexibilitäts-, Innovations- und Wettbewerbsfähigkeit der Unternehmen zu sichern, ging es den beteiligten

77 für den IT-Sektor deutet sich an, dass der veränderte Regulationsmodus der Arbeit auch neue Mitbestimmungsstrukturen hervorbringt und dass gerade das interessengeleitete Handeln der Beschäftigten im IT-Sektor wiederum neue Herausforderungen an die Gestaltung der Arbeitsbeziehungen stellt (vgl. Boes/Baukrowitz 2002).

Gewerkschaften auch darum, in einer „gewerkschafts- und mitbestimmungsfreien Zone" (Benner 2001, S. 711) an Einfluss zu gewinnen. Dass das hohe Engagement der Gewerkschaften in diesem Zusammenhang auch als eine strategische Maßnahme zu werten ist, die deren eigene Professionalisierung vorantreiben sollte, legt die Selbsterklärung der Gewerkschaften nahe, als Motor einer progressiven Bildungspolitik fungieren zu wollen (ebd., S. 715).[78]

Da Bildungspolitik in Deutschland traditionell ein Feld ist, in dem die Gewerkschaften stark mitbestimmungsberechtigt sind, ist es insofern naheliegend, dass auch bei der Einführung des IT-Weiterbildungssystems den Gewerkschaften, hier vor allem der IG Metall, eine konstitutive Rolle zukommt. Während die Gewerkschaften eine konsequente Umsetzung des IT-Weiterbildungssystems einschließlich seiner didaktisch-curricularen Orientierung nach APO-IT verfolgen und auch der Wirtschaftsverband der IT- und Elektroindustrie (BITKOM) die Umsetzung des Systems maßgeblich vorantreibt - wobei er eine enge Kooperation mit Arbeitnehmerverbänden eingeht[79] - halten sich die Kammern in diesem Prozess deutlich zurück. Dies wird u.a. daran deutlich, dass die Industrie und Handelskammern (IHK) auch nach dem Inkrafttreten der Weiterbildungsverordnung noch lehrgangs- und seminarorientierte Weiterbildungen anbieten, deren Inhalte gegenüber den von APO-IT ausdifferenzierten Spezialistenprofilen deutlich reduziert sind, und dafür auch nach wie vor eigene Abschlusszertifikate vergeben.[80] Die Gewerkschaften kritisieren am Vorgehen der Kammern, dass diese Zertifikate nicht den vereinbarten Qualitätsstandards entsprechen und dass damit das gesamte IT-Weiterbildungssystem untergraben werde. Sie erheben in diesem Zusammenhang öffentlich den Vorwurf des „Titelschwindels":

> *„Geradezu ein Hammer ist die Tatsache, dass die Kammerorganisationen derzeit versuchen, das IT-Weiterbildungssystem dadurch zu unterlaufen, dass sie die neuen Berufsbezeichnungen abkupfern, sie aber mit anderen Methoden und Inhalten unterlegen, um eigene Lehrgänge mit gleichlautenden Titeln an ahnungslose Arbeitnehmerinnen und Arbeitnehmer zu verkaufen." (Ehrke/Hesse 2002, S. 7)*

---

78 Dies gilt insbesondere vor dem Hintergrund, dass die IT-Branche der Bereich ist, in dem die Subjektivierung von Arbeit (vgl. Moldaschl/Voss 2002) am weitesten fortgeschritten ist. Die Probleme, die sich in diesem Zusammenhang ergeben und die zum Teil zur Selbstausbeutung einzelner Arbeitnehmer führen, werden im Umfeld der IG Metall seit mehreren Jahren thematisiert (vgl. Glissmann 2002; Schmidt 2000).

79 vgl. dazu die Aktivitäten von KIBNET.

80 Insofern bestätigt sich damit die Einschätzung von Wegge (1996), die in einer Fußnote darauf hinweist, dass „Kammern nicht zuletzt ihre eigenen Interessen vertreten" und daher „einer von organisationspolitischen Überlegungen gesteuerten Eigendynamik" unterliegen (ebd., S. 193).

Die IHK hingegen argumentiert gegenüber diesem Vorwurf damit, dass es sich bei den angebotenen Seminaren einschließlich der Zertifizierung keineswegs um ein Konkurrenzprodukt zu den IT-Spezialistenprofilen des IT-Weiterbildungssystems handele, sondern dieses Vorgehen den Vereinbarungen sogar entspreche.[81] Sie wenden sich gegen die Umsetzung des APO-IT-Konzeptes und weisen - im übrigen zu recht - darauf hin, dass sowohl in der Fortbildungsverordnung als auch in der Vereinbarung über die Spezialistenprofile APO-IT als *eine* mögliche Form der Qualifizierung benannt wurde. Die Kammern befürworten in dieser Argumentation die grundsätzliche Anwendung des Prinzips der Arbeitsprozessorientierung, wobei sie allerdings feststellen, dass der klassische Lehrgang dem nicht entgegenstehe, sondern dieses Prinzip absichere und unterstütze. Mit dem Verweis auf eine „Öffnungsklausel" im normativen Dokument des Sektorkomitees reklamieren sie, dass dieses Verfahren auch in den Beratungen inhaltlich und methodisch eingeflossen sei.

Zusammenfassend ist im Hinblick auf die politische Gestaltung des IT-Weiterbildungssystems festzustellen, dass seitens der Sozialpartner eine gemeinsame Unterstützungsleistung im Hinblick auf die Konzeptionierung und Umsetzung erfolgt ist. Die Ordnungsarbeit und die Zusammenarbeit zwischen dem Staat und den Sozialpartnern erfolgte auf der Grundlage des *Konsensprinzips*, das als konstitutives Element der deutschen Berufsbildungspraxis gilt (Sauter 2002, S. 6). Diese auch in gewerkschaftlicher Literatur vermittelte Sicht (vgl. verdi 2002) darf jedoch nicht darüber hinwegtäuschen, dass gerade in dem traditionell hoch interessegeleiteten Bereich der Berufsbildungspolitik die Divergenz zwischen staatlichen, ökonomischen und gewerkschaftlichen Interessenlagen bestehen bleibt und auch zukünftig zu bearbeiten sein wird. Dies trifft auf das IT-Weiterbildungssystem in besonderem Maße zu, weil das System eben nicht „durchgeregelt" ist und noch viele Aspekte zur weiteren Gestaltung anstehen. Erst in diesem Prozess wird sich auch zeigen, ob die divergierenden Interessen der einzelnen Gruppen langfristig zu vermitteln sind.

5.1.2 IT-Weiterbildung als System?

Als Ergebnis bildungspolitischer Auseinandersetzungen wurden mit dem IT-Weiterbildungssystem Strukturen geschaffen, denen auf Grund der engen Verknüpfung von Aus- und Weiterbildung eine systemische Verfasstheit zugesprochen werden kann, wie sie für den Bereich der Weiterbildung bisher nicht vorlag (vgl. Kapitel eins). Auf der Ebene des Berufsbildungssystems stellt sich jedoch die Frage,

81 vgl. dazu unveröffentlichte Materialien aus der Sitzung des APO-Lenkungsausschusses vom 2.12.02.

inwieweit die Regelungen tatsächlich als *systemisch* gelten können, d.h. ob und inwieweit es berechtigt ist, von einem „System" zu sprechen, welches - ähnlich wie das Duale System der Erstausbildung - als Subsystem des Bildungssystems gelten kann.

Die Funktionsweise des Weiterbildungsbereichs orientierte sich im IT-Sektor bisher entweder an individuellen Interessen und damit an der einzelbetrieblichen Logik der Produktions- und Arbeitsorganisation oder an arbeitsmarktpolitischen Erfordernissen. Für die *nicht*-systemische Verfasstheit von Weiterbildung sprach vor allem die fehlende Abgrenzung zu anderen Systemen und der daraus resultierende Mangel an Eigenlogik und Selbstbezüglichkeit. Die für das IT-Weiterbildungssystem verbindlichen Institutionalisierungen über Rechtsverordnungen und ihre Einbettung in die flankierenden Regelungen, die mit den Markierungspunkten vorliegen und die in den Spezialistenprofilen ihre Entsprechung finden, deuten einen systemischen Charakter als ein eigenständiges Weiterbildungssystem an. Die wesentlichen Merkmale der relativen Abgeschlossenheit, der Selbstbezüglichkeit der internen Strukturen und Verarbeitungsmechanismen und damit einer Selbständigkeit als System liegen hier vor.

Damit kommen auch wesentliche Vorteile, die eine Institutionalisierung von beruflicher Aus- und Weiterbildung bietet, zum Tragen: es wurde damit eine weitgehende Unabhängigkeit von betrieblichen Einzelinteressen erzielt, und die Berufsstatt Betriebsbindung sichert sowohl die Mobilitätsoption für die Arbeitnehmer als auch die Flexibilitätsfunktion für die Arbeitgeber. Mit der Ausdifferenzierung in Berufsprofile liegt ein arbeitsmarktbezogener Tauschwert vor und die weitgehend standardisierten Wissensformen können als Stabilisator hinsichtlich der wechselseitigen Qualifikations- und Qualifizierungserwartung gelten. Die von Georg (1998) geforderte Integration der Weiterbildung in das öffentliche Bildungssystem, d.h. die Verberuflichung von Weiterbildung im Sinne einer Formalisierung überbetrieblich normierter Qualifikationsinhalte, Prüfungen und Zertifikate scheint somit erstmals für die Weiterbildung im IT-Sektor geleistet. Im Vergleich zum System der Berufsausbildung ist der Institutionalisierungsgrad zwar geringer, gemessen am gesamten Bereich der Weiterbildung kann jedoch ein relativ hoher Institutionalisierungsgrad verzeichnet werden. Die noch Mitte der 1990er Jahre vertretene These,

> *„daß die Auflösung der klassischen industriellen Arbeits- und Unternehmensstrukturen eine seit den 70er Jahren angestrebte Systematisierung beruflicher Weiterbildung im Bildungssystem und Ordnung von Fortbildungsberufen nach dem Berufsbildungsgesetz weiter an den Rand drängen wird" (Zimmer 1996, S. 37)*

ist damit zumindest für den IT-Sektor - wenn auch möglicherweise nur vorübergehend - nicht haltbar.
Insofern kann festgestellt werden, dass damit die historischen Linien der Berufsbildungspolitik in Deutschland fortgesetzt wurden und im Sinne der Entwicklung einer „Oberstufe des Dualen Systems" (Kath 2000, S. 91; Häcker 2002) realisiert wurden. Damit kann für den IT-Sektor auch der Sackgassencharakter, der am Dualen System vielfach kritisiert wurde (Greinert 1995), als aufgehoben gelten. Diese Entwicklung wurde noch Anfang der 1990er als utopisch angesehen. Nicht konsequent übernommen wurde dagegen das bewährte Prinzip der Dualität von Trägerschaft und Finanzierung, das sich als konstitutiv für den Bereich der beruflichen Erstausbildung bewährt hat. [82] Um die Struktur der IT-Weiterbildung als *System* weiter auszubauen, bedarf es allerdings in wesentlichen Punkten noch der Nachbesserung und vor allem - wie in Kapitel eins gezeigt wurde - der Koppelung mit anderen politischen Handlungssystemen. So ist bisher z.B. nicht sichergestellt, dass mit dem Abschluss eines Profils des IT-Weiterbildungssystems auch zugleich eine veränderte Entlohnung verbunden ist. Insofern müsste eine Einbindung in tarifliche Strukturen noch erfolgen. Zu berücksichtigen ist in diesem Zusammenhang auch, dass das Berufsbildungssystem wesentlich zur Strukturierung des Arbeitsmarktes beiträgt. Durch die Zugangsregelungen, die im Fall des IT-Weiterbildungssystems erlassen wurden, d.h. die Weiterbildungsoption für Absolventen der Erstausbildung einerseits und die Zertifizierungs- bzw. Prüfungsoption der Quereinsteiger andererseits, kann mit den IT-Spezialisten im IT-Sektor ein *Fachkräfte-Mittelbau* überhaupt erst entstehen. [83]

5.1.3 Moderne Strukturelemente der IT-Weiterbildung

Hervorzuheben ist, dass im Zuge der Regelung des IT-Weiterbildungssystems weitgehend am Berufsprinzip festgehalten wurde. Mit der Implementierung eines IT-Weiterbildungssystems kann damit für Deutschland die „Verberuflichung" des IT- Sektors konstatiert werden. Vor dem Hintergrund, dass dem *traditionellen* Berufskonzept vielfach die Eignung abgesprochen wird, auch moderne Formen der Arbeit angemessen zu organisieren, wird hier im folgenden das IT-Weiterbildungssystem unter dem Aspekt der Modernisierung betrachtet, da der Modernitätsgehalt des IT-Weiterbildungssystems entscheidend mit dafür verantwortlich

82 Gemeint ist hier die geteilte Verantwortung sowohl zwischen dem Bund und den Ländern als auch zwischen den Schulen und den Betrieben.

83 Bisher rekrutierten die Unternehmen ihre Fachkräfte fast ausschließlich auf der Ebene von Hochschulabsolventen aus akademisch vorgebildeten Quereinsteigern (vgl. Benner 2001, S. 713 sowie Heyse 2002, S. 78), die dann als hochqualifizierte „Ungelernte" in den Betrieben tätig waren.

sein wird, welche Impulse daraus auch auf andere Bereiche der Beruflichen Bildung einwirken. Das neue IT- Weiterbildungssystem wird derzeit, als ein Beispiel für eine gelungene Modernisierung der Berufsbildung in Deutschland diskutiert, das auch weltweit einzigartig ist:[84] „Ein derart umfassender Entwurf beruflicher Weiterbildung für den IT-Arbeitsmarkt zwischen Berufsausbildung und Hochschule ist weder aus anderen Ländern der EU noch aus den USA bekannt" (Borch u. a. 2003, S. 45). Bosch (2002) bezeichnet das IT-Weiterbildungssystem sogar als „eines der aufregendsten Sozialexperimente auf dem Arbeitsmarkt" (ebd., S. 696).

Die politischen Akteure gehen davon aus, dass dieses Modell auch auf andere Bereiche der Berufsbildung zu übertragen ist. Insbesondere seitens des BMBF wird diese Auffassung vertreten:

> *„Die IT-Weiterbildung ist keine vorübergehende Modeerscheinung, sondern der integrale Bestandteil für den Wandel des Arbeitsmarktes hin zu IT-bezogenen Berufen. Mit dem IT-Weiterbildungssystem [...] wurde ein Modell geschaffen, das für andere Berufszweige vorbildlich ist. Das Weiterbildungssystem hat für unsere berufliche Ausbildung und damit eine Bedeutung weit über die IT-Branche hinaus." (vgl. Lukas als Vertreter des BMBF im Vorwort zu Mattauch/Caumanns 2003, S. 10)*

Als bildungspolitisch innovative und moderne Kennzeichen für das neue System können im Einzelnen die folgenden Punkte gelten:

- das Lernen im Prozess der Arbeit und damit die Anerkennung informeller Lernprozesse und des Erfahrungslernens für berufliche Qualifizierungsprozesse,
- die Möglichkeit zur betrieblichen Personalentwicklung durch den Aufbau von Entwicklungs- und Aufstiegswegen innerhalb von Unternehmen sowie auf dem IT-Arbeitsmarkt,
- die Transparenz und Einheitlichkeit der Abschlüsse und der Zertifizierung innerhalb einer Branche,

84 Zu fragen wäre allerdings auch, wie die Beschäftigten im IT-Sektor bisher ohne die formale berufsförmige Organisation offensichtlich erfolgreich gelernt haben. In internationaler Perspektive ist unter diesem Aspekt zu prüfen, wie andere Länder die Qualifizierungsprozesse im IT-Bereich organisiert haben, wobei für den europäischen Raum hier schon erste Arbeiten vorliegen (vgl. Hernaut 2003). Die Umsetzung der neuen Organisations- und Lernformen im IT-Weiterbildungssystem wird von der Akzeptanz des Systems bei den Unternehmen wie bei den Beschäftigten abhängen und seine Realisierbarkeit ist an der internationalen Anschlussfähigkeit an bisher vergebene Herstellerzertifikate durch Softwarehersteller zu messen.

- die Schaffung international anschlussfähiger Bildungswege durch die Leistungspunktbewertung und die Anerkennung beruflicher Abschlüsse für die Zulassung zum Hochschulstudium und
- die Herstellung international anerkannter Qualifikationsstandards, die eine vorrangig betriebsspezifische bzw. herstellergebundene Weiterbildung ersetzen sollen.

Ob diese Organisationsform beruflicher Qualifizierung gegenüber der traditionellen Berufsform tatsächlich als *modern* gelten kann, ist im folgenden zu prüfen. Als Prozess kennzeichnet das Phänomen der Modernisierung die Loslösung von Traditionsbeständen. Dieser Prozess wird auch in der Berufsbildungsforschung in Bezug auf das Berufskonzept thematisiert und es wird die Erosion einzelner Funktionselemente von Beruflichkeit verzeichnet. Dabei wird jedoch kaum zur Kenntnis genommen, dass sich in der Realität beruflich-betrieblicher Weiterbildung bereits Strukturelemente von Modernität andeuten, die die traditionellen Elemente zum Teil ablösen ohne aber das Konstrukt der Beruflichkeit selbst aufzulösen (vgl. Meyer 2000). Gerade am Beispiel des IT-Weiterbildungssystems lässt sich zeigen, dass auch moderne Formen der Arbeit und auch die darauf bezogenen Weiterbildungsstrukturen und -prozesse durchaus *beruflich* zu organisieren sind.

Georg (1996) hat darauf hingewiesen, dass Berufsausbildung bisher paradoxerweise mit dem Rückgriff auf ein *traditionelles* Konstrukt wie den „Beruf" seinen modernen Charakter gesichert hat (ebd., S. 180). Legt man den industriellen Facharbeiterberuf, der sich in seiner historischen Entwicklung im Wesentlichen entlang handwerklicher Traditionsbestände entwickelt und sich als „Prototyp" der deutschen Beruflichkeit legitimiert hat (vgl. Greinert 1995), als traditionelle Berufsform zugrunde, so sind u.a. die folgenden Merkmale kennzeichnend für die *traditionelle* Berufsform (vgl. Manz 1998; Meyer 2000): eine hohe Institutionalisierungsdichte, die Dominanz des Fachprinzips, definierte Lernorte, eine hohe (gewünschte) Konstanz als Lebensberuf, ein hohes Maß an Fremdorganisation und Regulation (durch den Staat und sog. übergeordnete Stellen) sowie eine Begrenzung der Aufstiegs- und Einkommensoptionen. [85] Zu fragen ist nun, ob im Vergleich zu dieser traditionellen Berufsform die neuen Spezialistenprofile, die im Rahmen des IT- Weiterbildungssystems entwickelt wurden, als modern gelten können und ob damit auch traditionelle Begrenzungen des deutschen Berufskonzeptes tatsächlich aufgehoben werden. Wenn dies der Fall ist, kann davon ausge-

85 Diese Begrenzung, die sich u.a. in der Zuordnung von Berufsabschlüssen zu bestimmten Tarifgruppen festmachen lässt, bedeutet zugleich die Abschottung der Berufsgruppe gegen Konkurrenz von „unten" bzw. von außen.

gangen werden, dass sich unter dem Modernisierungsaspekt Impulse für andere Bereiche der beruflichen Bildung ergeben. Entlang der Merkmale der *traditionellen* Berufsform werden im Folgenden diejenigen Strukturelemente, die sich im Hinblick auf das IT-Weiterbildungssystem als Kennzeichen einer *modernen* Beruflichkeit andeuten, genauer betrachtet:

Wie in Kapitel vier beschrieben wurde, ist trotz der vorgenommenen Regulierungen im Vergleich zur Organisation in der *Erst*ausbildung bei diesem System ein eher geringerer Institutionalisierungsgrad festzustellen, da von den insgesamt 35 Berufsprofilen nur sechs Berufe auf einem gehobenen Qualifikationsniveau in verbindlichen Rechtsverordnungen festgeschrieben wurden.[86] Auf der mittleren Qualifikationsebene, den Spezialistenprofilen, bestehen bisher nur erste Ansätze zu verbindlichen Regelungen hinsichtlich der Qualifikationsinhalte, der Form der Ausbildung, der Gratifikations- und Sozialleistungen. Diese *strukturelle* Offenheit ist intendiert, um der hohen Innovationsdynamik in der Branche gerecht zu werden. Insofern können hier eine hohe *Flexibilität* und *Veränderungsfähigkeit* auf Grund geringer zeitlicher Konstanz als Merkmale für Modernität konstatiert werden (vgl. auch Sauter 2002).

Moderne Elemente, die zum Teil in der praktischen Umsetzung schon vollzogen wurden, deuten sich auch bezogen auf neue Formen der Lernortkooperation an: Gegenüber der traditionellen Berufsform entgrenzt sich das berufliche Lernen aus den Lernorten Schule und Betrieb, es ist also eine *Dekontextualisierung* und *Entgrenzung* aus den traditionellen Lernorten zu verzeichnen. Es entstehen auf formaler Ebene neue Lernortkonstellationen und -kooperationen in Verbünden und Netzwerken (vgl. Dehnbostel 2002; vgl. Ehrke/Rohs/Einhaus 2003). Auf der regionalen Ebene müssen allerdings - flankiert durch bildungspolitische und finanzielle Maßnahmen - die strukturellen Voraussetzungen für die Umsetzung der konkreten Weiterbildungsaktivitäten erst noch geschaffen werden. Um die Umsetzung zu realisieren ist zum Beispiel vorstellbar, in Zusammenarbeit mit Bildungsträgern aus dem IT-Bereich regionale Lernagenturen (vgl. Scholz 2002) zu formieren, wie sie für den Bereich der beruflichen Erstausbildung bereits bestehen.[87] Zu erwarten ist, dass vor allem bei der Umsetzung des IT-Weiterbildungssystems für den Bereich der kleinen und mittleren Unternehmen den privaten Bildungsträgern eine spezifische Rolle zukommen wird, da die KMU auf die pädagogische Unter-

86 Mit Blick auf die IT-Spezialisten ist festzustellen, dass zwischen den Ausbildungs- und den Fortbildungsberufen einerseits in organisatorisch-struktureller Perspektive ein Institutionalisierungsdefizit besteht. Andererseits ist mit dem APO-Konzept auf der didaktisch-methodischen Ebene eine bildungspolitisch nicht nachvollziehbare Überregulierung zu verzeichnen. Auf die Probleme, die sich daraus ergeben, wird im Kapitel 5.2 näher eingegangen.

stützung und die Kooperation in netzwerkförmigen Strukturen angewiesen sind. Für Bildungsträger eröffnen sich mit der Umsetzung des IT-Weiterbildungssystems einerseits Möglichkeiten zur Erschließung neuer Geschäftsfelder und damit auch Umsatzpotenziale. Andererseits stehen sie vor der schwierigen Aufgabe, ohne konkrete betriebliche Praxisbezüge Konzepte des Lernens im Prozess der Arbeit umzusetzen. Es steht zu befürchten, dass hier das in der Weiterbildung traditionell prägende Lehrgangsprinzip weiterhin zur Geltung kommen wird (vgl. dazu ausführlicher Kapitel 5.2).

Das berufliche Lernen entgrenzt sich jedoch nicht nur in neue, formal zu definierende Lernorte, es entgrenzt sich auch in außerberufliche und private Bereiche und ist damit einer formalen Organisation und Kontrolle weitgehend entzogen. Im arbeitsorientierten Lernprozess sind *Individualisierung* und *Selbstorganisation* wesentliche Merkmale (Rohs 2002). Dies gilt insgesamt sowohl hinsichtlich der hohen Bedeutung, die persönlichkeitsbezogenen Kompetenzen beigemessen wird, als auch bezogen auf den Prozess des Qualifikationserwerbs durch die Bearbeitung jeweils individueller betrieblicher Qualifizierungsprojekte. Informelle Lernprozesse und das Erfahrungslernen, die als individualisierte Lernformen gelten können, sind - wie bereits gezeigt wurde - konstitutiv für das Lernen in der IT-Branche und auch empirisch nachzuweisen. Zudem unterliegt auch die Finanzierung der Weiterbildungsmaßnahmen und die Interessenorganisation der potenziellen Teilnehmer in hohem Maß der individuellen Gestaltung und Verantwortung. Darüber hinaus sind nicht zuletzt moderne Elemente wie *Virtualisierung* und *Informatisierung* kennzeichnend für das berufliche Lernen im IT-Weiterbildungssystem (vgl. Weber, H. 2003).

Am Beispiel des IT-Weiterbildungssystem ist auch festzustellen, dass die traditionelle Begrenzung beruflicher Chancen hinsichtlich Position und Einkommenserwartung zunehmend obsolet wird. Ein Kennzeichen des deutschen Berufsbildungssystems war bisher, dass sich hier die Differenzierung unterschiedlicher Arbeitssegmente fortgeschrieben und verfestigt hat. Die schroffe Grenze verlief dabei vor allem „zwischen Ungelernten- und dem (berufs-)fachlichen Segment ebenso wie zwischen diesem und dem der hochqualifizierten oder professionalisierten Angestelltentätigkeiten (mit Hoch- bzw. Fachhochschulabschluss als Voraussetzung)." (Baethge 1992, S. 317). Mobilitätsprozesse zwischen diesen Segmenten waren eher als Ausnahme zu konstatieren. Bei der Gestaltung des IT-

87 Als Beispiel können z.B. die „Lernortverbünde zur Förderung der Ausbildung in den neuen IT- und Medienberufen" (Love-IT) gelten. In Niedersachsen wurde so der Aufbau von über 13 Lernortverbünden mit der Einrichtung regionaler Regiestellen, denen eine beratende und koordinierende Aufgabe zukommt, realisiert (vgl. Benner 2001, S. 714). Für die IT-Weiterbildung wurde das Projekt als „Love-IT-Plus" fortgesetzt.

Weiterbildungssystems wurde erstmals explizit das Leitbild einer „Diagonalen Karriere im Beruf" verfolgt (vgl. Borch u.a. 2003). Aufbauend auf der Berufsausbildung soll dieses System eine Verbindung von „horizontaler Kompetenzentwicklung" und beruflichem Aufstieg ermöglichen. Die *Durchlässigkeit* des IT-Weiterbildungssystems und die damit verbundene Option zum Seiteneinstieg steht für eine geringe Begrenzung und mit der Entwicklung neuer beruflicher Bildungswege verbinden sich *Aufstiegs- und Karriereoptionen* (vgl. Dehnbostel 2003a u. 1998a).

Eine *Aufhebung traditioneller Begrenzungen*, wie sie im Berufskonzept angelegt sind, ergibt sich auch aus dem hohen Maß an Selbstgestaltung, denn mit der weitgehend eigenverantwortlichen Steuerung und Gestaltung von Arbeits- und Qualifizierungsprozessen verbindet sich für den Einzelnen auch ein höheres Maß an *Autonomie*. Für den einzelnen Arbeitnehmer eröffnen sich durch das IT-Weiterbildungssystem damit einerseits Perspektiven, es sind aber andererseits auch Konflikte zu erwarten, deren Bearbeitung eine Herausforderung für die Berufsbildungs- und die Arbeitsmarktpolitik darstellen. Dies gilt z.B. für den Aspekt der Chancengleichheit. Angesichts der aktuellen Entwicklungen im Rahmen der Reorganisation der nach dem SGB III geförderten Maßnahmen steht zu befürchten, dass das IT-Weiterbildungssystem eher ein „Luxusmodell" werden könnte, das sowohl Arbeitslose als auch Frauen auf Grund der schon jetzt geringen Beschäftigungsquote aus der Weiterbildung ausschließt. Zu fragen ist also, ob in bezug auf die Weiterbildungsbeteiligung soziale Chancengleichheit hergestellt werden kann (s.u. 5.1.4).

In diesem Zusammenhang ist hier kritisch zu bedenken, dass die Idee der Ermöglichung von individuellen beruflichen Entwicklungs- und Karrierewegen einer adäquaten Ausdifferenzierung und ständigen *Anpassung der Berufsprofile* und der Umsetzungsvoraussetzungen bedarf. Auch diesbezüglich sind flankierende bildungspolitische Maßnahmen erforderlich, um zu verhindern, dass die bisherigen Ausschlussfaktoren vom Arbeitsmarkt reproduziert werden. Als ungeklärt für die konkrete Umsetzung der angestrebten hohen Durchlässigkeit des Systems erweist sich zurzeit jedoch noch die Anerkennung beruflich erworbener Kompetenzen für hochschulische Bildungswege über das Credit-Point-System. Es handelt sich dabei um einen bedeutenden Modernisierungsaspekt des Konzeptes der IT-Weiterbildung. Hier liegen Vorschläge zur Realisierung bereits vor (vgl. Mucke/Grunwald 2003), die Umsetzung - insbesondere mit den zuständigen Gremien der Hochschulen - steht jedoch noch aus. Die Frage nach der tatsächlichen Verknüpfung von beruflich erworbenen Kompetenzen mit hochschulisch erworbenen Kompetenzen erfordert eine bildungspolitische Diskussion, die auch das Verhältnis und die jeweilige Wertigkeit beruflicher und allgemeiner Bildung in Deutschland neu definiert. Traditionell besteht in Deutschland eine geradezu dogmatische bildungspolitische Ausdifferenzierung, die zu einem Dualismus geführt hat, der sich in der Trennung von allgemeiner und beruflicher Bildungspolitik ausdrückt. Unter modernen gesellschaftlichen Bedingungen ist die Schneidung dieser Subsysteme jedoch zu überdenken. Reale Entwicklungen außerhalb des IT-Weiterbildungssystems, dass z.B. Berufsakademien einen allgemein und international anerkannten Abschluss wie den Bachelor verleihen, deuten eine Annäherung des hochschulpolitischen und des berufsbildungspolitischen Systems an. In der sozialen Wirklichkeit hat sich die von Greinert (1995) geforderte „Universalisierung dualer Ausbildungsformen" (S. 170) beruflichen und allgemeinen Lernens, d.h. die Ausdehnung der dualen Struktur des Berufsbildungssystems auch auf die akademische Ausbildung, in vielen Bereichen schon vollzogen. Auch die Verschränkung von öffentlichem und privatem Lernen an Hochschulen und in Betrieben findet in der Realität längst ihre Entsprechung. Es ist zukünftig davon auszugehen, dass es nicht mehr um eine Ausdifferenzierung *allgemeiner* und *beruflicher* Bildungsprozesse gehen wird, sondern dass sich stattdessen unterschiedliche Systeme der Berufsausbildung auf verschiedenen Qualifikationsebenen gleichberechtigt nebeneinander stehen und dass diese Systeme in Konkurrenz zueinander treten. Festzuhalten ist in diesem Zusammenhang insofern auch, dass eine Polarisierung zwischen Berufsbildungspolitik und Hochschulpolitik nicht mehr zu rechtfertigen ist (vgl. Teichler 1997). Auf diese Situation müsste aus bildungspolitischer Sicht reagiert werden. Auch die Berufsbildungsforschung ist in diesem Rahmen gefordert, die hier beschriebenen Entwicklungen und die Defizite kritisch zu thematisieren, systematisch zu analysieren und auf der Basis theoretischer Erkenntnisse zu einer Lösung der bestehenden und der neu entstehenden Probleme beizutragen.

5.1.4 Arbeitsmarkt- und strukturpolitische Relevanz

Nicht zuletzt ist dem IT-Weiterbildungssystem auch eine hohe arbeitsmarkt- und strukturpolitische Relevanz zuzusprechen. Trotz eines Rückgangs an Arbeitsplätzen im IT-Sektor insgesamt werden auf dem Arbeitsmarkt IT-Fachleute immer noch nachgefragt. Es ist davon auszugehen, dass der Fachkräftemangel durch den ökonomischen Abschwung der New Economy nicht beseitigt ist, sondern dass er sich voraussichtlich durch die demographische Entwicklung und die zunehmende Technologisierung und Ausweitung des Dienstleistungssektors eher noch verstärken wird. Nicht nur die Ausbildung, sondern auch die Weiterbildung der IT-Fachkräfte muss deshalb ein zentrales Ziel für regionale Entwicklungs- und Strukturprojekte sein, um das bestehende Potenzial an Fachkräften zu erhalten, weiterzuentwickeln und somit zur Stärkung des Wirtschaftsstandorts Deutschland beizutragen.

Beschäftigungspolitische Relevanz erhält das IT-Weiterbildungssystem u.a. dadurch, dass zum einen professionell arbeitende Fachkräfte im IT-Sektor, die in der Regel keine formale Ausbildung für ihre Tätigkeit absolviert haben, durch Maßnahmen der Anpassungs- und der Aufstiegsqualifizierung im Beschäftigungssystem gehalten werden können. Zum anderen kann über diesen Weg auch eine Integration Arbeitssuchender in den Dienstleistungssektor erfolgen bzw. der Beschäftigungsübergang in den Arbeitsmarkt ermöglicht werden. Zu fragen ist in diesem Zusammenhang jedoch, wie Seiten- und Quereinsteigern, die zurzeit nicht erwerbstätig und damit auch nicht in Arbeitsprozesse eingebunden sind, das *arbeitsprozessorientierte* Lernen in dem IT-Weiterbildungssystem ermöglicht werden soll.[88] Die Zugangs- und Finanzierungsmodalitäten z.B. mit der Förderung durch die Bundesanstalt für Arbeit sind zwar gesetzlich geregelt worden, allerdings gestaltet sich die praktische Umsetzung auf Grund der Bestimmungen im Rahmen der SGB III-Förderung als problematisch. Diese besagen, dass im Rahmen der Arbeitsamtsförderung ein Teil (mindestens 25 %) der für die Zertifizierung notwendigen Qualifizierungsprozesse in einem Spezialistenprofil *betrieblich* durchgeführt werden soll. Der geförderte Teilnehmer muss dafür mindestens drei Monate im betrieblichen Umfeld tätig sein. Wenn diese betriebliche Praktikumszeit nicht zur Bearbeitung des Qualifizierungsprojektes ausreicht, muss der Erwerbslose ohne weitere Förderung die Zertifizierung realisieren (vgl. Mattauch/Birke 2004).

Grundsätzlich bestehen im Rahmen der Integration von Erwerbslosen in den Arbeitsmarkt die Vorteile einer arbeitsbezogene Qualifizierungsmaßnahmen darin, dass sie systematisch in die Unternehmen eingeführt werden und in diesem Rahmen eine Kompetenzbescheinigung erhalten, die mittelfristig ihre Beschäftigungsaussichten erhöht. Dies konnte allerdings im Fall von zwei Erwerbslosen, die im Rahmen des Stuttgarter Umsetzungsprojektes qualifiziert wurden, nicht realisiert werden (vgl. Mattauch/Birke 2004). Denn faktisch gestaltet sich die Integration der Erwerbslosen in arbeitsprozessbezogene Maßnahmen als äußerst schwierig. Die Erfahrungen aus der Umsetzung zeigen, dass die Anforderungen einer arbeitsprozessorientierten Weiterbildung für Erwerbslose im Rahmen von

88 Es liegen bereits erste Konzepte und Erfahrungen für die Qualifizierung von Erwerbslosen vor, z.B. die Maßnahmen des Instituts für Strukturpolitik und Wirtschaftsförderung in Halle-Leipzig, die nach dem Prinzip der „zirkulären Qualifizierung" eine Qualifizierungsmaßnahme konzipiert haben, die betriebliche Lernphasen einschließt und in der ein Bildungsträger als Lern- und Innovationszentrum agiert (vgl. Bergleiter 2003). Zur Rekrutierung und Qualifizierung von Erwerbslosen für IT- und Multimediaunternehmen vgl. Dubiel/Schubert (2003).

Praktika eine besondere Herausforderung darstellt, weil sie zunächst einen Praktikumsbetrieb finden müssen und sich dann damit konfrontiert sehen, dass sie in diesen Unternehmen eine „diffuse Stellung“ haben (Loroff/Mattauch 2004, S. 8).

Besondere Aufmerksamkeit verdient das IT-Weiterbildungssystem zudem unter dem Genderaspekt. Die Beschäftigten in diesem Bereich sind überwiegend männlich, obwohl es sich bei den Tätigkeiten, die in den IT-Berufen ausgeübt werden, keineswegs um „typisch männliche“ Arbeiten handelt. Anlässlich des geringen Frauenanteils an den IT-Ausbildungsberufen (vgl. Dietzen/Westhoff 2001)[89] sind weibliche Beschäftigte gezielt für die Beteiligung an Qualifizierungsmaßnahmen zur IT-Spezialistin zu werben. Allerdings zeigen die bisherigen Erfahrungen der APO-IT Umsetzungen, dass Frauen für eine Teilnahme an einer Qualifizierung zu IT-Spezialisten kaum zu gewinnen sind. Bei der Telekom konnte „trotz erheblicher Bemühungen“ (Manski/Küper 2002, S. 77) keine einzige Mitarbeiterin für die Weiterbildungsmaßnahme gewonnen werden. Im Rahmen der Umsetzung von APO-IT im Raum Stuttgart wurde daher eine Beratungsfirma damit beauftragt, ein Konzept zur Frauenförderung im IT-Sektor zu erarbeiten und zu erproben. Allerdings auch dort ohne Erfolg:

> *„Trotz intensiver Akquisetätigkeit [...] konnten über jene zwei, die sich von selbst für die Teilnahme an der Weiterbildung interessiert hatten, leider keine weiteren Frauen gewonnen werden. Die beiden beteiligten Frauen ließen sich auch nicht auf ein spezielles Mentoring ein, die Gründe hierfür sind unbekannt.“ (Loroff/Mattauch 2004, S. 5)*

Damit erklären die Vertreter des ISST, die die Maßnahme begleiteten, die Versuche, Frauen für die Qualifizierung zu IT-Systemadministratorinnen zu gewinnen, insgesamt als gescheitert (ebd.). Diese Einschätzung kann auch aus den bisherigen Erfahrungen, die im Rahmen des o.a. ITAQU Projektes bei der Beteiligung von Frauen gemacht wurden, bestätigt werden.

Es müsste nachvollzogen werden, *warum* die diesbezüglichen Aktivitäten im Rahmen der bisherigen APO-IT-Umsetzungen gescheitert sind. Arbeitsbezogene Qualifizierungskonzepte bieten im Rahmen der individuellen Qualifizierungsvereinbarung, die eine hohe Flexibilität in Bezug auf die Planung der Methoden und der Lernorte ermöglicht, hohes Potenzial, eine geschlechtersensible Bildungsplanung durchzuführen. Damit könnte prinzipiell auch Frauen, die Familie und Beruf ver-

89 Selbst im kaufmännischen Bereich liegt der Anteil weiblicher Beschäftigter an Weiterbildungsmaßnahmen nur bei ca. 20%, in den technischen Berufen weit darunter.

einbaren müssen, eine Beteiligung an einer arbeitsprozessorientierten Qualifizierung im IT-Weiterbildungssystem ermöglicht werden. Folgende Maßnahmen könnten im Einzelnen durchgeführt werden:

- Intensive Information der IT-Unternehmen zum Gender-Mainstreaming[90]
- Gezielte Akquisition von weiblichen Beschäftigten für die Weiterbildungsteilnahme
- Individuelle Bildungsplanung für die Maßnahmen (ggf. Unterstützung bei der Kinderbetreuung)
- Individuelle Weiterbildungsberatung für die weitere Aufstiegsqualifizierung
- Evaluation geschlechtsspezifischer Besonderheiten im Qualifizierungsprozess im Rahmen wissenschaftlicher Begleitforschung

Da die Spezialistenzertifizierung die Voraussetzung für die weitere Qualifizierung im IT-Weiterbildungssystems zum operativen und strategischen Professional darstellt, könnte durch derartige Maßnahmen schon frühzeitig einer weiteren Verschärfung der geschlechtsspezifisch ungleichen Beteiligung im IT-Sektor vorgebeugt werden.

5.2 Didaktisch-curriculare Dimension arbeitsprozessorientierter Qualifizierung

Das Konzept der „Arbeitsprozessorientierung in der IT-Weiterbildung“ (APO-IT), das durch das Fraunhofer-Institut für Software- und Systemtechnik (ISST) in Berlin gemeinsam mit Unternehmen und Bildungsträgern in der Praxis entwickelt wurde, bildet ein Kernstück des neuen IT-Weiterbildungssystems. Lernen im Prozess der Arbeit wird im Zuge von APO-IT ausdrücklich als didaktisches Leitprinzip für die Realisierung der neuen beruflichen Bildungsgänge empfohlen. Damit verbindet sich die Hoffnung, durch die konsequente Arbeitsprozessorientierung formelle und informelle Lernprozesse curricular zu verknüpfen und eine Möglichkeit zur Ausbildung umfassender beruflicher Handlungskompetenz sowie zu lebenslanger Kompetenzentwicklung zu schaffen.

90 Gender-Mainstreaming steht für die grundsätzliche Berücksichtigung geschlechtsspezifischer Auswirkungen politischer und betrieblicher Entscheidungen; vgl. zur theoretischen Einführung in den Genderdiskurs aus erziehungswissenschaftlicher Sicht Faulstich-Wieland (2003) und zur Praxis von Gender-Mainstreaming Lang u.a. (2004).

Wie schon in Kapitel drei dieser Arbeit angedeutet wurde, wird mit dem Begriff der Prozessorientierung jedoch zum Teil suggeriert, dass sich berufliche Kompetenzentwicklung im Zuge einer Orientierung an Geschäfts- und Arbeitsprozessen problemlos und nahezu ohne didaktisch-methodische Gestaltung beiläufig im Arbeitsprozess vollziehen kann. Allerdings lässt sich gerade am Beispiel des APO-IT-Konzeptes zeigen, dass in *theoretischer* Hinsicht eine didaktisch-curriculare und auch methodische Grundlegung des Lernens im Prozess der Arbeit notwendig ist. Auch bei dem Versuch der Implementierung und konkreten *praktischen* Umsetzung von arbeitsprozessorientierten Lernkonzepten wird deutlich, dass eine lernorganisatorische Planung und methodische Gestaltung unerlässlich ist. Zu betonen ist an dieser Stelle, dass die Konzeption des IT-Weiterbildungssystems und auch das Konzept des arbeitsprozessorientierten Lernens aus berufs- und arbeitspädagogischer Sicht grundsätzlich als ein angemessenes und auch zukunftsfähiges Konzept gelten kann, um beruflich-betriebliche Weiterbildung organisatorisch-strukturell und auch didaktisch-curricular zu gestalten und dauerhaft zu etablieren. Allerdings haben sich - nicht zuletzt im Zuge der Konzeptionierung und Realisierung des regionalen Umsetzungsprojektes ITAQU - einige Probleme ergeben, die eine weitere theoretische Fundierung und eine (berufs-)pädagogische Begleitung und Unterstützung im Umsetzungsprozess nahe legen.

Nachfolgend wird das APO-IT-Konzept vor dem Hintergrund der konkreten Umsetzung in der Praxis der beruflich-betrieblichen Weiterbildung in den Blick genommen. Dabei erfolgt auf der Basis der Evaluations- und Erfahrungsberichte des Fraunhofer-ISST eine Darstellung und Analyse von ausgewählten Aspekten, die sich in der Umsetzung des arbeitsprozessorientierten Lernens bei der Qualifizierung von IT-Spezialisten als problematisch erweisen. Die Probleme ergeben sich unter anderem dadurch, dass mit dem APO-IT-Konzept zwar einerseits eine didaktisch-curriculare Setzung vorgenommen wurde, dass aber andererseits kein fundiertes methodisches Konzept für seine Umsetzung vorliegt.

5.2.1 Formale Vorgaben durch das APO-IT-Konzept

In *formaler* Hinsicht ist festzustellen, dass mit dem APO-IT-Konzept eine enge normative Vorgabe im Sinne einer curricularen Setzung für die Weiterbildung im IT-Sektor erstellt wurde. Obwohl die arbeitsprozessorientierte Qualifizierung nach der Formulierung in der Fortbildungsverordnung *nicht verbindlich* umgesetzt werden muss, sondern lediglich als Empfehlung gilt, kann mit diesen engen Vorgaben - vor allem hinsichtlich der Dokumentation und des Zertifizierungsverfahrens - geradezu eine „Überregulierung" auf der Spezialistenebene konstatiert werden. [91]
Die dem IT-Weiterbildungssystem auf Grund der hohen Anzahl der Spezialisten-

berufe ohnehin schon strukturimmanente Unübersichtlichkeit wird durch die Festschreibung dieses Verfahren noch erhöht. Durch seine Intransparenz ist es die für Unternehmen und Weiterbildungsteilnehmer nur schwer zu durchschauen. So haben z.B. die Ergebnisse der Evaluationsstudie in Thüringen gezeigt, dass der Erfolg der Weiterbildungsmaßnahmen offensichtlich unter anderem davon abhängt, wie und mit welcher Intensität Transparenzund Informiertheitim Hinblick auf das Qualifizierungskonzept erzeugt werden, das heißt, inwieweit die Teilnehmer mit dem Konzept des arbeitsprozessorientierten Lernens und insbesondere mit den Referenzprozessen vertraut gemacht wurden (vgl. Mattauch 2003). Das APO-IT-Konzept wurde von den Weiterbildungsteilnehmern nicht von Anfang an, sondern erst im Verlauf der Qualifizierungsmaßnahme verstanden (vgl. Loroff/Mattauch 2004, S. 7).

In *inhaltlicher* Perspektive ist dagegen festzuhalten, dass das APO-IT-Konzept aus pädagogischer und auch aus lernpsychologischer Sicht nur in Ansätzen eine theoretische Grundlegung erfahren hat (vgl. Rohs/Mattauch 2001).[92] Dies kommt in der Darstellung der Konzeption zum Teil durch eine inkonsistente Nomenklatur und z.T. auch durch Widersprüche zum Ausdruck, die bei den Rezipienten zu Irritationen führen.[93] An dieser Stelle ist jedoch einzuräumen, dass auf Grund der begrenzten Finanzierung im Rahmen der öffentlichen Förderung eine grundlegende wissenschaftstheoretische Erarbeitung des APO-Konzeptes zum einen kaum möglich gewesen ist und zum andern auch nicht zum Auftrag des ISST gehörte. Die Erarbeitung des APO-IT-Konzeptes war, wie auch in der Beschreibung in Kapitel vier deutlich wurde, von vornherein auf die *Umsetzung* der formalen Regelungen des IT-Weiterbildungssystems in der Praxis gerichtet. Auch wenn die Vorwürfe gegenüber den Konzeptionierern nur bedingt berechtigt sind, so bleibt doch die Tatsache bestehen, dass die mangelnde theoretische Fundierung des Konzeptes seine Umsetzung beeinträchtigt. Die Referenzprozesse wurden zwar für die einzelnen Spezialistenprofile als eine curriculare Setzung detailliert ausgearbeitet,

---

91 Festzuhalten ist, dass APO-IT lediglich *ein* mögliches Konzept zur Realisierung arbeitsprozessorientierten Lernens ist. Es ist nicht grundsätzlich gleichzusetzen mit dem didaktischen Prinzip des Lernens im Prozess der Arbeit.

92 Aus nicht nachvollziehbaren Gründen wurden in der Konzeptionierung von APO-IT bewährte Methoden, die im Zuge von Modell- und Forschungsprojekten zu Lernen im Prozess der Arbeit entwickelt wurden (wie z.B. Kompetenz- und Arbeitsplatzanalysen, Arbeits- und Lernaufgaben, Erstellung von Bildungsplänen u.ä.), nur am Rande berücksichtigt (vgl. Dehnbostel 2004).

93 So werden z.B. die Handreichungen des ISST als „Lehrgangsempfehlungen" bezeichnet, obwohl das Konzept die konsequente Arbeitsprozessorientierung verfolgt und traditionelle Lehrgänge und Seminare vermeiden will. Eine indifferente Verwendung der Begriffe fällt auch im Kontext der Zertifizierung auf. Auf der Spezialistenebene wird zum Teil von „Prüfungen" gesprochen, obwohl es sich explizit nicht um Prüfungen im Rahmen einer Fortbildungsverordnung nach BBiG handelt (vgl. Gamer/Grunwald 2003).

es liegen aber kaum Hinweise für die methodische Umsetzung der arbeitsprozessorientierten Qualifizierung vor. Das APO-IT-Konzept bietet damit zwar eine gute Orientierungshilfe in bezug darauf, *was* gelernt werden soll. Wenn es jedoch darum geht, *wie* eine arbeitsprozessorientierte Qualifizierung umzusetzen ist, sind potenzielle Interessenten - also Weiterbildungsteilnehmer ebenso wie kleine und mittlere Unternehmen - auf Beratung und auch auf Kooperation angewiesen. [94] Einzelne Aspekte, die sich in den ersten Umsetzungsprojekten von APO-IT auf Grund der engen formalen Vorgaben als problematisch erwiesen haben, werden hier nachfolgend thematisiert. Dazu gehören z.B. die Regelungen hinsichtlich der Dokumentation und Zertifizierung wie auch die enge curriculare Setzung durch die definierten Referenzprozesse.

Dokumentation und Zertifizierung

In allen Erfahrungsberichten des ISST wird übereinstimmend betont, dass sich die Dokumentation, die eine Voraussetzung für die Zertifizierung ist, als einer der schwierigsten Aspekte in der Durchführung der Qualifizierungsmaßnahme herausstellte. Das nachfolgende Zitat beschreibt die Probleme beispielhaft:

> *„Die Dokumentation stellte für viele der Teilnehmer die größte Herausforderung [...] dar. Sie, die oft schon sehr viel Fachwissen und auch Erfahrung in die Weiterbildung mitbrachten, standen noch nie vor der Anforderung, über ihren Arbeitsprozess schriftlich in solcher Form zu berichten. Sowohl die stichpunktartige Beschreibung im Prozesskompass als auch die jeweils ca. halbseitige Beschreibung der Schlüsselsituationen bereiteten Schwierigkeiten. Viel Zeit von Seiten der Teilnehmer und viel Betreuungsaufwand von Seiten der Prozessberater musste in die Dokumentationen investiert werden." (Manski/Küper 2002, S 85)*

Dass in dem Thüringer Länderprojekt am Ende der Maßnahme von 17 Teilnehmern nur fünf zertifiziert wurden, wird u.a. mit dem insgesamt hohen Aufwand im Rahmen des Dokumentations- und Zertifizierungsverfahrens erklärt. Darüber hinaus wird darauf verwiesen, dass sich die Bestimmungen zur Durchführung der Dokumentation im Projektverlauf mehrfach änderten (vgl. Mattauch 2004, S. 14). Als ein Ergebnis der Evaluationsstudie zu dem Thüringer Länderprojekt ist auf Grund einer *Überforderung der Teilnehmer* im Zuge der Dokumentation u.a. deutlich

94 Zu verweisen ist hier auf ein Praxishandbuch zum IT-Weiterbildungssystem, in dem anschaulich und verständlich Hilfestellungen für Unternehmen gegeben werden, die eine arbeitsprozessorientierte Qualifizierung durchführen wollen (vgl. Rogalla/Witt-Schleuer 2004). Die methodisch-didaktische Umsetzung spielt allerdings auch hier nur eine untergeordnete Rolle.

geworden, dass eine besondere Sorgfalt auf *die Auswahl der Teilnehmer* einer arbeitsprozessorientierten Qualifizierungsmaßnahme verwandt werden muss. Die Erfahrungen haben gezeigt, dass die Eingangsvoraussetzungen im Hinblick auf die fachliche Erfahrung, die Selbstlernkompetenz sowie die Medienkompetenz der Teilnehmer zu prüfen sind. Es wird deshalb empfohlen, die berufliche bzw. die fachliche *Vorerfahrung der Teilnehmer* an einer arbeitsprozessorientierten Qualifizierungsmaßnahme stärker zu berücksichtigen (ebd.). Dies sollte auch auf der Ebene des *Personals* für die Auswahl und Einbindung der betrieblichen Fachberater gelten. Insgesamt müssten die Dokumentationsbedingungen - so auch die Schlussfolgerung der ISST Evaluation - im Rahmen des APO-IT-Konzeptes so optimiert werden, dass sie von den Teilnehmern trotz hoher Arbeitsbelastung im Alltag realisiert werden können (vgl. Mattauch 2003, S. 97). Es ist allerdings grundsätzlich zu fragen, ob der hohe Dokumentationsaufwand insgesamt berechtigt ist und ob die Teilnehmer im Prozess der Dokumentation die Lernziele erreichen.

Zu dem Verfahren der Zertifizierung selbst liegen zur Zeit noch keine Evaluationen vor. Auffällig ist jedoch, dass die bisherigen Erfahrungen der APO-IT-Umsetzungen widersprüchlich sind. Einerseits konnten bei der Telekom die Teilnehmer der Qualifizierungsmaßnahme gerade durch das Angebot überzeugt werden, „dass sie in diesem sowieso notwendigen und üblichen Prozess [der Qualifizierung] unterstützt werden und dafür ein anerkanntes Zertifikat erlangen" (Manski/Küper 2002, S. 79). Andererseits tauchten bei den Qualifizierungsmaßnahmen in KMU Zweifel an der Wertigkeit des Zertifikats auf: „Zahlreiche Teilnehmer äußerten Unsicherheit darüber, welchen Stellenwert zukünftig das Zertifikat als Abschluss der Weiterbildung in der Wirtschaft haben wird. Auch die Diskussion um APO und IHKs verunsicherte viele Teilnehmer." (Loroff/Mattauch 2004, S. 9)

Da im traditionellen deutschen Prüfungswesen überwiegend Wissen abgefragt und attestiert wird, soll mit dem Verfahren der Dokumentation und der Zertifizierung in dem APO-IT-Konzept der Prozessorientierung Rechnung getragen werden kann, wobei im besten Fall auch informell erworbenes Wissen zertifiziert. Es ist allerdings festzustellen, dass bezogen auf das Zertifizierungswesen in Deutschland eine hohe Intransparenz herrscht und dass sowohl aus bildungspolitischer wie auch aus wissenschaftstheoretischer Sicht hier ein grundlegender Ordnungsbedarf konstatiert wird (vgl. Nuissl 2003).

Zu bedenken ist in diesem Zusammenhang zudem, dass ein funktionierendes Zertifizierungswesen auch hoch qualifiziertes Personal erfordert. Angesichts der Tatsache, dass der Aspekt der Professionalität des Personals (vgl. Kapitel eins) bei der Gestaltung der Weiterbildungsstrukturen im IT-Sektor nur marginal Berücksichtigung gefunden hat, [95] ist in absehbarer Zeit nicht zu erwarten, dass die bestehenden Defizite des deutschen Zertifizierungswesens gelöst werden. Selbst bei den Abschlussprüfungen im Bereich der *Erst*ausbildung, die auf Grund ihrer hohen Institutionalisierung und erfolgreichen Tradition gegenüber der Weiterbildung als etabliert gelten kann, wird ein Mangel an Professionalität des Personals verzeichnet (vgl. Euler/Pätzold 2004, S. 4). Explizit für den IT-Sektor hat eine Evaluationsstudie zum prozessorientierten Prüfen in den IT-Berufen der Erstausbildung ergeben, dass großer Handlungsbedarf hinsichtlich der Entwicklung von Qualitätsstandards besteht (vgl. Ebbinghaus 2004). Für das IT-Weiterbildungssystem stellt sich bezogen auf das Zertifizierungsverfahren und das damit verbundene aufwändige Dokumentationsverfahren, die Frage, ob dieses Verfahren tatsächlich geeignet ist, *Kompetenzentwicklung* nachhaltig zu befördern und ob im Zuge des APO-IT-Konzeptes tatsächlich die Entwicklung beruflicher Handlungsfähigkeit stattfindet (vgl. Kapitel drei). Die Dokumentation scheint in diesem Verfahren als Vorbereitung auf die Zertifizierung stärker im Vordergrund zu stehen als die Projektbearbeitung und damit das Lernen in der Arbeit selbst.

Als problematisch einzuschätzen ist bei dem Ziel der Kompetenzentwicklung auch das in den europäischen Regeln zur Personalzertifizierung (DIN EN 45013) festgelegte Verfahren der „Rezertifizierung". Hier deutet sich ein Widerspruch zur ursprünglichen Konzeption des IT-Weiterbildungssystems an: dort wird explizit darauf hingewiesen, dass im Zuge der systemischen Verfasstheit und auf Grund der Verbindung von horizontaler Kompetenzentwicklung und beruflichem Aufstieg die Fortbildungswege „organisch" miteinander verbunden seien, „so dass niemand bei einem Übergang von einem Profil zum anderen, von einer Ebene zur anderen, bereits erworbene Kompetenzen wiederholt unter Beweis stellen muss." (Borch u.a. 2003, S. 48) Diese Aussage ist inkonsistent in der Forderung, dass die IT-Spezialisten ihre Kompetenzen *grundsätzlich* im Zuge der Rezertifizierung einer regelmäßigen Überprüfung unterziehen müssen. In der Perspektive einer ökonomischen Handlungslogik dagegen und eines in diesem Kontext neu entstehenden Zertifizierungsmarktes (vgl. Kapitel zwei) ist eine solche Maßnahme durchaus als Professionalisierungsstrategie - allerdings der zertifizierenden Institutionen - zu werten. Ob diese Art der Professionalisierung jedoch der betroffenen Berufsgruppe, also den IT-Spezialisten, zugute kommt, kann bezweifelt werden.

Aus Sicht der Berufsbildungsforschung ist es kaum nachvollziehbar, auf der einen Seite in Qualifizierungsprozessen den Erwerb und die Vermittlung ganzheitlicher

95 Diesbezüglich hat auch die Untersuchung, die die IG-Metall zu den Prüfungen auf der Ebene der IT-Professionals in Auftrag gegeben hat, gezeigt, dass deutlicher Handlungsbedarf im Bereich der Qualitätsstandards und der Qualitätssicherung und insbesondere bei der Rekrutierung der Prüfer im IT-Sektor besteht (vgl. Frackmann/Frackmann/Tärre 2004).

beruflicher Handlungskompetenzen anzustreben und dann auf der anderen Seite deren Nachhaltigkeit infrage zu stellen. Unklar ist, wie im IT-Weiterbildungssystem angesichts der zugrundeliegenden Annahme des „Verfalls" von Gelerntem eine kontinuierliche lebensbegleitende Kompetenzentwicklung gewährleistet werden soll. Damit ist auch der *Bildungsgehalt* von Weiterbildungsmaßnahmen im IT-Sektor eher als fragwürdig einzuschätzen.

Curriculare Setzung durch Referenzprozesse

Eine Herausforderung bei der Konzeptionierung des IT-Weiterbildungssystems bestand u.a. darin, die organisatorisch-strukturelle und die lernorganisatorische Gestaltung von Qualifizierungsprozessen zu leisten, allerdings ohne genau zu wissen, welche *konkreten* fachlichen Qualifikationserfordernisse sich in der IT-Branche zukünftig ergeben. Ungeklärt ist darüber hinaus auch, welche Kompetenzanforderungen zukünftig auf der Ebene Arbeitnehmer benötigt werden, um mit der fortschreitenden Entwicklungsdynamik, die in allen Arbeits- und auch Lebensbereichen zu verzeichnen ist, Schritt zu halten. So wie auf der *formalen* und ordnungspolitischen Ebene eine Institutionalisierung von Weiterbildungsstrukturen geleistet wurde, musste auch die *inhaltliche* Ebene dessen, *was* in den Qualifizierungsmaßnahmen gelernt und vermittelt werden sollte, näher bestimmt werden.

Die Curriculumkonstruktion, die im Rahmen der Entwicklung des IT-Weiterbildungssystems mit dem APO-IT-Konzept für eine gesamte Branche geleistet wurde, kann als ein Novum gewertet werden und sie ist auf Grund des geringen Zeithorizontes, in dem sie zustande gekommen ist, positiv zu würdigen. Mit der Festlegung von Referenzprozessen als curriculare Orientierung ist hier einerseits versucht worden, die Curriculumentwicklung aus den *konkreten* Arbeitsanforderungen, aber andererseits dennoch betriebsübergreifend zu entwickeln. Da auch für die Spezialistenebene das Verfahren grundsätzlich dem im BBIG (§ 46) geregelten Vorgehen für das Entstehen von Fortbildungsberufen unter der Moderation des Bundesinstituts für Berufsbildung unterlag, erfolgte die Festlegung der Inhalte für das jeweilige Curriculum im Wesentlichen - ähnlich wie die Verfahren im Bereich der Erstausbildung - entlang einer sogenannten „ordnungsbezogenen" Qualifikationsforschung [96] und nach fachwissenschaftlichen Standards. Ein Problem dieses Vorgehens besteht allerdings darin, dass die Inhalte und zum Teil auch die Methoden beruflicher Qualifizierung sozusagen „am grünen Tisch" entwickelt wurden und zum Teil nicht hinreichend bildungs- und lerntheoretisch begründet

96 Die ordnungsbezogene Qualifikationsforschung des BIBB beruht auf drei Säulen: der Qualifikationsbestandsforschung, der Qualifikationsverwertungsforschung sowie der Qualifikationsentwicklungsforschung, vgl. Becker/Meifort (2004).

sind. In der Praxis ergeben sich daraus zum Teil erhebliche Anpassungsprobleme, die auch an dem hier diskutierten Beispiel des IT-Weiterbildungssystems - hier vor allem im Hinblick auf die Umsetzung in KMU - offenbar werden.

Zu Umsetzungsproblemen führt vor allem die unzureichende *Passung der Referenzprozesse*:Die Erfahrungen bei der Umsetzung des APO-IT-Konzeptes haben gezeigt, dass sich Probleme in der betrieblichen Qualifizierung auf Grund der nicht immer gegebenen Übereinstimmung der vorgegebenen Referenzprozesse mit der betrieblichen Arbeitsrealität ergeben. Dies ist darauf zurückzuführen, dass die im APO-IT-Konzept entwickelten Referenzprozesse idealtypisch sind und in der Realität an den betrieblichen Arbeitsplätzen in dieser Form nicht unbedingt vorkommen. Insofern erweist sich z.B. die „Passung" zwischen dem bei APO-IT durch die Referenzprozesse vorgegebenen Curriculum und der Arbeitsrealität als problematisch. Das nachfolgende Zitat beschreibt die Erfahrungen und Probleme, die im Rahmen des Pilotprojektes bei der Telekom gemacht wurden, und die in KMU verstärkt auftreten dürften:

- *„Es fehlten Beispiele für Transferprojekte, an deren Komplexität man sich orientieren konnte, um ein geeignetes Projekt zu finden. Einige der vorgeschlagenen Projekte waren zu trivial, andere wiederum (auch zeitlich) viel zu aufwändig.*

- *Manche Teilnehmer waren in Bereichen beschäftigt, die nur für einen der vier Qualifizierungsschwerpunkte der Netzwerkadministration verantwortlich waren. In diesem Fall war es schwierig, für die anderen Bereiche ein Projekt zu finden, teilweise mussten die Projekte in einer anderen Abteilung durchgeführt werden.*

- *Bestimmte kritische Teilprozesse durften in großen Projekten nur mit einem ausgeprägten Erfahrungshintergrund selbständig bearbeitet werden, den die Teilnehmer oft nicht hatten. Diese Prozesse mussten dann in kleineren Projekten nachgeholt werden.*

- *Oft fehlten einzelne Teilprozesse in sonst geeigneten Projekten. Dann mussten diese Teilprozesse in anderen Projekten abgedeckt werden. In manchen Fällen war es auch möglich, unabhängig von dem unmittelbaren Kundenauftrag zusätzliche Teilprozesse in einem Projekt durchzuführen." (Manski/Küper 2002, S. 80)*

Ähnliche Erfahrungen sind auch für die Umsetzungsprojekte in Baden-Württemberg dokumentiert (vgl. Loroff/Kubath/Hüttner 2004, S. 9). Auch im Rahmen der Konzeptionierung des in Kapitel vier dargestellten ITAQU-Projektes wurde zunächst vermutet, dass die Referenzprozesse in den KMU nicht vollständig abzubilden sind. Hier haben dagegen jedoch die ersten Kompetenz- und Arbeitsplatzanalysen, die im Rahmen des Qualifizierungskonzeptes durchgeführt wurden, gezeigt, dass die Schneidung der Spezialistenprofile und auch die Auswahl der Referenzprozesse durchaus realistisch für die Tätigkeit der Weiterbildungsteilnehmer ist. Abschließende Aussagen dazu können jedoch erst gegen Ende des Projektes getroffen werden. Zu bedenken ist allerdings, dass die angehenden IT-Spezialisten auf Grund einer geringeren Arbeitsteilung in KMU zum Teil an ihrem Arbeitsplatz im Rahmen ihrer Aufgaben bereits Tätigkeiten ausführen, die über die Referenzprozesse hinausgehen und die sie auf Grund der Zertifizierung entlang der engen Referenzprozesse *nicht* zertifizieren lassen können.

Mit der arbeitsprozessorientierten Curriculumentwicklung standen auch die Entwickler von APO-IT vor einem Problem, für das auch in der Bildungsforschung noch keine einheitliche Lösung gefunden wurde: eine Zielorientierung auf Kompetenzen und das Leitbild der Prozessorientierung lassen sich schwerlich in Curricula festschreiben, da Individualität und Subjektbezogenheit von Kompetenzen und die betriebliche Kontextbezogenheit der jeweiligen Qualifikationsanforderungen im Zuge von Arbeitsprozessorientierung sich auch konträr zueinander verhalten können. In der Berufsbildungsforschung wird daher zur Zeit die Frage gestellt, *was* eigentlich im Kontext einer zunehmenden Prozessorientierung *wie* zu lehren ist und in welchem Verhältnis dabei fachdidaktische und allgemeinbildendende Anteile zueinander stehen. Daran schließt sich auch die Frage an, ob berufliche Curricula sich im Zuge eines „didaktischen Paradigmenwechsels“ (Bruchhäuser 2001) eher am Wissenschaftsprinzip oder am Situationsprinzip orientieren sollten (vgl. Clement 2003).[97] Insgesamt ist zudem festzustellen, dass in der Berufsbildungsforschung zur Zeit kein Konsens über die Rolle, Funktion und wissenschaftstheoretische Zuordnung beruflicher Fachdidaktiken zu bestehen scheint (vgl. Jenewein 2000, S. 158).[98]

Hervorzuheben ist, dass an dem Prozess der Curriculumkonstruktion - nicht nur im IT-Sektor, sondern insgesamt in der Weiterbildung - die Berufsbildungsforschung kaum beteiligt ist. Diese Abstinenz wird in der Literatur damit begründet, dass die berufspädagogische Disziplin sich zum einen nicht an der Qualifikationsforschung als Voraussetzung für ihre Curriculumforschung orientiert (vgl. Büchter 2003) und dass zum anderen die Methoden der Curriculumkonstruktion in der

97 Eng damit verbunden ist auch die Frage nach dem Verhältnis von allgemeiner und beruflicher Bildung und insbesondere der bildungstheoretischen Begründung von Kompetenzentwicklung und handlungsorientiertem Lernen. Kutscha (2003) verweist auf die Notwendigkeit der Thematisierung des Zusammenhanges beruflicher Kompetenzentwicklung mit dem Konzept wissenschaftsorientierten Lernens.

98 Insbesondere das Verhältnis von Fachdidaktik und allgemeiner Erziehungswissenschaft wird geradezu metaphorisch diskutiert: während den Erziehungswissenschaftlern das „Stricken ohne Wolle vorgeworfen“ wird, müssen nach Ott die Fachdidaktiker ihr „Stricken ohne Strickmuster“ verteidigen (vgl. Bonz/Ott 1998, S. 12f).

Berufs- und Wirtschaftspädagogik nicht an die veränderten Rahmenbedingungen in der Berufsbildung angepasst wurden: „Deshalb stehen derzeit auch kaum systematisch ausgearbeitete und empirisch hinreichend abgesicherte Ansätze, Verfahren und Ergebnisse zur Verfügung, um die neuen curricularen Herausforderungen in unserem Fach zu bewältigen.“ (Klauser 2003, S. 35)

Zur Zeit gibt es in Deutschland zwei Ansätze zur Curriculumforschung, die wissenschaftlich fundiert und theoretisch begründet sind (vgl. zusammenfassend Buchmann 2004): zum einen den arbeitsorientierten *Siegener* Ansatz und zum anderen den berufswissenschaftlich orientierten *Bremer* Ansatz. Beide thematisieren die Bedeutung von Erfahrungswissen bzw. Arbeitsprozesswissen gegenüber wissenschaftlichem Wissen. Einigkeit herrscht im aktuellen Diskurs um die Curriculumkonstruktion über die Notwendigkeit der Orientierung von Curriculumforschung und -konstruktion an der Qualifikationsforschung und darüber, dass beides Teil einer interdisziplinären Berufsbildungsforschung sein muss.[99] Diese Qualifikationsforschung ist jedoch gefordert, sich stärker als zuvor an innovativen betrieblichen Trends zu orientieren. Rauner (2004) plädiert dafür, im Rahmen einer „domänenspezifischen Qualifikationsforschung“ die aus- und weiterbildungsrelevanten Inhalte arbeitsprozessbezogen in den Betrieben zu ermitteln.

Völlig unabhängig von dieser Diskussion um den Zusammenhang von Qualifikations- und Curriculumforschung hat sich in Deutschland ein neuer Zweig der Qualifikationsforschung ohne die Beteiligung der berufs- und wirtschaftspädagogischen Disziplinen etabliert. Zu verweisen ist an dieser Stelle auf die Existenz eines - wiederum öffentlich geförderten - Programms zur „Früherkennung von Qualifikationserfordernissen im Netz“ (FreQueNz) mit dem Ziel, eine präventive Beschäftigungs- und Bildungspolitik zu ermöglichen. Ziele dieser Initiative sind:

- *„die fortlaufende qualitative Ermittlung von Tätigkeitsbereichen, in denen Veränderungen festgestellt werden können;*

- *die Definition von spezifischen Qualifikationen, die zukünftig in diesen Tätigkeitsbereichen benötigt werden;*

- *die Erfassung des bereits vorhandenen darauf bezogenen Qualifikationsangebotes und damit zugleich auch die Feststellung von Defiziten und Lücken in diesem Angebot und*

99 Kell (2003) definiert für die Curriculumforschung vier Bezugspunkte als „unhintergehbar“: (1.) Berufsbildungstheoretische Normen, (2.) Wissenschaften als fachspezifische Domänen, (3.) Qualifikationsanforderungen des Beschäftigungssystems, (4.) Lernvoraussetzungen und Lernbedürfnisse der Subjekte; gefordert wird bezogen auf (1.) eine Curriculumkonstruktion, die bildungstheoretische sowie auch verstärkt gesellschaftliche und ökonomische Aspekte aufnimmt (vgl. Fischer 2003).

- die Erprobung von unterschiedlichsten Methoden zur Früherkennung von Qualifikationserfordernissen.„ (Bullinger u.a. 2003, S. 13)

Die einzelnen Forschungsergebnisse zu diesen Themenbereichen werden gebündelt und der Öffentlichkeit zur Verfügung gestellt. Sie sollen auch die Grundlage für spätere Ordnungsverfahren bilden. Auffällig ist jedoch, dass dieses Projekt, das vom Fraunhofer-Institut für Arbeitswissenschaft und Organisation in Stuttgart koordiniert wird, ähnlich wie die Konzeptionierung des APO-IT-Konzeptes ohne die erkennbare Beteiligung der Berufsbildungsforschung durchgeführt wird. Bezogen auf die Veröffentlichungen, die in diesem Kontext entstanden sind, ist auch in diesem Fall eine mangelnde theoretische Fundierung aus der Sicht der Berufsbildungsforschung zu verzeichnen.[100]

Für die berufliche Weiterbildung wird derzeit der Trend zu betriebsspezifischen Curricula konstatiert:

> *„Berufliche Qualifizierung erfolgt in der Weiterbildung heutzutage in immer kleineren Mikrosystemen, d.h. arbeitsprozess-, situations-, arbeitsplatz-, zumindest aber betriebsbezogen und damit wenig standardisiert und transparent, wobei sich auch die Reichweite von u.U. zugrundegelegten Curricula oder Weiterbildungsprogrammen in zeitlicher, räumlicher und inhaltlicher Hinsicht erheblich reduziert und eine Offenlegung und Legitimation nur begrenzt erfolgt." (Diettrich 2003, S. 170)*

An dieser Stelle wird nochmals deutlich, dass im Rahmen einer arbeitsbezogenen Qualifizierung die *berufliche* Weiterbildung grundsätzlich vor Ort als *betriebliche* Weiterbildung gestaltet wird. Dieser Aspekt, erfordert im Rahmen einer lernorganisatorischen Gestaltung die Erschließung der Arbeitsplätze als Lernorte und die Entwicklung angemessener Methoden.

100 So operieren die Autoren z.B. mit dem Begriff der Schlüsselqualifikationen ohne diesen theoretisch zu definieren: so wird z.B. auch „Kostenorientierung" unter den Begriff der Schlüsselqualifikation gefasst (vgl. Schmidt 2003, S. 47). Infolge dessen haben die Ergebnisse einer Betriebsbefragung ergeben, dass der Bedarf an „Schlüsselqualifikationen" den der Fachqualifikationen übersteigt. Es ist davon auszugehen, dass dieses Ergebnis mit einer Analyse und Auswertung, die sich am Kompetenzbegriff, wie er in Kapitel drei dieser Arbeit dargestellt wurde, anders ausgefallen wäre. Auffällig ist zudem, dass in einem Band, in dem es explizit um die Qualifizierungserfordernisse geht, die durch die Informatisierung der Arbeit entstehen (vgl. Bullinger/Bott/Schade 2004), das IT-Weiterbildungssystem keine Berücksichtigung findet – und dies, obwohl ein anderes Fraunhofer Institut (ISST in Berlin) einen maßgeblichen Anteil an dessen Entwicklung hatte.

5.2.2 Lernorganisatorische und methodische Gestaltung

Zur konkreten lernorganisatorischen Gestaltung werden in dem APO-IT-Konzept nur begrenzt Hinweise gegeben. Es wird allerdings darauf verwiesen, dass in diesem Zusammenhang eine lernförderliche Unternehmenskultur unerlässlich ist (vgl. Rohs/Einhaus 2004). Dieser Aspekt verdient eine besondere Beachtung, da auch empirische Untersuchungen belegen, dass das Lernen in der Arbeit als wichtigste Quelle für den Aufbau beruflicher Handlungskompetenz zu sehen ist und dass dabei ein deutlicher Zusammenhang zwischen der *Lernhaltigkeit der Arbeit* und dem Aufbau der Kompetenzen besteht. So kommt Bergmann (2003) im Zuge ihrer Untersuchungen unterschiedlicher Gruppen Erwerbstätiger zu folgendem Ergebnis:

> *„Aus den Befunden ist zu schlussfolgern, dass die Gestaltung lernhaltiger Arbeitsaufgaben und einer lernförderlichen Unternehmenskultur eine Strategie zur Sicherung der Beschäftigungsfähigkeit über ein Arbeitsleben ist. Personen in lernhaltigen Arbeitssituationen können auch unter den Bedingungen beschleunigter Veränderungen ihre Handlungskompetenz über die Spanne des Erwerbslebens erhalten. Bei Personen in wenig lernhaltigen Arbeitssituationen kommt es zu Verschlechterungen der Handlungskompetenz während der Spanne des Erwerbslebens. Eine Beschäftigungsfähigkeit im höheren Erwerbsalter ist nicht mehr gesichert." (ebd., S. 7)*

Der Einfluss unterschiedlicher Arbeits- und Ausbildungsumgebungen und der eingesetzten Methoden auf die Kompetenzentwicklung ist auch im Rahmen einer Untersuchung von Auszubildenden bestätigt worden (vgl. Haasler/Baldauf-Bergmann 2003).[101]

Bei der konkreten betrieblichen Umsetzung von APO-IT ist zu berücksichtigen, dass für betriebliche Lernformen, die Arbeiten und Lernen verbinden, grundsätzlich eine doppelte Infrastruktur notwendig ist: zum einen eine Arbeitsinfrastruktur, die im Hinblick auf Arbeitsaufgaben, Technik, Arbeitsorganisation und Qualifikationsanforderungen der jeweiligen Arbeitsumgebung entspricht. Zum anderen muss eine Lerninfrastruktur bereitgestellt werden, die zusätzliche räumliche, zeitliche, sachliche und personelle Ressourcen vorhält (vgl. Dehnbostel 2001, S. 68). Über die Gestaltung der entsprechenden Arbeits- und Lerninfrastruktur wird es ermöglicht, eine Verknüpfung von formellen und informellen Lernprozessen in der alltäglichen Arbeit herzustellen. Dies erfolgt - und so wird es auch bei APO-IT empfohlen - im Wesentlichen auf der Grundlage eines „konstruktivisti-

101 Hervorgehoben wird dort insbesondere der Einfluss von Praxisgemeinschaften auf das berufliche Lernen.

schen" Lernverständnisses, das durch die folgenden Merkmale gekennzeichnet ist (vgl. Reinmann-Rothmeier/Mandl 2001, S. 197f.):

- Lernen ist nur bei aktiver Beteiligung der Lernenden möglich. Dazu gehört, dass die Lernenden motiviert sind und an dem, was oder wie sie es tun, Interesse haben oder entwickeln.
- Bei jedem Lernen übernimmt der Lernende Steuerungs- und Kontrollprozesse. Der Ausprägungsgrad dieser Selbststeuerung variiert, es ist jedoch kein Lernen ohne jegliche Selbststeuerung möglich.
- Lernen erfolgt in jedem Fall konstruktiv. Der Erfahrungs- und Wissenshintergrund der Lernenden findet Berücksichtigung. Subjektive Interpretationen finden statt.
- Lernen erfolgt stets in spezifischen Kontexten, so dass jeder Lernprozess als situativ gelten kann.
- Lernen ist immer auch ein sozialer Prozess, in dem interaktiv gelernt wird, wobei auf den Lernenden und seine Handlungen stets auch soziokulturelle Einflüsse wirken.

Die Erkenntnisse, die bezogen auf das Lernen in der Arbeit und hinsichtlich einer lernförderlichen Gestaltung von Arbeitsbedingungen vorliegen, haben Dehnbostel und Pätzold (2004) zusammengefasst. Die dort präsentierten Ausführungen, die das Ergebnis langjähriger Entwicklungs- und Forschungsarbeit darstellen, sind im Zuge der betrieblichen Umsetzung des IT-Weiterbildungssystems und von APO-IT zu berücksichtigen. Als wichtigste Faktoren, die als Dimensionen für das Lernen in der Arbeit relevant sind und die auch für die Gestaltung arbeitsprozessorientierter Qualifizierung im IT-Sektor gelten, sind exemplarisch zu nennen: die grundsätzliche Voraussetzung der *Problemhaltigkeit* der Arbeit, das Vorhandensein von *Handlungsspielräumen* in der Arbeit, die Notwendigkeit einer *sozialen Unterstützung* sowie die Berücksichtigung des individuellen *Anforderungsniveaus* von Arbeitsaufgaben (vgl. Franke 1999).

Darüber hinaus könnten für die Erschließung von Arbeitsplätzen als Lernorte die Erkenntnisse der Arbeitswissenschaften sowie die Arbeits- und Organisationspsychologie herangezogen werden (vgl. Kirchler/Hölzl 2002). Allerdings gilt es für die betriebliche lernorganisatorische Gestaltung zu bedenken, dass nach dem derzeitigen Erkenntnisstand der Bildungsforschung konstruktivistische Lernansätze im Gegensatz zu objektivistischen und behavioristischen Lernansätzen methodisch deutlich schwieriger umzusetzen sind (vgl. Dubs 2003). Dies stellt hohe Anforderungen an das Personal und verlangt vor allem von Lernprozessbegleitern die

Bereitschaft, sich Instrumente zur Analyse betrieblicher und beruflicher Arbeitsprozesse anzueignen. Bei der Gestaltung lernförderlicher Arbeitsbedingungen in den Betrieben geht es auch bei APO-IT darum, geeignete Methoden und Instrumente (wie z.B. Bildungspläne, Arbeits- und Lernaufgaben, Reflexionsleitfäden u.a.) zu entwickeln, die das Lernen im Prozess der Arbeit unterstützen. Diese Methoden müssen sich vor allem dadurch auszeichnen, dass sie den Inhalten, die erlernt werden sollen, adäquat sind. Mit den eingesetzten Methoden ist eine *Angemessenheit* hinsichtlich der Arbeitsrealität zu erzielen, die sich weder durch Über- noch durch Unterkomplexität auszeichnen. Deshalb bildet z.B. die Entwicklung von Lern- und Arbeitsaufgaben und die Überprüfung ihrer Angemessenheit in dem o.a. ITAQU-Projekt einen expliziten didaktischen Schwerpunkt (vgl. Schröder 2004).

Die oben thematisierte, nicht immer „stimmige" Passung zwischen dem APO-IT Curriculum (d.h. den Referenzprozessen) und der betrieblichen Arbeitsrealität kann hier auch auf der Ebene der konkreten lernorganisatorischen Gestaltung problematisch werden. Aus Wirtschaftsmodellversuchen liegen von Unternehmensseite Erfahrungen mit der praktischen Umsetzung und den Grenzen einer prozessorientierten Berufs*aus*bildung vor (vgl. Heise 2001). Als innovativ wurden in diesem Zusammenhang die positiven Effekte auf die Gestaltung der Arbeitsbedingungen als Lernumgebung bewertet, die durch den Versuch der Anbindung an die realen Arbeits- und Geschäftsprozesse in den Fachabteilungen erzielt wurden. Allerdings blieb durch die Herstellung einer Art „betreuter Realität" (Heise 2001, S. 25) der eigentliche Lernprozess in der Ausbildung nach wie vor abgekoppelt vom realen Arbeitsprozess. Es wurde zum Teil in der arbeits- und geschäftsprozessorientierten Ausbildung eine Ganzheitlichkeit inszeniert, die in der realen Arbeitswelt so kaum vorzufinden ist (vgl. ebd., S. 26). Dies könnte zur Folge haben, dass - in Umkehrung zum Ausgangsproblem und den Intentionen des prozessorientierten Lernens - die Jugendlichen gegenüber der Ausbildungsrealität eine *unterkomplexe* Arbeitssituation vorfinden.[102]

Auch an dem APO-IT-Konzept fällt auf, dass durch die explizite Ausweisung von Referenzprozessen, die als eine „Schablone" für weiterbildungsrelevante Arbeitsprozesse gelten sollen und aus denen Qualitätsmerkmale für die Zertifizierung abgeleitet werden (vgl. Rohs 2002, S. 82), der Lernprozess letztlich von der Arbeitsrealität wieder entkoppelt wird. Die Problematik besteht darin, dass auf der einen Seite *reale* betriebliche Projekte bearbeitet, dokumentiert und abschließend auch zertifiziert werden sollen, auf der anderen Seite sich der Lernprozess jedoch

102 Diese Problematik gilt es insbesondere angesichts der sich andeutenden Tendenz einer zunehmenden Retaylorisierung zu bedenken (vgl. Dörre u.a. 2001).

an Referenzprojekten orientiert, die - eben idealtypisch und nicht realistisch - aus dem Arbeitsprozess herausgelöst werden. Der Weiterbildungsteilnehmer selbst muss damit in seinem Lernprozess eine hohe Transferleistung erbringen und das Verhältnis von konkreten zu abstrakten Sachverhalten permanent neu bestimmen: mit der Orientierung am Arbeits- und Geschäftsprozess und dem Situationsbezug ist eine *Konkretisierung* der Lerninhalte am realen Arbeitsgeschehen zu verzeichnen. Dies erhöht einerseits die *unmittelbare* Anwendbarkeit von Wissen und Erfahrung. Andererseits kann im Zuge der Prozessorientierung für den Lernenden der Transfer des Gelernten, also die Übertragbarkeit auf andere Bereiche zum Problem werden, weil die Lernenden eine Abstraktionsebene erreichen müssen, die das Erkennen komplexer Zusammenhänge und das Denken in Systemen, auch losgelöst von der jeweils konkret vorgefundenen Realität, erfordert. Wenn dies nicht gelingt, können Flexibilität und letztlich auch Mobilität jedoch gerade durch die Arbeitsprozessorientierung auch behindert werden.

Die Erfahrungen im Zuge der Umsetzung des APO-IT-Konzeptes bei der Telekom AG haben gezeigt, dass im Rahmen der lernorganisatorischen Gestaltung einer arbeitsprozessorientierten Qualifizierung ein hohes Maß an Flexibilität in der Zeitplanung notwendig ist. Dies gilt sowohl hinsichtlich der individuellen Zeitplanung des Weiterbildungsteilnehmers als auch im Hinblick auf die Zeitplanung der gesamten Maßnahme (vgl. Manski/Küper 2002, S. 82). Insbesondere die Lernprozessbegleitung, darauf verweisen die Erkenntnisse der Umsetzungen, muss durch feste Zeitkontingente, die einen begleitenden Erfahrungsaustausch ermöglichen, abgesichert werden.

Bezogen auf den Medieneinsatz hat die Evaluation des APO-IT-Konzeptes u.a. gezeigt, dass von den Teilnehmern im Rahmen der Qualifizierung kaum auf die zur Verfügung gestellte rechnergestützte *Medieninfrastruktur* (APO-Pilot) zugegriffen wurde. Statt dessen stand die eigenständige Recherche der Teilnehmer im Vordergrund. Offensichtlich erschien den Weiterbildungsteilnehmern *dieses* Instrument nicht angemessen für ihren Kompetenzerwerb. Dessen ungeachtet empfiehlt der Autor der ISST-Evaluation für die weitere Umsetzung „eine stringentere Integration des Pilot in das Weiterbildungsangebot [und] die Optimierung der Usability“ (Mattauch 2003, S. 96).

Dieser Lösungsansatz ist aber auf Grund der oben schon erwähnten Forschungsergebnisse von Dehnbostel, Molzberger und Overwien (2003) infrage zu stellen: dort ist deutlich geworden, dass sich das informelle Lernen im Arbeitsprozess als eine äußerst *erfolgreiche* Lernstrategie von IT-Spezialisten erwiesen hat. Insofern liegt, bezogen auf die Qualifizierungsmaßnahme nach APO-IT, der Schluss nahe, dass die Teilnehmer dort - ungeachtet der methodischen Konzeption - auf ihre gewohnten Selbststeuerungs- und Lernpotenziale und das informelle Lernen zurückgegriffen haben. Insofern kann die methodische Angemessenheit des Instruments APO-Pilot insgesamt infrage gestellt werden. Statt einer stärkeren Einbindung dieses Instrumentes müssten in einer konzeptionellen Überarbeitung des APO-Konzeptes eher die *informellen* Lernprozesse, das *Erfahrungslernen* und auch die Reflexion der Lernprozesse in der Praxis der beruflich-betrieblichen Weiterbildung methodisch verstärkt und unterstützt werden. Aus der Sicht der Bildungsforschung müssten sie zudem eine theoretische Erweiterung unter Einbeziehung vorliegender Konzepte wie z.B. Coaching und Supervision erfahren.

Wenn man die Prozessorientierung als ein *pädagogisches* Prinzip ernst nimmt und sie nicht in erster Linie auf die Orientierung an Geschäfts- und Arbeitsprozessen reduziert, dann müsste sich konsequenterweise die didaktische und methodische Gestaltung auch stärker an dem individuellen Lernprozess des Weiterbildungsteilnehmers orientieren. Die nachfolgende Tabelle dokumentiert die Prinzipien, die Simons (1992) schon Anfang der 1990er Jahre als kennzeichnend für das prozessorientierte Lernen formuliert hat:

Tab. 4 Merkmale prozessorientierten Lernens nach Simons (1992, S. 262)

1. Prozessorientierung	Statt ausschließlicher Betonung von Lernzielen und Lernergebnissen erfolgt die Berücksichtigung von Lernaktivitäten und -prozessen
2. Rückbesinnung	Das Lernen selbst wird thematisiert, damit sich die Lernenden ihrer eigenen Lernstrategien und Selbstregulationsfähigkeiten bewusst werden und diese in Relation zu den Lernzielen setzen können
3. Affektivität	Berücksichtigung affektiv-emotionaler Prozesse in ihrem Einfluss auf das Lernen und deren Interaktion mit kognitiven und metakognitiven Prozessen
4. Nützlichkeit	Bewusstmachung der Relevanz und der Nützlichkeit der zu erwerbenden Kenntnisse und Fähigkeiten
5. Transferoption	Berücksichtigung von Transfer- und Generalisierbarkeit des Gelernten, es wird nicht erwartet, dass dies von selbst eintritt
6. Kontextbezug	Lernstrategien und Selbstregulationsfähigkeiten werden im Kontext des Lernprozesses geübt
7. Selbstdiagnostik	Explizite Unterweisung des Lernenden zur Überwachung, Diagnose und Korrektur seines eigenen Lernprozesses
8. Aktivität	Gestaltung des Lernprozesses so, dass aktives Lernen möglich ist und konstruktive Lernaktivitäten gewählt werden können
9. Scaffolding	Allmähliche Verlagerung der Verantwortung vom Lehrenden auf den Lernenden, Hilfestellungen werden allmählich reduziert
10. Betreuung	Absprache der Maßnahmen des selbstregulierten Lernens mit anderen, in den Lernprozess involvierten Personen, abgesprochen
11. Kooperation	Kooperationen und Diskussionen zwischen den Lernenden werden im Lernprozess aufgegriffen
12. Lernzielorientierung	Betonung höherer Lernziele, die aktives und konstruktives Lernen erfordern
13. Vorwissen	Neues Wissen wird auf Vorwissen bezogen
14. Lernkonzeptions anpassung	Anpassung an die Lernkonzeption der Lernenden, d.h. ihr Vorverständnis vom Lernen

Es wird hier zunehmend deutlich, dass dem Personal bei arbeitsprozessorientierten Lernformen - und hier speziell den Lernprozessbegleitern - eine zentrale Rolle zukommt. Was sie genau leisten müssen und welche Kompetenz sie dazu ihrerseits benötigen, ist Gegenstand des nachfolgenden Abschnitts.

5.2.3 Prozessbegleitung als Unterstützung beruflichen Lernens

Es sind die Lernprozessbegleiter, die u.a. die organisatorische Gestaltung des Lernens im Prozess der Arbeit leisten müssen. Dabei geht es im APO-IT-Konzept vor allem darum, geeignete Arbeitsprozesse, die als Referenzprojekte für das Lernen in der Arbeit auszuweisen sind, zu ermitteln. Diese sind aus den Arbeitsprozessen exemplarisch herauszulösen. Darüber hinaus ist der Lernprozess systematisch pädagogisch zu begleiten. In der täglichen Arbeit informell ablaufende Prozesse der Wissensaneignung und -verarbeitung sollen dabei mit Unterstützung der Lernprozessbegleiter in reflexive Handlungsfähigkeit (vgl. Kapitel drei) transferiert werden. Die Herausforderung für Lernprozessbegleiter besteht somit zum einen darin, Lernpotenziale in Arbeitsprozessen zu erkennen und diese unter Berücksichtigung der Lerninteressen der Weiterbildungsteilnehmer und der betrieblichen Qualifizierungsnotwendigkeiten methodisch, z.B. in Projekten oder Arbeits- und Lernaufgaben, umzusetzen. Zum anderen benötigen sie im Rahmen der Reflexionsgespräche eine hohe Kommunikationsbereitschaft und -fähigkeit sowie eine, hier noch näher zu definierende, Prozesskompetenz.

In dem APO-IT-Konzept erhalten sie für diese Aufgabe kaum eine Hilfestellung. Dort wird eine Aneinanderreihung einzelner Techniken präsentiert, die einen eher beliebigen Charakter hat (vgl. Mattauch/Büchele/Damian 2003) und wenig hilfreich ist, wenn es darum geht, Orientierungshilfen für die konkrete methodische Umsetzung arbeitsprozessorientierter Lernformen bereitzustellen. Es ist insofern nicht überraschend, dass sich in den bisherigen APO-IT Umsetzungsprojekten insbesondere die Rolle der Lernprozessbegleitung als problematisch erwiesen hat. So haben z.B. die Erfahrungen bei der Telekom gezeigt, dass diese ein hohes Maß an Einfühlungsvermögen brauchen und genaue Kenntnis über die APO-Methodik haben müssen (vgl. Manski/Küper 2002). Offensichtlich wurde auch von den Lernprozessbegleitern selbst ihre Rolle unterschätzt, denn in dem Qualifizierungsprojekt in KMU in der Region Stuttgart stellte sich heraus, dass die „Lernprozessbegleiter trotz Schulung Probleme hatten, sich in ihrer Rolle zurecht zu finden." (Loroff/Mattauch 2004, S. 5) Die Bedeutung der Reflexionsgespräche für die Lernprozessbegleitung wird in der Evaluation der Umsetzungsprojekte in Baden-Württemberg hervorgehoben:

> *„Die Relevanz der Reflexionsgespräche wurde den Teilnehmern im Verlauf der Weiterbildung zunehmend bewusst. Besonders im Hinblick auf die motivationale Unterstützung, Kontinuität der Dokumentation sowie Erwerb von Methoden- und Sozialkompetenz erwiesen sich die Reflexionsgespräche als unverzichtbar." (vgl. Loroff/Kubath/Hüttner 2004, S. 13)*

Zu fragen ist von daher, welche Rahmenbedingungen in einer Qualifizierungsmaßnahme erfüllt sein müssen, damit eine Lernprozessbegleitung erfolgreich durchgeführt werden kann und welche Kompetenzen Lernprozessbegleiter benötigen. Erfahrungen mit Lernprozessbegleitung wurden seit Mitte der 1990er Jahr in Deutschland im Kontext eines Projektes zur Beratung von Berufsrückkehrerinnen gemacht. Dabei ging es darum, ein didaktisches Konzept für die Lernberatung zu entwickeln, das die Aspekte der Individualisierung und Flexibilisierung beruflichen Lernens aufnahm (vgl. Kemper/Klein 1998). Die Erkenntnisse aus diesem Projekt sind seither kontinuierlich in theoretischer Hinsicht reflektiert und auch im Rahmen empirischer Projekte weiterentwickelt worden. So benennen z.B. Klein und Reuter (2004) die Voraussetzungen und Faktoren, die die Umsetzung von Lernberatung ermöglichen bzw. erschweren. Da diese Ausführungen sich im Wesentlichen auf die Gestaltung von Lernberatungsstrukturen in Institutionen richten, versprechen sie einen hohen Ertrag für die Bildungsträger, die sich an der Umsetzung des IT-Weiterbildungssystems beteiligen. Inwieweit diese Erfahrungen auch auf die *betriebliche* Organisation von Prozessen der Lernprozessbegleitung, wie sie im Rahmen von APO-IT gefordert ist, übertragbar sind, müsste im einzelnen geprüft werden.

Kompetenz von Lernprozessbegleitern

Grundlegend für die Kompetenz von Lernprozessbegleitern sind zunächst fundierte Kenntnisse darüber, wie Lernen funktioniert. In diesem Zusammenhang müssen auch die Faktoren bekannt sein, die das Lernen in der Arbeit beeinträchtigen. Insofern müsste ein Lernprozessbegleiter die folgenden Faktoren im Blick haben (nach Simons 1992, S. 256ff):

- die jeweilige subjektive Lernkonzeption des Lernenden
- die grundsätzliche Lernfähigkeit des Einzelnen und die jeweils unterschiedlichen Lernstrategien
- den individuellen Umgang mit den Lernzielen - er hat z.B. sicherzustellen, dass diese dem Lernenden klar sind
- die motivationalen, willensmäßigen und affektiven Strukturen des Lernenden, z.B. dessen Vorerfahrungen, Ängste, Befürchtungen u.ä.
- die Selbstkontrolle des Lernens durch den Lernenden, der seine eigene Lernaktivität überwachen muss
- die Steuerungsintensität der Lernprozesse, denn je mehr von außen vorgegeben wird, desto weniger Möglichkeiten sind gegeben, Selbstlernfähigkeiten zu entwickeln

- die Interaktion zwischen Lehrenden und Lernenden

Zudem sollten Lernprozessbegleiter über spezifische Beratungs- und Begleitungskompetenzen verfügen. Es ist davon auszugehen, dass in der prozessorientierten Weiterbildung, wie sie im IT-Sektor entwickelt wurde, *Prozesskompetenzen* von den Lernprozessbegleitern benötigt werden. Im folgenden wird der Frage nachgegangen, ob sich in diesem Zusammenhang eine spezifische, fachübergreifende *Prozesskompetenz* näher bestimmen lässt.

Bei dem Versuch, Prozesskompetenz näher bestimmen zu wollen, stößt man auf das gleiche Problem, das sich schon in der Diskussion um den Erwerb und die Vermittlung von sozialen Kompetenzen gestellt hat: eine Definition der konkret zu vermittelnden Inhalte ist jeweils nur in Abhängigkeit vom Arbeitskontext und den daraus resultierenden *konkreten* Arbeits- und Qualifikationsanforderungen möglich (vgl. Seyfried 1995). Wenn man die Begriffe „Prozess“ und „Kompetenz“, so wie sie in Kapitel drei definiert worden sind, zugrunde legt, lassen sich für Prozessbegleiter - und insbesondere für Lernprozessbegleiter - auf der Basis der vorangegangenen Definitionen qualifikatorische Anforderungen in folgenden Kategorien ableiten: gefordert ist die Fähigkeit zu Strukturbildung und vernetztem Denken und die Fähigkeit, technische, arbeitsorganisatorische und soziale Prozesse möglichst innovativ zu gestalten. Damit einher geht auch die bereichs- und hierarchieübergreifende Fähigkeit zu erfolgreicher Interaktion und Kommunikation, die Fähigkeit zur Analyse und Bewertung dieser Prozesse sowie die fortlaufende eigenverantwortliche Korrektur. Eng verbunden damit ist auch die Bereitschaft zu prinzipieller Offenheit und die Fähigkeit, Widersprüche und Unsicherheiten, die sich in diesem Rahmen ergeben, zu erkennen, zu thematisieren und sie auch auszuhalten.

Über die Begleitung des Lernprozesses hinaus, die, wie gezeigt wurde, an sich schon hohe Anforderungen an das Personal stellt, sind die Lernprozessbegleiter zudem gefordert, die Weiterbildungsteilnehmer im *Umgang mit Zumutungen und Widersprüchen*, die sich in ihrem Arbeitsalltag ergeben, zu unterstützen. Widersprüche können sich dabei im konkreten Lernprozess in der Qualifizierungsmaßnahme zum IT-Spezialisten ergeben. Es ist oben gezeigt worden, dass in KMU zum Teil die Schneidung der Referenzprozesse nicht mit der Arbeitsrealität der Weiterbildungsteilnehmer übereinstimmt. Dies führt dazu, dass sie unter Umständen einerseits Teilprozesse nicht an ihrem Arbeitsplatz lernen können, die in der Zertifizierung abgefordert werden und dass sie aber andererseits Tätigkeiten wahrnehmen, die darüber hinausgehen und die sie sich nicht zertifizieren lassen können. Die Weiterbildungsteilnehmer müssen deshalb auch darauf vorbereitet werden, mit diesen Widersprüchen, die sich ihnen nicht zuletzt im Zuge der *Reflexion* der Lernprozesse offenbaren, konstruktiv umzugehen.

Als weiterer relevanter Aspekt ist zu berücksichtigen, dass sich für den Weiterbildungsteilnehmer einer arbeitsprozessorientierten Qualifizierungsmaßnahme mit der Lernprozessbegleitung durch eine andere Person auch die Forderung nach Offenlegung seiner persönlichen Erfahrungen verbindet. Damit geht für ihn potenziell eine Ökonomisierung individueller psychischer Dispositionen einher, was wiederum zu einer Verweigerungshaltung führen kann. Als problematisch erweist sich in diesem Zusammenhang auch, dass in der Praxis der Weiterbildung das Verhältnis von Arbeiten zu Lernen - und damit verbunden auch von Arbeits- und Lernzeiten - nicht ohne weiteres zu bestimmen sein wird. Dies gilt erst recht für die IT-Spezialisten, da - wie in Kapitel vier gezeigt wurde - gerade das berufliche Lernen *dieser* Gruppe sich weit in private Bereich hinein entgrenzt. Auch diese Faktoren sollte ein Lernprozessbegleiter im Blick haben.

Im Rahmen von Lernprozessbegleitung sind damit *individuelle und subjektbezogene Faktoren* hervorzuheben. Dies gilt sowohl bezogen auf die physischen und psychischen Voraussetzungen, Motivations- und Handlungsstrukturen des Lernenden wie auch reflexiv auf die eigenen, also die des Lernprozessbegleiters. Einen theoretischen Ansatz dafür bietet die Forschungsarbeit von Lehmkuhl (2002). Sie geht davon aus, dass eine psychoanalytische Theorie des Unbewussten ein tieferes Verständnis dafür erlauben kann, wieso vorhandenes Wissen im Arbeitsprozess der Beschäftigten implizit bleibt und nicht offensiv für Lernprozesse genutzt wird. Es ist demnach eine Frage der *Bewusstheit*, ob z.B. Widersprüche als solche wahrgenommen und bearbeitet werden und ob dadurch Lernprozesse eher behindert oder befördert werden. Insofern muss es auch in betrieblichen Bildungsprozessen darum gehen,

> *„eigene Gefühle als Ausdruck einer vielleicht noch unbewussten Kenntnis der Situation wahrzunehmen und entlang dieses Gefühls die unbewusste Situationseinschätzung ins Bewusstsein zu holen und dort dann einer rationalen Überprüfung und Kommunikation mit anderen zugänglich zu machen [...]" (ebd., S. 228)*

Es spricht vieles dafür, dass mit *dieser* Art von Lernprozessbegleitung Reflexionsprozesse ausgelöst werden, mit denen nicht nur eine Kompetenzentwicklung zu umfassender beruflicher Handlungsfähigkeit realisiert werden kann, sondern explizit auch *Bildungs*prozesse ermöglicht werden:

„Bildung nämlich hat auch mit der Akzeptanz von Schwierigkeiten zu tun, mit Erfahrungen des Nicht-Könnens und mit herausfordernden Kränkungen des eigenen Ungenügens. Jede Bildung ist ein persönlicher Verstehenskorridor, also nicht einfach eine fortgesetzte Problemlösung. [...] Gebildet ist, wer intellektuelle Schwierigkeiten meistert und gegenüber den vorhandenen Lösungen der Probleme misstrauisch ist." (Oelkers 2002, S. 36)

Zusammenfassend kann die spezifische Prozesskompetenz, die Lernprozessbegleiter in ihrer Arbeit benötigen, zunächst einmal verstanden werden als eine nichtfachspezifisch zuzuordnende Fähigkeit, die mit hohen sozial-kommunikativen und reflexiven Anteilen auf die Steuerung, Gestaltung, Strukturbildung, Problembearbeitung und Konfliktlösung in beruflich-betrieblichen Kontexten gerichtet ist.

Fachlichkeit versus Erfahrung

Gerade im Kontext der Umsetzung des APO-IT-Konzeptes stellt sich allerdings darüber hinaus die Frage, ob für die Begleitung von *beruflichen* Lernprozessen eine spezifische *Fachlichkeit* - also in diesem Fall IT-Kenntnisse - als eine Voraussetzung gelten kann oder ob Lernprozessbegleiter „nur" über die beschriebenen Prozesskompetenzen verfügen müssen. Dubs (2003) verweist darauf, dass Lernen viel gegenstandsgebundener ist, als man lange Zeit annahm und dass sich Fähigkeiten und Fertigkeiten und damit auch Kompetenzen nicht an *beliebigen* Lerninhalten gewinnen lassen:

„Schulungsprogramme in allgemeinen Verfahren zur Problemlösetechnik haben keine Transferwirkung auf die berufliche Tätigkeit, weil jeder Fach- oder Wissensbereich eigenen Gesetzmäßigkeiten des Problemlösens folgt. Deshalb bleiben nur solche - auch zielstrebig arbeitsprozessorientierte - Module lernwirksam, in welchen das für diesen Arbeitsprozess notwendige Wissen zur Gestaltung des Lernprozesses sorgfältig ausgewählt und strukturiert wird (die alte didaktische Frage nach dem Was beim Lernen bleibt weiterhin bedeutsam), und es zu den erforderlichen Fertigkeiten und Fähigkeiten in einen unmittelbaren Zusammenhang gebracht wird." (Dubs 2003, S. 34)

Vor diesem Hintergrund müssten im Rahmen einer arbeitsprozessorientierten Qualifizierungsmaßnahme auch die Lernprozessbegleiter IT-Kenntnisse vorweisen können. Dafür spricht auch die Erfahrung, die im Thüringer Länderprojekt gemacht wurde: dort hatten die Teilnehmer offensichtlich Probleme, lernhaltige Situationen in ihrer Arbeit zu identifizieren und geeignete Lernmaterialien auszuwählen. Gerade in diesem Zusammenhang kommt der Lernprozessbegleitung die

Aufgabe zu, „gemeinsam mit dem Teilnehmer Lernmöglichkeiten herauszuarbeiten und Situationen zu schaffen, die das kompetente Handeln angesichts der profilspezifischen Herausforderung unterstützen" (Mattauch 2003, S. 95). Ohne IT-Fachkenntnisse des Lernprozessbegleiters dürfte dies kaum möglich sein. Darüber hinaus hat sich gezeigt, dass die Teilnehmer in den Reflexionsgesprächen oft eine *konkrete* Rückmeldung von den Prozessberatern erwarteten, die diese auf Grund mangelnder Fachkenntnisse nicht geben konnten (vgl. Manski/Küper 2002, S. 83). Hier wird deutlich, dass Lernprozessbegleiter im IT-Sektor auch über Fachkenntnisse verfügen müssen.

Die Auffassung, dass die Thematisierung von Erfahrungen (also hier Lernerfahrungen) allein nicht reicht, wird auch in dem Bremer Ansatz einer gestaltungsorientierten Berufsbildung vertreten: Fischer (2000, S. 32ff) trifft die Unterscheidung von *Arbeitserfahrung* und *Arbeitsprozesswissen* und grenzt die dem zugrundeliegenden theoretischen Konzepte gegeneinander ab. Das Konzept der erfahrungsgeleiteten Arbeit von Böhle und Milkau sei, so führt er aus, lediglich auf den Prozess des Erfahrung-Machens gerichtet, wobei durch die starke Betonung von *Emotion* und *Intuition* das Gefühl als prägende Kraft der gewonnenen Erfahrungen im Vordergrund stehe. Handlungssicherheit werde erlangt durch das „Erfühlen" und „Erspüren" von Eigenschaften, und deren individuelle Ordnung in Sinnzusammenhängen ermögliche dann eine Orientierung in der Welt. Fischer grenzt sich gegen diesen Ansatz des subjektivierenden Arbeitshandelns ab und weist darauf hin, dass diese Art von Erfahrung allein nicht ausreichend sei. Um beruflich erfolgreiches Arbeitshandeln zu ermöglichen müssten fachtheoretische Anteile, verbalisier- und generalisierbare Arbeitsregeln sowie implizites Wissen hinzutreten. Nach Fischers Verständnis vermittelt erst Arbeitsprozesswissen

> *„den Zusammenhang zwischen den konzeptionellen Modellen der Arbeitsorganisation und der betrieblichen Interaktionspraxis, zwischen den ingenieurmäßig konstruierten Artefakten und ihren tatsächlichen Eigenarten im Produktionsprozess. In diesem Wissen, wie man eine Sache macht [...], bilden praktische, rationale und ästhetische Momente des Arbeitshandelns eine Einheit." (ebd., S. 37)*

Auch nach dieser Definition müsste das berufliche Wissen von Lernprozessbegleitern das Wissen und die spezifische Fachkompetenz der IT-Spezialisten einschließen. Dies gilt zumal im IT-Sektor, da nach Einschätzung der Verantwortlichen bei der Telekom in der arbeitsprozessorientierten Weiterbildung gerade die *Fachlichkeit* das Transferprojekt sicherte: „Diese Fachlichkeit [...] wird in einen Rahmen integriert, der es den Teilnehmern ermöglichte, ihre Persönlichkeit weiter zu entwickeln" (vgl. Manski/Küper 2002, S. 85). Auch die Erkenntnisse der Berufsforschung haben gezeigt, das *jeder* Beruf, und damit auch der des Lernprozessbegleiters[103], auf das bestimmte Wissen und die bestimmte Fähigkeit angewiesen ist und „deshalb seiner Materialität nicht ausweichen" (Harney 1998, S. 253) kann. In dem oben dargestellten ITAQU-Projekt werden daher ausschließlich ehemalige IT-Dozenten als Lernprozessbegleiter eingesetzt.

Zusammenfassend kann mit Blick auf APO-IT festgestellt werden, dass die Umsetzung des IT-Weiterbildungssystems maßgeblich durch das Bildungspersonal und sein professionelles Handeln beeinflusst wird und dass zugleich sowohl das betriebliche Personal als auch die Lernprozessbegleiter im Zuge der Umsetzung arbeitsprozessorientierter Lernformen an ihre Grenzen stoßen. Es stellt sich also die Frage, wie eine angemessene Qualifizierung und Professionalisierung des Personals, sowohl der Lernprozessbegleiter als auch der Fachberater gewährleistet werden kann, die *ihrerseits* den Anforderungen des arbeitsprozessorientierten Lernens gerecht wird. Hier ist eine Qualifizierung vor allem im Hinblick auf Coaching- und Beratungskompetenzen zu leisten.[104] Die didaktisch-curriculare Umsetzung des arbeitsprozessorientierten Lernens stellt jedoch nicht nur die Lernprozessbegleiter, sondern auch die Bildungsinstitutionen und insbesondere die KMU vor neue Herausforderungen.[105] Es deutet sich an, dass weder die Betriebe noch die Bildungseinrichtungen als Träger und Anbieter von Weiterbildungsmaßnahmen die aktuellen Qualifizierungsherausforderungen jeweils selbständig bewältigen können. In diesem Zusammenhang kommt in der Organisation und Gestaltung der arbeitsprozessorientierten Weiterbildung der Kooperation in Netzwerken eine besondere Rolle zu.

---

103 Einschränkend ist hier anzumerken, dass die Tätigkeit des Lernprozessbegleiters, um als Beruf gelten zu können, zunächst professionalisiert werden müsste.

104 Auch wenn die Erfahrungen der APO-Umsetzung darauf verweisen, dass neben der Professionalität die „Chemie" zwischen dem Lernprozessbegleiter und dem Teilnehmer stimmen muss und dieser Aspekt nicht „durch die Professionalität eines Lernprozessbegleiters kompensiert werden" könne (Loroff/Mattauch 2004, S. 8), so ist doch festzustellen, dass das professionelle Handeln von Lernprozessbegleitern und -beratern u.a. dadurch gekennzeichnet ist, dass sie den Teilnehmern das Gefühl geben, dass die Chemie stimmt. Insofern wird gerade an diesem Beispiel deutlich, dass Professionalität mehr umfasst als die Fachkompetenz.

105 Zu bedenken ist, dass sich mit arbeitsprozessorientierten Lernformen grundsätzlich nicht nur Vorteile verbinden. Es muss z.B. berücksichtigt werden, dass Kompetenzen und Erfahrungen nicht wie formales, als Fachqualifikation erwartbares Wissen an die Funktion in einem Unternehmen, sondern eng an die Personen gebunden sind. Funktionalisierung beruflicher Qualifizierung für einzelbetriebliche Verwertungsinteressen und Individualisierung beruflichen Lernens sind hier gleichberechtigte Strukturelemente des arbeitsprozessorientierten Lernens. Aus der Sicht der Unternehmen stellt sich hier die Frage, welches Element unter modernen Bedingungen der Arbeitsorganisation eine höhere Funktionalität hinsichtlich der Erreichung der Unternehmensziele hat.

5.2.4 Rolle der Bildungsträger und Kooperation in Netzwerken

Mit dem APO-IT-Konzept liegt für die Weiterbildung im IT-Sektor ein konzeptioneller Ansatz vor, der es KMU ermöglichen soll, arbeitsprozessorientierte Lernformen in der Arbeit umzusetzen. Wegen der auslaufenden öffentlichen Förderung für die Pilotumsetzungen in KMU wird die Einführung des IT-Weiterbildungssystems allerdings zur Zeit vorwiegend in deutschen Grossunternehmen realisiert, wie z.B. bei der Telekom und der T-Systems GmbH (vgl. Manski/Küper 2002; Schiller 2003). Es hat sich bei den APO-Umsetzungen bestätigt, dass Großbetriebe dabei auf geeignete Strukturen aus dem Bereich der Aus- und Weiterbildung oder auch der Organisations- und Personalentwicklung zurückgreifen können. Allerdings wurde auch bei der Telekom, obwohl die Qualifizierungsmaßnahme von dem Telekom Trainings Center, dem ehemaligen Zentralbereich Personalentwicklung, organisiert und durchgeführt wurde, ein sehr hoher Betreuungsaufwand konstatiert (vgl. Manski/Küper 2002, S. 82).

Kleine und mittlere Unternehmen sind insofern auf Grund ihrer organisatorisch-strukturellen Voraussetzungen, wie in Kapitel eins dieser Arbeit ausführlich dargelegt wurde, in besonderem Maße auf die Zusammenarbeit mit Bildungsträgern und anderen Unternehmen angewiesen. Dies bestätigen auch die Erfahrungen aus den APO-IT-Umsetzungsprojekten: zwar hat eine Umsetzung bei einem mittelständischen Unternehmen ergeben, dass sich APO-IT auch in vorhandene Personalentwicklungsmaßnahmen in KMU integrieren lässt, dabei ist allerdings zu bedenken, dass es sich bei dem Unternehmen um einen „Sonderfall“ handelt, weil hier der Personalentwicklung ein deutlich höherer Stellenwert beigemessen wird als in anderen KMU (Einhaus/Manski 2004). Zudem wurde dort nur ein Mitarbeiter qualifiziert, wobei eine Zertifizierung von vornherein nicht angestrebt war. Daneben wurde im Rahmen der APO-IT-Umsetzung auch die Erfahrung gemacht, dass es Unternehmen gibt, die ihren Mitarbeitern *keine* Unterstützung gewähren (vgl. Loroff/ Mattauch 2004). Insofern kommt hier den externen Institutionen und den Bildungsdienstleistern eine besondere Rolle zu.

Im Zuge der Arbeitsprozessorientierung spielen im IT-Weiterbildungssystem Seminare und Lehrgänge als Lernform eine eher untergeordnete Rolle. Nach dem APO-Konzept können in Einzelfällen, wenn seitens der Weiterbildungsteilnehmer in kurzer Zeit Grundlagenwissen erarbeitet werden soll, Kurse und Seminare bei Bildungsanbietern gebucht werden (vgl. Rohs/Mattauch 2001). Damit - und auch wegen der Veränderungen im Zuge der öffentlich geförderten Weiterbildung (vgl. Kapitel zwei) - besteht für die Weiterbildungsanbieter, wenn sie weiter am Markt existieren wollen, selbst die Notwendigkeit der Veränderung.

Einhergehend mit der „Pluralisierung und trägerspezifischen Typenvielfalt“ fordern Brödel und Bremer (2003) unter dem Stichwort „Intermediäre“ [106] einen neuartigen Typus von Institutionalisierung im Bereich des Erwachsenenlernens, den sie als „Agentur“ bezeichnen. Dieser Begriff kann in Abgrenzung zu dem traditionell seminaristisch- und angebotsorientierten „Bildungsträger“ stehen und kennzeichnet eine institutionelle und organisatorische Neuausrichtung wie sie in Kapitel zwei u.a. für den Bereich der öffentlich geförderten Weiterbildung beschrieben wurde. Dazu gehört z.B. die Änderung der Geschäftspolitik durch Marketingstrategien von der Angebotsorientierung zu einer Dienstleistungsorientierung mit Bezug zu anderen Betrieben in der Region. Dies kann erreicht werden durch ein erweitertes und auf die nachfragenden Betriebe und Personen individuell zugeschnittenes Beratungs- und Weiterbildungsangebot, das sich seinerseits an modernen Managementtechniken orientiert (vgl. Dobischat 1999; Kailer 1994b). Damit könnten auch die partizipativen und auf Selbstorganisation gerichteten Anteile der arbeitsprozessorientierten Qualifizierungsformen unterstützt werden.

Als „regionale Servicezentren für KMU“ (Stahl 1996, S. 32) können Bildungsträger ebenso umfangreiche Dienstleistungen zur Personal- und Organisationsentwicklung anbieten. Damit verschiebt sich das Leistungsspektrum der Bildungsträger von reinen Weiterbildungseinrichtungen hin zu Betriebsberatern und damit auch Organisationsentwicklern. Dies gilt im Zuge der Umsetzung des IT-Weiterbildungssystems für KMU deshalb, weil die Bildungsträger dort die didaktisch-curriculare und lernorganisatorische Planung und Gestaltung sowie die Bereitstellung von Lernprozessbegleitern übernehmen. Sie müssen sich in diesem Prozess von einem traditionellen, seminarorientierten Bildungsanbieter im IT-Sektor zu einer nachfrageorientierten „Lernagentur“ wandeln (vgl. Dehnbostel/Harder 2004).

Wenn gerade im IT-Sektor die Bildungsträger den Rollenwechsel vom Seminaranbieter zu Lernagenturen nicht vollziehen und weiterhin überwiegend Fachwissen in Kursen vermitteln, kann sich daraus in der IT-Weiterbildung statt einer Orientierung an Geschäfts- und Arbeitsprozessen der umgekehrte Effekt einer zunehmenden Verschulung einstellen. Auf der Ebene der Arbeitnehmerinnen und Arbeitnehmer lässt dies ein Motivationsproblem für die Partizipation am IT-Weiterbildungssystem erwarten, besonders wenn bisher - wie oben geschildert - im IT-Sektor berufliches Lernen offensichtlich problemlos als informelles Lernen im Arbeitsprozess, z.B. im Erfahrungsaustausch mit Kollegen, vollzogen wurde.

106 vgl. dazu auch schon Johnson (1995), der die Rolle intermediärer Organisationen bei dem Wandel des Berufsbildungssystems im Zuge des Transformationsprozesses der Wiedervereinigung beschrieben hat.

Kooperation in Netzwerken

Die Notwendigkeit zur Kooperation - mit Bildungsträgern und auch mit anderen Betrieben in der Region - ergibt sich bei der Umsetzung des APO-IT-Konzeptes dann, wenn ein Mitarbeiter eines kleinen Unternehmens nicht alle nach APO-IT vorgesehenen und damit für die Zertifizierung notwendigen Teilprozesse eines profiltypischen Referenzprozesses in seinem Betrieb absolvieren kann. Insofern gilt es hier, regionale Strukturen zu schaffen, die eine Verbundqualifizierung bzw. Netzwerklösungen, wie sie in Kapitel drei beschrieben wurden, ermöglichen. Auch die Integration von Erwerbslosen in die arbeitsprozessorientierte Weiterbildung ist nur über die vermittelnde Rolle zwischen Bildungsträgern und Praktikumsbetrieben zu leisten.

Erste empirische Erfahrungen zur „Externalisierung" betrieblicher Bildungsarbeit und der Kooperation in Netzwerken (vgl. Diettrich 2004) und zur regionalen Vernetzung von kleineren Unternehmen mit Bildungsdienstleistern (vgl. Holz 2003) liegen bereits vor.[107] Auch für den IT-Sektor gibt es vor allem im Bereich der beruflichen Erstausbildung Beispiele für funktionierende Netzwerke, wobei es sich dabei jedoch zum überwiegenden Teil um öffentlich geförderte Projekte handelt.[108] Für die IT-Weiterbildung kann das in Kapitel vier dargestellte Entwicklungs- und Begleitforschungsprojekt ITAQU als ein positives Beispiel für neue Kooperationsformen gelten: hier ist angestrebt, dass sowohl die Lerninfrastrukturen als auch die Netzwerkstrukturen so etabliert werden und sich bewähren können, dass diese auch nach dem Abschluss des Projektes erhalten bleiben und somit nachhaltige Strukturen für die Weiterbildung im IT-Sektor in Hamburg schaffen.

Besonders hervorzuheben ist, dass derartige Netzwerke selbst als eine Lernform zur Verbindung formeller und informeller Lernformen gelten können, und zwar dann, wenn die Vorzüge der Pluralität von Lernorten genutzt werden (vgl. Dehnbostel 2001). Allerdings müssen die Netzwerke, wenn sie die Rahmenbedingungen für berufliche und betriebliche Qualifizierung bilden sollen, ihrerseits lernorgani-

107 Theoretische Überlegungen zur Kooperation zwischen Betrieben und Bildungsträgern haben Dobischat und Husemann (2001) vorgelegt, wobei sie zu dem Ergebnis kommen, dass durch das bilden von „Allianzen auf Zeit" für die beteiligten Partner die Chance besteht, einzelorganisatorische Entwicklungen in den Rahmen von kooperativen Lernprozessen einzubetten. Allerdings weisen sie ausdrücklich daraufhin, dass in diesem Kontext auch Konflikte und Probleme zu erwarten sind, die sich insbesondere aus der „Verkoppelung von ökonomischen, sozialen und institutionellen Dimensionen ergeben" (S. 262); zu den gegenseitigen Erwartungen, Problemen und Chancen in der Kooperation von Betrieben mit privaten Bildungsanbietern vgl. Schmidt-Lauff (1999).

108 vgl. für die Berufsausbildung Love-IT und für die Weiterbildung Love-IT-Plus sowie KIBNET (vgl. Sendfeld 2002).

satorisch gestaltet und professionell gemanagt werden.[109] Dabei kommt wiederum dem Personal in den Weiterbildungseinrichtungen und ihrer Selbststeuerungsfähigkeit eine besondere Rolle zu. Die Netzwerkforschung hat ergeben, dass sich die kollektiv verantwortete Selbststeuerung von Netzwerken als notwendig erwiesen hat, um die Kombination und Optimierung von Lernorten als Netzwerkmodell zu entwickeln (vgl. Dehnbostel/Uhe 2002). Eine wichtige Voraussetzung dafür ist, dass die Beteiligten die netzwerkförmige Zusammenarbeit durchweg als ihre gemeinsame Aufgabe und ihr gemeinsames Interesse angesehen. Insbesondere muss sichergestellt werden, dass (vgl. Dehnbostel 2001):

- Selbststeuerung und auch Selbstorganisation als grundlegende Organisationsprinzipien zum Tragen kommen, und zwar sowohl in innerbetrieblichen Kooperationen als auch in überbetrieblichen und regionalen Kooperationen,
- Kooperationsaufgaben und -beziehungen als für die eigene Arbeit nützlich und ertragreich angesehen werden,
- Eigenständigkeit und Rahmenbedingungen der Arbeit in den einzelnen Lernorten bei vernetzten Strukturen bestehen bleiben, d.h. dass die Netzwerkarbeit von keinem Netzwerkteilnehmer dominiert oder kontrolliert wird,
- Arbeits- und Kooperationsaufgaben am Prinzip der Dezentralisierung orientiert und lernortübergreifend abgestimmt werden und dass
- ein gegenseitiges Vertrauen besteht, das sich größtenteils in der Zusammenarbeit herausgebildet hat und das es ermöglicht, unter Verzicht auf vertragliche Regelungen und zusätzliche Institutionalisierungen zu arbeiten.

Der Kategorie *Vertrauen* kommt eine besondere Bedeutung in der Netzwerkarbeit zu: Vertrauen muss einerseits für eine erfolgreiche Netzwerkarbeit vorausgesetzt werden und kann andererseits auch das Ergebnis der Kooperation sein (vgl. Wegge 1996, S. 207f).

Für die Weiterbildung im IT-Sektor und damit auch die Umsetzung der arbeitsprozessorientierten Lernformen erhält der Aspekt des Vertrauens eine besondere Relevanz vor dem Hintergrund, dass im Zuge der Kooperation in Netzwerken öffentliche Räume geschaffen werden und sich damit unter Umständen auch die Eigentumsmuster in bezug auf das beruflich relevante Wissen verändern. Gerade

109 Aus Schulmodellversuchen liegen Erfahrungen vor, die zeigen, dass im Rahmen eines professionalisierten Managements von regionalen Bildungsnetzwerken ein Strukturaufbau auf drei Ebenen zu leisten ist: erstens ist die politische und die ökonomische Infrastruktur des Netzwerkes aufzubauen. Zweitens ist eine soziale Infrastruktur zu schaffen, die die Kommunikation und Interaktion der beteiligten Akteure ermöglicht und darüber hinaus ist drittens eine IT-gestützte Wissensinfrastruktur aufzubauen (vgl. Wilbers 2003).

hinsichtlich der Qualifizierung im IT-Sektor ist in diesem Zusammenhang festzustellen, dass das Konzept der „Commons" eine immer höhere Verbreitung findet (vgl. Rilling 2002) und damit auch Konsequenzen für das berufliche Lernen in diesem Sektor hat. Der Begriff „Commons" kennzeichnet eine

> *„Öffentlichkeit, die auf dem Diskurs von Privateigentümern aufbauen kann; es meint öffentlichen Raum (Public Space), den zu unterschiedlichen Zwecken zu betreten und zu nutzen jede/r das gleiche Recht hat; es meint Public Domain (als handlungs- und damit nutzungsoffenen Raum ...); es meint öffentliche Güter, Gemeinschaftsressourcen, Netzwerkgüter oder Geschenkökonomien: es meint gemeinsame governance, Nutzung oder Aneignung auf der Basis von Gemeineigentum und anderen Eigentumsformen: es meint endlich eine Kultur und Ökonomie des cummunicare, des gemeinsam Machens, Teilens, Mitteilens." (ebd., S. 312)*

Obwohl hier die Notwendigkeit zu der Kooperation in diesen Netzwerken für KMU in dem APO-IT-Konzept unterstrichen wird (vgl. Ehrke/Rohs/Einhaus 2003), findet dieser Aspekt der *Kollektivität* des Lernens darin keine explizite Berücksichtigung. In den Evaluationen wird lediglich hervorgehoben, dass die „Präsenzphasen in den teilnehmerzentrierten Workshops für sie *[die Teilnehmer, R.M.]* wichtig waren, weil hier die Möglichkeit gegeben war, sich untereinander vernetzen zu können." (Loroff/Mattauch 2004, S. 8).

In diesem Zusammenhang fällt auf, dass die Notwendigkeit zu *kollektiven* Kooperations- und Lernformen im Kontext von APO-IT der Betonung *individualisierter*, selbstgesteuerter Lernformen, die auch in der Personenzertifizierung ihren Ausdruck finden, gegenübersteht. Damit entsteht eine paradoxe Gleichzeitigkeit individualisierter und kollektiver Lernformen, die aber gleichermaßen erhöhte Anforderungen an die Selbstorganisationsfähigkeiten des Einzelnen stellen. Durch die Kooperation in Netzwerken wird somit geradezu eine Einheit der Differenz hergestellt, indem individualisiert und doch gemeinsam gelernt wird.

Wie in Kapitel 5.1 gezeigt wurde, können die IT-Spezialisten unter anderem auf Grund der erhöhten Autonomiespielräume als ein Beispiel für moderne Beruflichkeit gelten. Durch die Kooperation in Netzwerken lassen sich im IT-Sektor Selbstbestimmung, -verantwortung und -organisation mit Hierarchiefreiheit in besonderer Weise verbinden, u.a. auch deshalb, weil für IT-Fachkräfte ein besonderer Umgang mit ihrem spezifischen Wissen verzeichnet wird. Hier kann in bezug auf die Eigentumsverhältnisse eine geradezu radikale Veränderung durch Kooperation am Beispiel der Philosophie der Linux-Gemeinde verdeutlicht werden, in der freie Software mit freier Arbeit gleichgesetzt wird. Meretz (2002) beschreibt die - offensichtlich auch politisch motivierte - Entwicklung von Open Source Software und der sozialen Open Source Initiative (OSI), die dazu führte, dass Unix als proprietäres System von GNU (GNU is Not UNIX) abgelöst wurde:

> *„Freie Software ist eine Keimform einer freien Gesellschaft. Bestimmende Momente einer freien Gesellschaft sind individuelle Selbstentfaltung, kollektive Selbstorganisation, globale Vernetzung und wertfreie Vergesellschaftung. All dies repräsentiert die Freie Software keimförmig. Das bedeutet: Freie Software ist nicht die freie Gesellschaft sozusagen im Kleinformat, sie ist auch nicht als 'historisches Subjekt' auf dem Weg zu einer freien Gesellschaft anzusehen. Sie repräsentiert in widersprüchlicher und unterschiedlich entfalteter Weise die genannten Kriterien und gibt damit die Idee einer qualitativ neuen Vergesellschaftung jenseits von Markt, Ware und Geld." (ebd., S. 347)*

Mit der Formulierung dieser weitgehenden Autonomieansprüche zeigt das Beispiel der Open Source Bewegung, dass für die IT-Fachkräfte ein relativ hoher Grad an Professionalität zu verzeichnen ist.[110] Nach den bisherigen Erkenntnissen handelt es sich bei den bestehenden Weiterbildungskooperationen und Netzwerken allerdings keineswegs um Vergesellschaftungsformen *jenseits* von Markt und Geld, sondern sie verfolgen explizit das Ziel der Umsetzung des IT-Weiterbildungssystems (vgl. Ehrke/Rohs/Einhaus 2003). Inwieweit dieser Aspekt auch Auswirkungen auf die Umsetzung des IT-Weiterbildungssystems hat, müsste an anderer Stelle geprüft werden. Nicht zuletzt könnte das APO-IT-Konzept auf Grund der offensichtlich bereits verbreiteten virtuellen Kooperation mit dem Ziel des Wissenserwerbs auch unter dem Aspekt der Learning Community (vgl. Arnold, P. 2003) eine stärkere theoretische Fundierung erfahren.[111]

5.3 Perspektiven zur Etablierung des IT-Weiterbildungssystems

Zusammenfassend ist festzustellen, dass mit den Regelungen zum IT-Weiterbildungssystem - einschließlich APO-IT - ein modernes Konzept zur Gestaltung beruflich-betrieblicher Weiterbildung vorliegt. In den Problemen, die sich bei der konkreten Umsetzung zeigen und die hier vorangehend beispielhaft beschrieben wurden, liegen noch vielfältige Herausforderungen, die zur weiteren Bearbeitung

110 In der Professionsforschung gilt Autonomie als ein wesentliches Merkmal von Professionen (vgl. Hesse 1972) wobei Professionen als eine gehobene Formen von Beruflichkeit verstanden werden (vgl. dazu ausführlich Meyer 2000).

111 Dies gilt insbesondere vor dem Hintergrund, dass in dem ISST-Forschungsbericht (Mattauch 2003) teilnehmerzentrierten Workshops eine besondere Funktion zugesprochen werden.

in der praktischen Gestaltung und auch in der theoretischen Weiterentwicklung anstehen. Damit bietet aber gerade die Weiterentwicklung der bestehenden Konzepte ein hohes Potenzial und auch Chancen dafür, dass das System eine nachhaltige Implementierung in die deutsche Weiterbildungslandschaft erfährt und auch auf andere Bereiche der Berufsbildung übertragen werden kann.

In *organisatorisch-struktureller* Perspektive, also auf der Ebene des Berufsbildungssystems, ist die neue berufliche Organisation von IT-Tätigkeiten grundsätzlich positiv zu bewerten, weil damit die bewährten Vorzüge von Beruflichkeit hier eine systematische Weiterentwicklung und eine institutionalisierte Grundlage erfahren haben und als moderne Strukturelemente in die Gestaltung des IT-Weiterbildungssystems eingeflossen sind. Unter Modernitätsaspekten deuten sich im IT-Weiterbildungssystem damit, wie im vorangegangenen Kapitel gezeigt wurde, sogar Strukturelemente einer modernen Beruflichkeit an:

Bei der Gestaltung und Umsetzung des IT-Weiterbildungssystems handelt es sich um ein Beispiel dafür, wie berufliche Bildung im Spannungsfeld zwischen staatlicher Regulierung und marktorientierter Liberalisierung mit einem hohen Maß an Offenheit institutionell geregelt werden kann. Einerseits hat der Staat regulierend in den Weiterbildungsmarkt eingegriffen und auf der Basis von Rechtsverordnungen mit den operativen Professionals Berufe auf höchstem Qualifikationsniveau (in der Intention vergleichbar mit dem Masterabschluss auf Hochschulniveau) geschaffen. Andererseits wurde mit den Spezialistenprofilen für die mittleren Qualifikationsebenen ein Strukturrahmen zur Gestaltung erarbeitet, der offen für Ergänzungen und Veränderungen ist und der nicht verbindlich umgesetzt werden muss. Es ist davon auszugehen, dass diese hohe Flexibilität einerseits den spezifischen Anforderungen der innovationsintensiven IT-Branche gerecht werden kann. Auf der Umsetzungsebene kann diese Offenheit aber andererseits Unübersichtlichkeit und Beliebigkeit befördern und damit eine zielgerichtete erfolgreiche Realisierung eher behindern.

In der praktischen Umsetzung des IT-Weiterbildungssystems wird es im nächsten Schritt zum einen darum gehen, Arbeitnehmer und Unternehmen überhaupt für die Zertifizierung zu IT-Spezialisten zu gewinnen. Grundsätzlich ist eine hohepolitische Akzeptanz dieses Systems bei den einzelnen Interessengruppen und Verbänden zu verzeichnen, wobei allerdings auffällt, dass das Engagement für die Umsetzung dieses Systems im Wesentlichen von einzelnen Personen erbracht wird. Abzuwarten bleibt zum jetzigen Zeitpunkt, ob das IT-Weiterbildungssystem auch Akzeptanz in der Praxis, bei den Betrieben und den potenziellen Weiterbildungsteilnehmern, d.h. den Arbeitnehmern in der IT-Branche erfährt. Die „Marktgängigkeit“ des Systems wird im Wesentlichen davon abhängen, ob es zum einen gelingt, den Bekanntheitsgrad des Systems insgesamt zu erhöhen und das Konzept zum anderen so transparent zu gestalten, dass sowohl Unternehmen als auch einzelne potenzielle Weiterbildungsteilnehmer zu einer Teilnahme überzeugt werden. Bisher werden die Regelungen des IT-Weiterbildungssystems nur begrenzt und eingeschränkt zur Kenntnis genommen.[112]

So kommt z.B. eine Evaluationsstudie zum IT-Weiterbildungssystem, die von einem unabhängigen Institut im Auftrag des BIBB durchführt wurde, zu dem Ergebnis, dass besser und breiter über das IT-Weiterbildungssystem informiert werden müsste. Es wird dort empfohlen, einzelne Aspekte - wie z.B. Dauer der Qualifizierungsmaßnahme, Höhe der Kosten sowie die Komplexität der Referenzmodelle - zu überprüfen. Ansonsten, so das Fazit dieser Studie, müsse man davon ausgehen, dass sich keine Interessenten für eine Qualifizierung im IT-Weiterbildungssystem finden würden (vgl. Meyer, A. 2004).

Auf der *didaktisch-curricularen* Ebene erweisen sich die detaillierten Vorgaben, die sich aus dem Konzept der Arbeitsprozessorientierung (APO-IT) ergeben, als problematisch. Dieses Konzept kann einerseits lediglich als Empfehlung zur Durchführung von Qualifizierungsmaßnahmen gelten, es erhält aber durch die Festschreibung einzelner Elemente, wie z.B. das Dokumentations- und Zertifizierungsverfahren andererseits eine hohe Relevanz und einen verbindlichen Stellenwert. Es deutet sich aus den bisherigen Erfahrungen bei der Umsetzung des IT-Weiterbildungssystems an, dass eine mangelnde bildungs- und lerntheoretischen Fundierung des APO-IT-Konzeptes Umsetzungsprobleme in der betrieblichen Praxis hervorruft. Insofern müsste dieses Konzept eine *konzeptionelle und methodische Erweiterung* unter Berücksichtigung der bereits vorliegenden Erkenntnisse zum Lernen im Prozess der Arbeit erfahren. Dies gilt insbesondere für die auch in der IT-Weiterbildung elementare Funktion der Lernprozessbegleitung. In den ersten konkreten Umsetzungen von APO-IT lag der Schwerpunkt der Qualifizierung eher auf der Vermittlung *fach*bezogener Inhalte und auf der Vorbereitung zur Zertifizierung statt auf einer umfassenden Kompetenzentwicklung zu beruflicher Handlungsfähigkeit. Insofern gilt es auch diesen Aspekt, unter Berücksichtigung

112 Erstaunlicherweise werden die potenziellen Innovationen, die sich mit dem IT-Weiterbildungssystem sowohl in struktureller als auch in didaktischer Hinsicht verbinden, bisher nicht einmal im Bereich der Qualifikationsforschung zur Kenntnis genommen. So konstatiert z.B. Dostal (2004), dass eine Konsolidierung der Berufsbezeichnungen im IT-Sektor noch nicht erkennbar sei. Und auch in einem erst 2004 erschienenen Sonderband zu Qualifizierungserfordernissen durch die Informatisierung der Arbeitswelt findet sich kein Hinweis auf das IT-Weiterbildungs-system (vgl. Bullinger/Bott/Schade 2004). Die Tatsache, dass diese Veröffentlichung aus den Arbeitszusam-menhängen eines FraunhoferInstituts (aber nicht des ISST) hervorgegangen ist, lässt den Schluss zu, dass auch hier konkurrierende Interessen wirksam wurden, die die Umsetzung des IT-Weiterbildungssystems nicht gerade befördern.

der Verbindung von organisierten und informellen Lernformen, theoretisch weiter zu fundieren.

Mit dem Prinzip der Prozessorientierung, das dem IT-Weiterbildungssystem zugrunde liegt, wird der Widerspruch zwischen Pädagogik und Ökonomie scheinbar zunehmend obsolet und es vollzieht sich eine Annäherung dieser beiden Bereiche. Diese Entwicklung bestätigt insofern die Konvergenzthese, die in modernen Theorieansätzen der beruflichen Bildung vertreten wird (vgl. Gonon 2004; Harteis 2000). Allerdings droht in dieser Diskussion zum einen das Subjekt verloren zu gehen und zum anderen wird übersehen, dass die divergierenden Interessen der Akteure auch bezogen auf die Weiterbildung erhalten bleiben. Konsequenterweise wäre aus pädagogischer Sicht die *Subjektseite* deutlicher zu thematisieren. Dieser Aspekt kommt in dem APO-IT-Konzept zu kurz und müsste unter dem Aspekt der individuellen Kompetenzentwicklung eine weitere theoretische Fundierung erfahren.

Es wurde in den Ausführungen u.a. betont, dass eine *lernorganisatorische und methodische Planung und Gestaltung* im Zuge der Implementierung arbeitsprozessorientierter Qualifizierungskonzepte unerlässlich ist. Grundsätzlich muss es im Zuge der Umsetzung arbeitsprozessorientierter Weiterbildung darum gehen, in den Betrieben angemessene und lernförderliche Strukturen für das Lernen im Prozess der Arbeit bereitzustellen. Dies gilt innerbetrieblich wie auch betriebsübergreifend zum einen in organisatorisch-struktureller Hinsicht und zum anderen in didaktisch-curricularer Hinsicht. Unter dieser Voraussetzung ist auch davon auszugehen, dass die erfolgreiche Umsetzung des IT-Weiterbildungssystems und der arbeitsprozessorientierten Lernformen eine nachhaltige Auswirkung auf die betrieblichen Lern- und Arbeitskulturen der Unternehmen und damit verbunden auch auf deren Innovations- und Wettbewerbsfähigkeit haben könnte.

Letztlich kann die Qualität der *beruflichen* Weiterbildungsmaßnahmen nur auf der *betrieblichen* Ebene - und zwar über die lernorganisatorische Gestaltung arbeitsorientierter Lernformen sichergestellt werden. Die Orientierung der Weiterbildungsmaßnahmen am Arbeitsprozess und die prinzipielle Offenheit des Lernprozesses erfordert jedoch von den Betrieben und auch von dem pädagogisches Personal ein hohes Maß an Gestaltungspotenzial und auch -bereitschaft. In diesem Rahmen steht die Qualifizierung und Professionalisierung des Bildungspersonals im IT-Sektor an, das den Lernprozess in der Projektbearbeitung, der Dokumentation und der Reflexion begleiten soll.

Das Beispiel des IT-Weiterbildungssystems zeigt, dass kleine und mittlere Unternehmen erhebliche Probleme in der Umsetzung der neuen, zumeist dezentralen

Lernformen haben. Sie sind daher vor allem in lernorganisatorischer Hinsicht auf externe Unterstützung angewiesen. Vor diesem Hintergrund kommt zum einen *Bildungsträgern* und zum anderen *neuen Kooperationsformen*, wie z.B. Netzwerken, eine besondere Bedeutung zu. Diese müssen sich allerdings ihrerseits einem Innovationsprozess aussetzen und sich von ihrem traditionellen, lehrgangsorientierten Seminarstil lösen. Ihnen kommt zukünftig zunehmend die Rolle zu, eine bedarfsorientierte konzeptionelle Gestaltung von arbeitsprozessorientierten Qualifizierungsmaßnahmen sowohl in didaktisch-curricularer als auch in methodischer Hinsicht zu leisten und darüber hinaus die Rolle der Lernberatung und der -prozessbegleitung zu übernehmen. Im Prozess dieses Wandels sind sie ihrerseits auf Kooperation angewiesen. Zu fragen ist, inwieweit Netzwerke - so wie sie in Kapitel drei präsentiert wurden - für die Umsetzung des IT-Weiterbildungssystems eine angemessene Kooperationsstruktur bieten, oder ob in diesem Kontext anderen bewährten Kooperationsformen, wie z.B. Verbünden, eine höhere Funktionalität zukommt. Deutlich ist jedoch, dass mit der Etablierung von Kooperationsstrukturen verhindert werden könnte, dass sich das IT-Weiterbildungssystem zu einem Elitemodell für Großunternehmen entwickelt. Unter dem Aspekt der Demokratisierung von Chancen - sowohl für einzelne Arbeitnehmer als auch für kleinere Betriebe - besteht insofern auch eine bildungspolitische Herausforderung darin, arbeitsbezogene Lernformen in der IT-Weiterbildung in Netzwerkstrukturen umzusetzen und weiterzuentwickeln.

Zusammenfassend kann festgestellt werden, dass sowohl die theoretische Konzeptionierung als auch die praktische Gestaltung der Weiterbildung im IT-Sektor längst nicht abgeschlossen ist. Wie in dieser Arbeit gezeigt wurde, bestehen sowohl in organisatorisch-struktureller als auch in didaktisch-curricularer Perspektive noch große Herausforderungen in bezug auf die nachhaltige Implementierung des IT-Weiterbildungssystems in die deutsche Bildungslandschaft. Ferner werden in diesem Prozess auch noch weitere bildungspolitische Auseinandersetzungen anstehen, wobei in diesem Prozess auch die Interessen der Betroffenen angemessen zu berücksichtigen sind. Ein wesentlicher Aspekt ist in diesem Zusammenhang auch die Finanzierung. Die Konzeption, die Umsetzung und auch die Evaluation der ersten Qualifizierungsmaßnahmen ist im Rahmen öffentlicher Finanzierung maßgeblich unter Beteiligung des Staates entstanden. Dass auch der weitaus überwiegende Teil der Umsetzungsprojekte der IT-Weiterbildung öffentlich gefördert ist, zeigt die Bereitschaft des Staates, Innovationen im Bereich der beruflich-betrieblichen Weiterbildung auch in finanzieller Hinsicht zu unterstützen. Es existieren bisher allerdings nur wenige privatwirtschaftlich finanzierte Initiativen zur Umsetzung des IT-Weiterbildungssystems. Damit deutet sich durch die Dominanz der öffentlichen Förderung ein Problem bezogen auf die Nachhaltigkeit der zur Zeit entstehenden Weiterbildungsstrukturen und damit auch der arbeitsorientierten Lernformen an. Es ist nicht auszuschließen, dass die Umsetzung der IT-Weiterbildung an mangelndem Interesse und mangelnder Teilnahmebereitschaft scheitert, erst recht, wenn die finanzielle Förderung ausgelaufen ist. Empirische Erkenntnisse aus der Netzwerkforschung haben z.B. gezeigt, dass gerade bei projektinitiierten Netzwerken die Bestandserfolge eher gering sind. Nach dem Auslaufen der finanziellen Förderung ist demnach „festzustellen, dass Anfangseuphorien teilweise schnell nachlassen und weitere Kooperationen [...] dann nur noch marginal anzutreffen sind." (Benzenberg 1999, S. 224). Auch Forschungen im Kontext der Innovations- und Transferpolitik haben ergeben, dass die Nachhaltigkeit öffentlich finanzierter Kooperationsstrukturen angesichts der Förderpolitik zum Problem wird, da die Förderung in der Regel ohne Überprüfung von Effizienzsteigerungen erfolgt (vgl. Krücken/Meier 2003). Die Entscheidung des BMBF sich nach der „Anschubfinanzierung" zu einem relativ frühen Zeitpunkt in der Umsetzung des IT-Weiterbildungssystems aus der Förderung der Qualifizierung im IT-Sektor zurückzuziehen, ist deshalb infrage zu stellen. Insbesondere im Hinblick auf die noch sehr unübersichtliche Organisation auf der Ebene der Spezialistenprofile wäre es notwendig, das Lernen im Prozess der Arbeit im IT-Weiterbildungssystem von staatlicher Seite weiterhin durch bildungs- und ordnungspolitische Maßnahmen zu flankieren. Wenn dies gelingt, ist eine Basis dafür geschaffen, dass sich Impulse für die Modernisierung anderer Bereiche der Beruflichen Bildung ergeben.

Hier wird die These vertreten, dass eine handlungsorientierte wissenschaftliche Begleitforschung einen Beitrag zur Umsetzung der modernen Weiterbildungsstrukturen und der arbeitsprozessorientierten Lernformen leisten kann. Dies gilt sowohl auf der Ebene der betrieblichen Umsetzung als auch im Zuge des Wandels von Bildungsträgern und der Etablierung neuer Kooperationsformen (wie z.B. Netzwerke). Die ersten Erfahrungen bei der Umsetzung des IT-Weiterbildungssystems verdeutlichen die Notwendigkeit, sowohl die theoretische Weiterentwicklung als auch die konkrete praktische Umsetzung der Konzepte zum Lernen im Prozess der Arbeit durch eine praxisnahe, handlungs- und umsetzungsorientierte Berufsbildungsforschung zu begleiten. So wurde z.B. auch im Rahmen der APO-IT Umsetzungen die Kooperation mit dem Fraunhofer Institut ISST als ein Erfolgsfaktor bewertet, wobei der Projekterfolg „zu großen Teilen auf diese Zusammenarbeit von Forschung und Praxis zurückgeführt werden" kann (Loroff/Mattauch 2004, S. 9).

Daran anknüpfend, dass eine handlungsorientierte und theoriegeleitete wissenschaftliche Begleitforschung zur Implementierung und Verstetigung moderner

Weiterbildungsstrukturen beitragen kann, wird hier nachfolgend die Rolle von Berufsbildungsforschung im Kontext der beruflich-betrieblichen Weiterbildung thematisiert. Mit dem Wandel der Arbeitswelt und den damit einher gehenden Konsequenzen für die Veränderung Beruf und Bildung stellt sich hier die Frage, inwiefern wissenschaftliche Handlungsforschung einen Beitrag dazu leisten kann, zum einen die organisatorisch-strukturelle und die didaktisch-curriculare Gestaltung moderner Weiterbildungskonzepte in der *Praxis* der Berufsbildung zu begleiten. Zum anderen ist darüber hinaus danach zu fragen, inwieweit sie durch die Erfassen, Reflexion und systematischen Analyse der Praxis auch die Theorieentwicklung in der Weiterbildungsforschung voranbringen kann.

Teil 3

Herausforderungen für die Berufsbildungsforschung

6 Handlungsorientierte Begleitforschung in der Berufsbildung

Ähnlich wie das Berufskonzept und die berufliche Erstausbildung ist auch die Berufsbildungsforschung in Deutschland im Vergleich zu anderen Ländern hoch institutionalisiert. Diese hohe Regelungsdichte findet ihren Ausdruck sowohl in der Existenz des Bundesinstituts für Berufsbildung (BIBB) und dem Institut für Arbeitsmarkt- und Berufsforschung (IAB) als auch in den umfangreichen Forschungsförderprogrammen des BMBF (vgl. Kapitel drei) und nicht zuletzt in den universitären Einrichtungen (z.B. den Instituten zur Lehrerbildung an beruflichen Schulen). Am Beispiel des IT-Weiterbildungssystems wird allerdings deutlich, dass die Berufsbildungsforschung, einschließlich der erziehungswissenschaftlichen Teildisziplin Berufs- und Wirtschaftspädagogik, die Gestaltung von Berufen nach wie vor „anderen Kräften und Mächten" (Hesse 1972, S. 25) überlässt. In diesem Zusammenhang ist hervorzuheben, dass die erziehungswissenschaftlichen Disziplinen weder an der inhaltlichen und strukturellen Konzeption des IT-Weiterbildungssystems noch an der konzeptionellen und methodischen Entwicklung von APO-IT beteiligt waren. Trotz der ausdifferenzierten Kooperationsstrukturen, die bei der Entwicklung des IT-Weiterbildungssystems wirksam waren, bestand keine Zusammenarbeit mit *universitären* Einrichtungen. Da das neue IT-Weiterbildungssystems in wissenschaftlichen Diskursen kaum zur Kenntnis genommen wird, ist diesbezüglich geradezu eine Abstinenz zu verzeichnen.[113]

Insgesamt ist festzustellen, dass das IT-Weiterbildungssystem - abgesehen von zahlreichen Veröffentlichungen aus dem Umfeld des ISST und des BIBB - im akademischen Bereich nur eine marginale Thematisierung erfahren hat. Darin liegt perspektivisch ein Entwicklungspotenzial für die wissenschaftlichen Disziplinen, das Feld einer handlungsorientierten IT-Weiterbildungsforschung im Rahmen der Berufsbildungsforschung zu besetzen. Vor diesem Hinter-

113 An dieser Stelle liegt die Frage nahe, ob es sich im Hinblick auf die Konzeptionierung des IT-Weiterbildungssystems um eine selbstgewählte oder um eine unfreiwillige Abstinenz der wissenschaftlichen Disziplinen handelt. Insgesamt ist nicht nachvollziehbar, warum Berufsbildungsforscher nicht an der bildungstheoretischen Grundlegung und Konzeption des APO-IT-Konzeptes beteiligt wurden.

grund ist hier zunächst einmal nach der disziplinären Verortung für die beruflich-betriebliche Weiterbildungsforschung innerhalb der Erziehungswissenschaften zu fragen (6.1). Im Anschluss daran werden methodologische Grundprobleme einer theoriegeleiteten und zugleich praxisorientierten Handlungsforschung thematisiert. Dabei werden u.a. Erkenntnisse aus der Modellversuchsforschung aufgenommen und unter dem Aspekt der Vermittlung von Theorie und Praxis im Hinblick auf den Anspruch ihrer Vermittlung untersucht (6.2). Nachfolgend geht es dann um methodische Fragen der Konzeption und Umsetzung einer theorieorientierten Entwicklungs- und Begleitforschung in der Tradition der Handlungsforschung (6.3). In diesem Rahmen wird auch beispielhaft das Forschungskonzept des oben schon vorgestellten Entwicklungs- und Begleitforschungsprojektes zur Umsetzung des IT-Weiterbildungssystems in Hamburger Klein- und Mittelbetrieben näher betrachtet. Damit werden die bisherigen Ausführungen dieses Kapitels zusammengeführt. Abschließend werden Potenziale und Grenzen einer handlungsorientierten Begleitforschung diskutiert (6.4).

6.1 Berufsbildung als Gegenstand interdisziplinärer Forschung

Traditionell besteht für den weiterführenden Bildungsbereich eine deutliche Trennung und disziplinäre Zuordnung innerhalb der Erziehungswissenschaften. In der historischen Entwicklung kam es zu einer Ausdifferenzierung der wissenschaftlichen Disziplinen Erwachsenenbildung und Berufs- und Wirtschaftspädagogik, wobei die Diskussion um das Verhältnis von *allgemeiner* und *beruflicher* Bildung zum wesentlichen Abgrenzungskriterium zwischen den Disziplinen führte. Während die Berufs- und Wirtschaftspädagogik seit ihrem Entstehen bestrebt war, die Gleichwertigkeit der Berufsbildung durch das komplexe Implikationsverhältnis von beruflicher Tätigkeit und humaner Bildung zu legitimieren (vgl. Backes-Haase 2001), hat sich die Erwachsenenbildung in ihren Ursprüngen an der humanistischen Bildungstradition orientiert und eine scharfe Abgrenzung zu jeder Art beruflicher Aus- und Weiterbildung vorgenommen (vgl. Kade 1993). Dies führte dazu, dass die Berufs- und Wirtschaftspädagogik sich inhaltlich auf die Lehrerausbildung an beruflichen Schulen und damit explizit den Bereich der Erstausbildung fokussierte. Fragen der beruflich-betrieblichen Weiterbildung wurden kaum thematisiert. Die Forschungen der Erwachsenenbildung konzentrierten sich dagegen in den 1970er Jahren auf Lehr-Lern-Prozesse und Aspekte der Interaktion, in den 1980er Jahren auf die Adressaten- und Teilnehmerforschung als Biographieforschung und in den 1990er Jahren auf die Methodik und Didaktik des Lernens

Erwachsener (vg. Nuissl 2002, S. 336). Allerdings fanden dabei Aspekte der *beruflichen* Weiterbildung ebenfalls nur marginale Beachtung.

Im Zuge gesellschaftlicher und betrieblicher Modernisierungsprozesse macht diese Polarisierung zwischen den Disziplinen immer weniger Sinn. Auch angesichts der Uneindeutigkeit zukünftiger berufsfachlicher Qualifikationserfordernisse und der Hinwendung zu Kompetenz als Leitkategorie beruflicher Bildungsprozesse hat sich die Differenz zwischen beruflicher Bildung und Allgemeinbildung weitgehend verflüchtigt. Mitte der 1990er Jahre hat auch die Erwachsenenbildung ihre Zuständigkeit für die *betriebliche* Weiterbildung erklärt (vgl. Arnold 1995).[114] Es liegt insofern für die Berufsbildungsforschung nahe, in wissenschaftstheoretischer Perspektive die Trennung zwischen allgemeiner und beruflicher Bildung zu überwinden und eine verstärkt disziplinenübergreifende Forschungsperspektive einzunehmen. Ein solches interdisziplinäres Selbstverständnis, das sich einerseits in einer subjektbezogene Dimension, mit der Nähe zur Psychologie und andererseits in einer kollektiven Dimension mit Bezügen zur Soziologie ausdrückt, wird für die Berufsbildungsforschung bereits in Ansätzen sichtbar (vgl. Dobischat/Düsseldorf 2002).

In der Erziehungswissenschaft wird prinzipiell zwischen Bildungs*theorie* und Bildungs*forschung* unterschieden (Garz/Blömer 2002), wobei die Bildungstheorie als philosophischer und theoretisch entwickelter Ansatz innerhalb der Allgemeinen Pädagogik zu verstehen ist [115] und sich die Bildungsforschung als empirischer Ansatz auf die Erschließung der Wirklichkeit richtet. Während die *klassische* bildungstheoretische Position den Begriff der Bildung am Individuum festgemacht hat, steht eine *erweiterte* bildungstheoretische Position für die Berücksichtigung einer institutionellen und eher systemischen Perspektive. Auch die *Berufs*bildungsforschung findet sich in dieser institutionellen Ausdifferenzierung der allgemeinen Bildungsforschung wieder: eine Analyse der Inhalte und Paradigmen der außeruniversitären und der universitären Forschungseinrichtungen hat ergeben, dass in der *universitären* Forschung die bildungs*theoretischen* Gehalte nach wie vor betont werden (vgl. Dobischat/Düsseldorf 2002). Hier wird gegenüber den Untersuchungen außeruniversitärer Institutionen, wie sie z.B. seitens des IAB und des

114 In dem „Forschungsmemorandum für die Erwachsenen- und Weiterbildung" werden als Schwerpunkte für die empirische Bearbeitung benannt: Wissensstrukturen und Kompetenzbedarfe, professionelles Handeln, Institutionalisierung, System und Politik (vgl. Arnold u.a. 2000).

115 In der Bildungstheorie werden fünf Dimensionen des Bildungsbegriffs unterschieden. Demnach ist Bildung: 1. individueller Bestand, 2. individuelles Vermögen, 3. individueller Prozess, 4. individuelle Selbstüberschreitung und Höherbildung der Gattung sowie 5. Aktivität bildender Institutionen oder Personen (vgl. Ehrenspeck 2002, S. 145).

BIBB durchgeführt werden, „eine weniger bürokratische, makrostrukturelle und ordnungspolitische, sondern eine umso stärker betonte subjektbezogene und bildungstheoretisch legitimierbare Perspektive" hervorgehoben (ebd., S. 326). Allerdings ist dabei für die Berufsbildungsforschung insgesamt nach wie vor eine deutliche Beschränkung auf den Bereich der *Erst*ausbildung vorherrschend. Wenn auch die organisatorisch-strukturellen und die didaktisch-curricularen Prozesse der beruflich-betrieblichen *Weiter*bildung Gegenstand von universitärer Berufsbildungsforschung werden sollen, dann gilt es, diese Engführung zu überwinden. Dobischat und Düsseldorf (2002) fordern daher für die Berufsbildungsforschung ein Aufgabenprofil, das

> *„aus der Koppelung des institutionellen Selbstverständnisses der Forschungsinstitution, ihrer gesellschaftlichen, ökonomischen und auch politischen Aufgabenstellung mit den einschlägigen Bezugs- und Bedingungsfeldern der Beruflichen Bildung über das Duale System als alleinigem Bedingungsrahmen weit hinausweisen muss." (ebd., S. 318)*

Diese Entgrenzung über das Duale System hinaus sei - so die Autoren - in der Forschungspraxis zwar durchaus vorzufinden, sie schlage sich aber bisher in der Diskussion der Disziplin nicht terminologisch nieder.

Berufsbildungsforschung kommt die Aufgabe zu, Entwicklungen in der Realität zu beobachten und zu beschreiben, dann aber von dieser konkreten Wirklichkeit zu abstrahieren, die sozialen Prozesse zu analysieren und dabei Begriffe zu entwickeln, die diese angemessen verdeutlichen. Die Erkenntnisse dieses Prozesses werden in Theorien überführt, wobei in der Regel bestehende Theorien weiterentwickelt werden. Gerade im Bereich der Berufsbildung ist es darüber hinaus jedoch sinnvoll und notwendig, dass die Erkenntnisse, die im Rahmen der Forschung gewonnen werden, auch wieder in die Praxis von Aus- und Weiterbildung einfließen und ihrerseits zur Weiterentwicklung des Berufsbildungssystems beitragen. In professionspolitischer Hinsicht besteht damit für eine am Prinzip moderner Beruflichkeit orientierte Wissenschaft die Herausforderung darin, die Probleme der beruflichen Aus- und Weiterbildung auf individueller, betrieblicher und auch auf gesellschaftlicher Ebene zu thematisieren und sich sowohl an der Gestaltung der Strukturen und Prozesse zu beteiligen als auch die Theorie der beruflichen Bildung weiterzuentwickeln. So hat auch die Senatskommission für Bildungsforschung, die Anfang der 1990er Jahre von der Deutschen Forschungsgemeinschaft (DFG) eingesetzt wurde, in ihrem Gutachten zur Berufsbildungsforschung ausdrücklich eine „Handlungsforschung" empfohlen. Im Rahmen wissenschaftlicher Begleituntersuchungen soll damit die Praxis der Berufsbildung unterstützt, beschrieben und analysiert werden. Durch die Arbeit mit

„exakten Methoden der empirischen Sozialforschung [...] soll ein Entwicklungsprozess, ein Innovationsprozess in der Praxis - durch Zugabe von Wissenschaft, etwa im Sinne von Beratung, möglicherweise auch unter Einschluss empirischer Untersuchungen - optimiert werden." (ebd., S. 87)

Die Erfahrungen aus der Modellversuchsforschung haben einerseits gezeigt, dass wissenschaftliche Begleitforschung in diesem Verständnis die Funktion eines Motors (vgl. Dehnbostel 1998) oder sogar die eines Katalysators (vgl. Zimmer 1995) von Innovationen in der beruflich-betrieblichen Weiterbildung übernehmen kann. Andererseits zeigen Befunde aus der Modellversuchsforschung aber auch, wie schwierig es ist, ein angemessenes Verhältnis von der Anwendung theoretischen Wissens *in* der Praxis und gleichzeitiger Theoriegenerierung *aus* der Praxis zu erzielen.

6.2 Methodologische Probleme handlungsorientierter Berufsbildungsforschung

In der Weiterbildungsforschung sind mit Seyd (1994) grundsätzlich zwei Strategien zu unterscheiden: zum einen wird betriebliche Weiterbildung als Handlungs*objekt* mit entsprechender kritischer Distanz des Forschers untersucht. Zum anderen kann ein handlungs(forschungs)orientierter Ansatz verzeichnet werden, wobei das Element der Analyse mit dem der Einflussnahme und Gestaltung verbunden werden soll. Als zentraler Forschungsauftrag steht dabei nicht die Erkenntnisgewinnung für sich allein, sondern sie gibt vielmehr die Vorstufe und Grundlage anschließender Einflussnahme im Handlungsfeld ab (vgl. Seyd 1994, S. 246). Für die Berufsbildungsforschung lässt sich, wie auch für die Sozialwissenschaften und die Arbeitswissenschaft, eine wachsende Bedeutung von Ansätzen verzeichnen, „die die Rolle der WissenschaftlerInnen in organisationalen Gestaltungsprozessen jenseits ihres Expertenstatus im Sinne gemeinsamer, dialogisch aufgebauter Lernprozesse mit den Akteuren aus der Praxis neu bestimmen." (Howaldt 2003, S. 333) Als Ziel von Handlungsforschung wird nicht in erster Linie die Theoriebildung, sondern „die wissenschaftlich begleitete Veränderung, das In-Gang-Bringen von Projekten, Initiativen, die eine Selbstveränderung der Handelnden bewirken" formuliert (Trier 2003, S. 41).

Zunächst einmal ist jedoch festzuhalten, dass sich hinter dem Begriff der Handlungsforschung keine einheitliche Theorie verbirgt, sondern dass damit unterschiedliche theoretische Positionen und Sichtweisen verbunden sind. Offensichtlich lässt allerdings die Thematisierung dieser Forschungsrichtung schon seit ihrem Bestehen eine begriffliche Schärfe vermissen (vgl. König 1983). Obwohl es schon in den 1980er Jahren darum ging, wissenschaftliches Wissen in pädagogische Praxisfelder einfließen zu lassen, um so innovative Prozesse anzustoßen, können die Konzepte der Begleit-, Evaluations- und Handlungsforschung, die im Kontext der Bildungsreform seit den 1970er Jahren entstanden sind, heute nur bedingt übernommen werden:

> *„Sowohl die Ausdifferenzierung der Forschungsmethodologie [...] als auch das vielschichtige Phänomen einer reflexiven Verwissenschaftlichung tragen zu einer grundlegend veränderten Ausgangs- und Anforderungssituation für die lernkontextuell relevante Forschung bei." (Brödel/Bemer 2003, S. 12)*

Im Zuge einer handlungsorientierten Berufsbildungsforschung müssen deshalb sowohl in methodologischer als auch in methodischer Hinsicht Forschungskonzeptionen entwickelt werden, die jeweils auf den zu erforschenden Gegenstand zugeschnitten sind. Dies erfordert von den Wissenschaftlern ein fundiertes wissenschaftstheoretisches und methodologisches Wissen und eine hohe forschungsmethodische Kompetenz. Darüber hinaus gehört es zu ihren Aufgaben, im Feld die praktische Umsetzung begleiten und zum Teil auch - hier berufliche und betriebliche Weiterbildungsstrukturen - aktiv mitzugestalten. Damit verbinden sich, ähnlich wie das auch für die Lernprozessbegleiter gezeigt wurde (vgl. Kapitel 5.2.3), sehr hohe Anforderungen an das wissenschaftliche Personal in der Berufsbildungsforschung.

6.2.1 Zwischen Praxisgestaltung, Theorieentwicklung und öffentlicher Verantwortung

Angesichts moderner Entwicklungen in der beruflich-betrieblichen Weiterbildung geht es darum, über eine anwendungsorientierte Forschung und Beratung eine Verknüpfung von Theorie und Praxis herzustellen. Dabei sind die Geltungsansprüche des Wissens, das in diesem Prozess entsteht, „kontextabhängig im Zusammenhang mit anderen Akteuren und denen im Prinzip nicht überlegen" (vgl. Martens 2003, S. 125) zu entwickeln.

Dieses handlungsorientierte Vorgehen impliziert somit zugleich, dass die traditionelle Trennung zwischen Forschern und Praktikern zugunsten eines Zusammenwirkens im Handlungs- und Forschungsfeld tendenziell aufgehoben wird. Die Probleme, die sich daraus im Hinblick auf die Mitgestaltung und die kritische

Distanz der Forscher ergeben, sind in der erziehungswissenschaftlichen Literatur vielfach diskutiert worden sind (vgl. beispielhaft König 1983; Dehnbostel 1998; Trier 2003).

Hinsichtlich der Einbeziehung der Forscher in das praktische Feld verzeichnet Trier (2003) unterschiedliche Formen und Ausprägungsgrade und unterscheidet damit vier Varianten der Handlungsforschung: In der *ersten* Variante sind die Forscher selbst gleichzeitig Initiatoren und Manager ihrer Projekte. Als Handelnde, die Konzepte entwickeln und Prozesse steuern, sind sie auch Betroffene und bewerten ihr Handeln selbst. Die Identifikation der Forscher mit dem Gegenstand und dem Handlungsfeld ist hier sehr hoch, das Forscherengagement ist geradezu eine Handlungsbedingung. In der *zweiten* Variante besteht die Rolle des Forschers neben der Analyse und der Moderation von Prozessen in der Mitwirkung bei der Vernetzung von Strukturen. Sie ist insofern deutlich schwächer durch inhaltlichen Einfluss auf die Praxis gekennzeichnet und in der Intervention zurückhaltender. Die *dritte* Variante erscheint für die Berufsbildungsforschung relevant. Hier geben die Forscher Daten oder Problemanalysen in das Feld zu den handelnden Akteuren zurück und bieten diesen so die Möglichkeit, ihr Handeln zu optimieren. „Die Forscher haben eine Beraterfunktion, sie coachen die Akteure zur Optimierung ihrer Handlungsabfolgen. Gleichzeitig optimieren die Forscher dabei ihre Annahmen und ihre Handlungsstrategien." (ebd. S. 46) In der *vierten* Variante haben die Forscher die größte Distanz zum Feld. In dieser Form der Handlungsforschung haben die Wissenschaftler einen Expertenstatus und kommunizieren ihr Wissen an die handelnden Akteure, die dieses dann auf sich selbst gestellt im konkreten Handlungsfeld umsetzen. Forschung hat hier eher den Charakter einer Evaluation im Sinne einer Effizienzprüfung und muss in dieser Variante die höchste Vermittlungsleistung zwischen Theorie und Praxis erbringen (vgl. ebd., S. 46).

Festzuhalten ist, dass ein „dialogisches Arbeiten" als ein Prinzip der Handlungsforschung gelten kann, wobei „vor allem die gemeinsame Interaktion zwischen Wissenschaftler und Gestalter, die partnerschaftliche Gestaltung des Forschungsfeldes und dessen gemeinsame Beurteilung" (Jutzi u.a. 2003, S. 24) betont wird. Dennoch bleiben die unterschiedlichen Rollen mit ihren jeweils spezifischen Aufgabenzuweisungen erhalten. Durch die Reziprozität von Theorie und Praxis wirkt die Praxis auf die Begleitforschung ein und beeinflusst diese und umgekehrt nimmt die anwendungsorientierte Forschung, so wie sie oben beschrieben wurde, auf die Praxis Einfluss und entwickelt diese weiter. Dies bedeutet auch, dass ursprüngliche Zielsetzungen im Handlungs- und Forschungsprozess konkretisiert, weiterentwickelt und ggf. auch revidiert und korrigiert werden können bzw. müssen. Dieser Prozess ist allerdings unbedingt von dem Forscher gegenüber den

Praktikern zu kommunizieren. Zudem sollte auch gegenüber allen Beteiligten deutlich gemacht werden, dass - trotz des Engagements im Feld und der Unterstützung der Akteure - Handlungs*forschung* betrieben wird. Rollenzuschreibungen dürfen im Verlauf der Forschung nicht verloren gehen, was für den Forscher bedeutet, dass er sich vom Alltag des Projektmanagements distanzieren muss:

> *„Handlungsforschung bedeutet nicht vollständige und bedingungslose Identifikation mit den Projekten, den Akteuren im Feld, sondern sie erfordert auch das in der Alltagsrealität schwierige sich Herauslösen' aus den Aktionen, ihre kritische und selbstkritische Beobachtung und Analyse." (Trier 2003, S. 42)*

Dadurch, dass die Grenze zwischen Theorie und Praxis nicht eindeutig zu ziehen ist, da beide Bereiche durch permanente - insbesondere kommunikative Rückkopplung der Akteure - miteinander verbunden sind, kommt einerseits den wissenschaftlichen Verfahren eine besondere Bedeutung zu, andererseits unterliegen diese durch das Zusammenwirken im Feld grundsätzlich einer für die Sozialwissenschaften typischen Herausforderung, die Habermas (1971) wie folgt beschrieben hat:

> *„An die Stelle der kontrollierten Beobachtung, die die Anonymität (Austauschbarkeit) des beobachtenden Subjektes und damit die Reproduzierbarkeit der Beobachtung garantiert, tritt eine partizipierende Beziehung des verstehenden Subjektes zu einem Gegenüber (Alter Ego). Das Paradigma ist nicht länger die Beobachtung, sondern die Befragung, eine Kommunikation also, in die der Verstehende wie immer kontrollierbare Teile seiner Subjektivität einbringen muss, um dem Gegenüber auf der Ebene der Intersubjektivität möglicher Verständigung überhaupt begegnen zu können." (ebd., S. 18)*

Hinzu kommt, dass alle im Zuge der Handlungsforschung erfolgten Analysen und Reflexionen sowohl als Mittel einer effektiveren Prozessgestaltung eingesetzt werden als auch Erkenntnisse *über* den Forschungsgegenstand liefern und den Prozessverlauf des Forschungsprojektes damit beeinflussen (vgl. Trier 2003). Es liegt also nahe, dass dem Personal der wissenschaftlichen Begleitung eine besondere Rolle zukommt und dass dementsprechende besondere - kommunikative *und* forschungsmethodische - Kompetenzen verlangt werden.

Die wissenschaftliche Orientierung an dem Prinzip eines „systematisch begründeten Pragmatismus" (Martens 2003), die der Handlungsforschung zugrunde liegt, bietet einerseits Vorteile, die im Hinblick auf die Bewältigung der Theorie-Praxis-Problematik entlastend auf die Forscher wirken:

> *„Mit aller Energie kann man sich nunmehr als anwendungsorientiert arbeitender Forscher, als systemischer Berater [...] darauf werfen, in konkreten Handlungskontexten gemeinsam mit anderen Akteuren außerhalb des Wissenschaftssystems an gangbaren Lösungsschritten zu arbeiten." (ebd., S. 114 f)*

Andererseits sind damit gleichzeitig jedoch auch erkenntnistheoretische Risiken verbunden. Da die Lösungen, die im Rahmen einer handlungsorientierten Begleitforschung entwickelt werden, immer nur situativ sind, bieten sie keine längerfristige Orientierung und es ist vor diesem Hintergrund problematisch, *daraus* wiederum fundierte Begründungen für das konkrete Handeln im Praxisfeld abzuleiten. Dies hat paradoxerweise zur Folge, dass die „wissenschaftliche (Mit)-Arbeit in konkreten Handlungskontexten [...] sich so faktisch eher an außerwissenschaftlichen, politischen oder ökonomischen Rahmensetzungen" orientiert (ebd.).[116]

Ein weiterer Aspekt, der in diesem Zusammenhang relevant ist, besteht in der hohen sozialen Verantwortung, die der Forscher im Rahmen der praxisorientierten Handlungsforschung faktisch - bewusst oder unbewusst - auf sich nimmt. Zum einen hat er eine Verantwortung für die Akteure, mit denen er in dem sozialen Raum des Forschungsfeldes zusammenarbeitet (vgl. Trier 2003). Zum anderen ist er im Zuge der Reform von Berufsbildungspraxis auch „der Anwalt des Allgemeininteresses" (Zimmer 1995, S. 198). Dies gilt erst recht dann, wenn sich, wie in Kapitel zwei beschrieben, der Staat zunehmend aus der Rolle der regulierenden Funktion zurückzieht und im Sinne eines „aktivierenden" Staates die Gestaltung der Berufsbildung delegiert. Damit verlagert er aber auch einen Teil der öffentlichen Verantwortung in die jeweiligen Projekte, die er finanziell unterstützt. Die öffentliche Finanzierung legitimiert eine Erwartungshaltung an die Verallgemeinerungsfähigkeit und die Verbreitung von Ergebnissen aus diesen Projekten, so dass der wissenschaftlichen Begleitforschung in Projekten eine besondere Bedeutung zukommt.

Wenn Wissenschaft im Rahmen von Projektbegleitung als *Handlung* evident wird, dann tritt damit also auch eine *ethische Dimension* hinzu, die in der Konzeption wie

116 Eine Folge ist u.a., dass sich die Dauer der Forschung eher an der Bereitstellung finanzieller Ressourcen und nicht am Fortschritt der inhaltlichen Problemlösung orientiert. Dies hat sich – wie im zweiten Teil dieser Arbeit beschrieben wurde – auch deutlich in der Konzeptionierung und Umsetzung des IT-Weiterbildungssystems gezeigt.

auch auf der Ebene der Gewinnung wissenschaftlicher Daten eine Rolle spielt. Schon Max Weber hat darauf verwiesen, dass in der Wissenschaft nicht nur empirische Daten gesammelt werden, sondern dass es immer „erkenntnisleitende Interessen“ sind, die den Ausgangspunkt für wissenschaftliche Projekte bilden (vgl. Pleger 2003, S. 64). Sobald sich Wissenschaft als Handlung versteht, wird diese ethische Dimension auf drei Ebenen evident: zum einen bei der Formulierung eines wissenschaftlichen Ziels, d.h. des „erkenntnisleitenden Interesses“, zum anderen in der Durchführung der Projekte, und nicht zuletzt sind auch die Folgen der wissenschaftlichen Forschung zu bedenken (vgl. ebd.). Diese Dimension erhält mit Bezug auf die hier geschilderten Entwicklungen eine neue Bedeutung: wenn im Bereich der beruflichen Bildung die Konzeption und Durchführung von Innovationen zunehmend in die Hände von öffentlich geförderten Projekten und deren Begleitforschung gelegt wird, dann kommt auch dem Handeln der beteiligten Wissenschaftler hier in der Tat eine neue Bedeutung zu, die in ethischer Hinsicht zu bedenken ist.

Eine besondere Ausprägung der öffentlich geförderten Handlungsforschung, die im Bereich der Berufsbildungsforschung als eigener Forschungszweig etabliert ist, stellt die Modellversuchsforschung dar. Für den Bereich der Berufsbildung bestätigen die bisherigen Erfahrungen aus der Modellversuchsforschung, wie problematisch die forschungsmethodologische und methodische Anlage von Begleitprojekten in der Praxis ist, besonders unter dem Aspekt der Implementierung und des Transfers von Modellversuchsergebnissen.[117]

6.2.2 Implementierung und Transfer - Erkenntnisse aus der Modellversuchsforschung

In Modellversuchen geht es um die Erprobung von Konzepten zur Aus- und Weiterbildung, die dann evaluiert werden und auf ihre Festlegung in entsprechenden Ordnungsmitteln (z.B. Aus- oder Fortbildungsverordnungen) hin überprüft werden. Diese spezifische Form der Handlungs- und Begleitforschung macht einen großen Teil der Berufbildungsforschung aus und in diesen Bereich fließt auch ein Großteil der Drittmittelförderung (vgl. Dobischat/Düsseldorf 2002). Die nachhaltigen Effekte der Modellversuchsforschung für die Berufsbildung und für die beruflich-betriebliche Weiterbildung werden in aktuellen Diskussionen allerdings

117 Ähnliche Probleme stellen sich im Zuge der Umsetzung des IT-Weiterbildungssystems wie in Kapitel fünf gezeigt wurde insbesondere im Hinblick auf das APO-IT-Konzept. Angesichts der mangelnden theoretischen Fundierung des Konzeptes stellt sich auch an diesem Beispiel die Frage, ob Theorien und Konzepte auf konkrete Umsetzungsfelder hin konstruiert werden sollen oder ob sie nach ihrer Konstruktion entsprechend der Anforderungen des Implementationsfeldes gestaltet werden sollen.

- zum Teil in praktische, aber vielmehr in theoretischer Hinsicht - infrage gestellt (vgl. Tramm/Reinisch 2003; Euler 2003).

Als eines der wesentlichen Probleme der Modellversuchsforschung gilt die *Implementation,* weil die wissenschaftlich gewonnenen Erkenntnisse häufig nicht in die Praxis der Berufsbildung transferiert werden (vgl. Euler/Sloane 1998). [118] Dabei stellt sich die Frage, *wie* ein Konzept, eine Theorie oder eine Erkenntnis in *praktisches* Handeln umgesetzt werden kann. Für die Modellversuchsforschung stellen Euler und Sloane fest, dass sich Theoriebildung und Theorieanwendung miteinander verzahnen müssen und dass „Theorieentwicklung als ein komplexer kommunikativer Prozess im Zusammenwirken von Wissenschaft und Praxis" (ebd., S. 22) verstanden werden kann. Theorien werden dabei *situiert* auf praktische Anwendungsfelder bezogen.

Neben der Implementation kann der *Transfer* der Ergebnisse - und zwar sowohl auf der Ebene der Praxis der Berufsbildung als auch hinsichtlich der Theorieentwicklung - als ein wesentliches Problem der Modellversuchsforschung in der Berufsbildung identifiziert werden. Eine Studie zu Innovations- und Transfereffekten von Modellversuchen, die im Auftrag des BMBF durchgeführt wurde, ergab, dass die Transfereffekte von Modellversuchen in der Praxis und in der Theorie der Berufsbildung nur schwer zu identifizieren sind (vgl. BMBF 2001a). Zwar werden die bildungspolitischen *Effekte* für den Transfer von Modellversuchsergebnissen sowohl von den Modellversuchsträgern als auch von den Wissenschaftlern als relativ hoch eingeschätzt werden, in der Praxis nachzuweisen sind diese Effekte allerdings nicht (vgl. ebd., S. 168). Trotz einer relativ hohen Anzahl von Veröffentlichungen [119] ,die im Rahmen von Modellversuchsforschungen entstanden sind, verzeichnen die Autoren der Studie kaum theoriebildende Effekte, was sich u.a. darin zeigt, dass auch in der universitären Lehre die Ergebnisse der Modellversuchsforschung kaum systematisch vermittelt und erarbeitet werden (vgl. ebd. S. 169). Als negative Einflussfaktoren auf den Transfer wurden u.a. der Problemdruck der handelnden Akteure, mangelndes persönliches Engagement, institutionelles Beharrungsvermögen der Kooperationspartner sowie eine uneindeutige Themen-

118 Die PISA-Studie und die Diskussion, die sie im wissenschaftlichen und im öffentlichen Diskurs ausgelöst hat, zeigt, dass dieses Problem in besonderem Maß auch für die Schulforschung gilt.

119 Eine Analyse von 143 Periodika, die für die Disziplin relevant sind, hat ergeben, dass Modellversuche im Zeitraum von 1988 bis 1998 in 641 Beiträgen thematisiert wurden. Auf Grund dieser relativ hohen Zahl der Veröffentlichungen, die Kontext der Modellversuchsforschung entstanden sind, können jedoch noch keine theoriebildende Effekte konstatiert werden (vgl. BMBF 2001a, Bd.1, S. 35). Die Beiträge müssten im einzelnen daraufhin geprüft werden, ob sie tatsächlich einen theoretischen Gehalt haben oder ob es sich dabei eher um Deskriptionen der Modellversuche han-delt. Dies ist im Rahmen der angesprochenen Modellversuchsevaluation nicht erfolgt.

stellung der Modellversuche genannt.[120] Der marginale wissenschaftstheoretische Transfer ist unter anderem auf die unzureichende Rollenklärung der wissenschaftlichen Begleitforschung in den Modellversuchen zurückzuführen (ebd. S. 79). So ergab z.B. eine exemplarische Analyse von zwei Modellversuchen, die extrem geringe Transfereffekte aufwiesen, dass hier zum einen die Rolle der wissenschaftlichen Begleitforschung nicht explizit forschungslogisch und methodisch ausgewiesen war und dass zum anderen ein Transfer der Ergebnisse gar nicht angestrebt war. Der wissenschaftlichen Begleitung kam dabei eher eine beratende Rolle im Hinblick auf die *praktischen* Aktivitäten im Feld zu als die einer *theoretischen* Grundlegung und Weiterentwicklung. Insofern erfolgte in der Konsequenz weder eine umfassende Dokumentation der Ergebnisse, noch war eine kritische Reflexion bzw. eine Verbreitung der Ergebnisse über den Modellversuch hinaus zu verzeichnen (vgl. ebd., Band 2, Seite 257ff.).

Die Ergebnisse der hier nur auszugsweise präsentierten Studie stützen die Erkenntnisse, die für die Modellversuchsforschung schon in den 1990er Jahren formuliert wurden. Demnach wird zwar in Veröffentlichungen zu Modellversuchen der Deskription von Praxisinnovationen ein breiter Raum eingeräumt, dagegen werden aber „forschungsmethodologische und evaluative Erkenntnisse und Entwicklungen [...] weitaus zurückhaltender präsentiert und erörtert" (Dehnbostel 1998b, S. 186). Die Frage, ob und inwiefern Modellversuche zu Innovationen in der Praxis einerseits und zur Weiterentwicklung der Berufsbildungsforschung andererseits beitragen, wird nach wie vor diskutiert.[121] Einigkeit herrscht offensichtlich lediglich darüber, dass „der Beitrag der Modellversuche bzw. der Begleitforschung zum wissenschaftlichen Erkenntnisfortschritt jenseits curriculumstrategischer Fragestellungen als relativ bescheiden eingeschätzt wird." (Tramm/Reinisch 2003, S. 173) Obwohl im Rahmen der Modellversuchsforschung zum Teil durchaus mit exakten Methoden der empirischen Sozialforschung gearbeitet wurde haben die „erhobenen Daten oft nicht zu den gewünschten praxisrelevanten und übertragbaren Theorien geführt" (Zimmer 1995, S. 181).

Die Problematik der mangelnden Effekte und des kaum zu identifizierenden Transfers von wissenschaftlicher Forschung war Gegenstand eines Schwerpunkt-

120 An dieser Stelle lässt sich vermuten, dass die benannten effizienz- und transferhemmenden Faktoren u.a. deshalb wirksam werden, weil es sich bei den Modellversuchen um projektinitiierte und damit auch zum Teil extern veranlasste und finanzierte Maßnahmen handelt.

121 Rauner hat vor dem Hintergrund dieser Diskussion als „Anregung zur Wiederbelebung der Modellversuchpraxis als einem Instrument der Bildungsreform" eine theoretische Fundierung von Konzepten der Modellversuchsforschung vorgenommen „und eine transferorientierte Modellversuchstypologie" vorgelegt, „die es erlaubt, Transferergebnisse, Transferbedingungen und Transferinstrumente, aufzuschlüsseln." (Rauner 2004, S. 424) Ob das Konzept diesen Anspruch wirklich einlöst, bleibt durch die Bildungsforschung zu klären.

programms der Deutschen Forschungsgemeinschaft (DFG), das die Verwendungszusammenhänge sozialwissenschaftlicher Forschungsergebnisse in den 1980er Jahren untersuchte. Auch für die Modellversuchsforschung kann mit Beck und Bonß (1989) festgestellt werden, dass die Praxis der Sozialwissenschaften - und damit auch die Praxis der Berufsbildung - sich sehr zurückhaltend bzw. geradezu *autonom* gegenüber der Wissenschaft verhält.[122] Insofern muss auch die Berufsbildungsforschung zur Kenntnis nehmen, dass die Ansprüche der Praxis an sie eher gering sind und dass große, „oft sogar zu große Autonomiespielräume aller Instanzen der praktischen Verwendung gegenüber den jeweiligen Wissensangeboten" (ebd., S. 10) bestehen. Zu fragen ist jedoch, *warum* wissenschaftliche Ergebnisse von Praktikern kaum zur Kenntnis genommen werden. Hier liegt wiederum die Vermutung nahe, dass die Berufsbildungsforschung keine der Praxis angemessene und verwendungsorientierte *Aufarbeitung* ihrer Erkenntnisse leistet und die handelnden Akteure mit der Umsetzung ihrer Erkenntnisse weitgehend allein lässt.

Zusammenfassend lässt sich für die Modellversuchsforschung tendenziell ein Theoriedefizit verzeichnen, das darauf zurückzuführen ist, dass in weiten Teilen eine Theoriegenerierung bzw. eine Überprüfung und Weiterentwicklung bestehender Theorien nicht intendiert und insofern auch nicht explizit methodologisch als Ziel der Forschung ausgewiesen ist. In Forschungsprojekten, die die Umsetzung, Weiterentwicklung oder auch den Transfer des IT-Weiterbildungssystems zum Ziel haben, sollten im Gegensatz dazu methodologische Aspekte der Handlungsforschung eine besondere Berücksichtigung erfahren. Im Zuge der Erforschung von beruflicher und betrieblicher Weiterbildung kann die *Vermittlung* von Theorie und Praxis als eine der größten Herausforderungen an die Berufsbildungsforschung identifiziert werden. Um zu verdeutlichen, dass eine handlungsorientierte Begleitforschung als ein kontinuierlicher Dialog mit der Praxis verstanden werden kann und sie damit unausweichlich dem Spannungsfeld von Theorie und Praxis ausgesetzt ist, wird dieses Verhältnis nachfolgend näher betrachtet.

6.2.3 Vermittlung von Theorie und Praxis

Im Rahmen einer handlungsorientierten Berufsbildungsforschung gilt es, die theoretischen Erkenntnisse aufzuarbeiten, sie für die Praxisgestaltung bereitzustellen, ihre Umsetzung und Anwendung in der Praxis zu erfassen, zu analysieren

122 Diese Problematik hat Euler (2001) für den Bereich der Lehrerbildung für berufliche Schulen unter dem Titel: „Manche lernen es – aber warum?" beschrieben.

und die Ergebnisse wiederum so aufzubereiten, dass sie ihrerseits zur Weiterentwicklung der Theorie beitragen. Ein grundlegendes Problem sozialwissenschaftlicher Forschung besteht allerdings schon bezogen auf den ersten Schritt - die *Bereitstellung theoretischer Wissensbestände* - darin, dass in der Moderne die Gültigkeit von Wissen nicht mehr über Theorien sichergestellt werden kann. Für das *traditionelle* Wissenschaftsverständnis der Sozialwissenschaften war ein Verständnis von Wissenschaft als „reine" Theorie prägend, das seine Wurzeln in dem philosophischen Diskurs der Antike hat. Mit dem Begriff der Theorie war hier zunächst „ein distanziertes Betrachten der Dinge gemeint, welches keinen unmittelbar praktischen Zweck verfolgt." (Meyer, M. F. 2003, S.49) Theorie und Praxis standen sich in diesem Verständnis gegenüber und waren nicht miteinander vermittelt. [123] Während in dieser traditionellen Form der Wissensproduktion ein *Wahrheitsanspruch* von Wissenschaft und Theorie unterstellt wurde, unterliegen die modernen Sozialwissenschaften seit der „pragmatischen" Wende einem neuen Modus, der u.a. durch Transdisziplinarität und Kontextgebundenheit geprägt ist (vgl. Martens 2003). Jede Ordnung und damit auch jede Theorie kann auf Grund des permanenten gesellschaftlichen Wandels demnach nur partielle Geltung haben. Sowohl die Gestaltung als auch die Geltung von Ordnungen ist damit immer an Sinnzuschreibungen und an die Interpretationsleistungen der handelnden Subjekte gebunden. [124]

Mit dem Anspruch der Vermittlung von Theorie und Praxis erodiert auch die *Überlegenheitsannahme* wissenschaftlichen Wissens gegenüber der Praxis. Diese macht allerdings nach Beck und Bonß (1989) auch nur solange Sinn,

> *„wie erstens die Experten sich gegenüber Laien eindeutig darstellen und nicht systematisch widersprechen, zweitens die Laien Laien bleiben und nicht zu Experten eigenen Typs werden, und drittens der Wissensvorsprung der Experten trotz erfolgreicher Verwissenschaftlichung [der Praxis, R.M.] erhalten bleibt." (ebd., S. 16)*

Alle drei Bedingungen haben heute keine uneingeschränkte Gültigkeit mehr, denn durch den „geballten Einsatz von Wissenschaft sind die theoretischen Entwürfe

123 Mit Platon setzte dann eine Reflexion auf das Verhältnis von Theorie und Praxis ein, in der vor allem die Relation von (erkenntnis-)theoretischem Wissen und Praxis immerhin zueinander in Beziehung gesetzt wird, wenn auch jeweils getrennt thematisiert wird: „Platon begreift die Relation von Wissen und Praxis als ein Verhältnis der Identität: Es ist seiner Auffassung nach unmöglich, einer rechten Einsicht zuwider zu handeln. Es gibt keine Praxis wider besseres Wissen, da solches Wissen nur Scheinwissen wäre." (M.F. Meyer 2003, S. 50)

124 Nicht zuletzt war der Bezug auf und zur Praxis eine der entscheidenden Kontroversen im Positivismusstreit in der Soziologie.

nicht konsistenter, sondern vielfältiger und geradezu unkontrollierbar geworden" (ebd.). Perspektivisch ist diese Entwicklung nach Einschätzung der Autoren nicht aufzuhalten, denn die Unsicherheit der Sozialwissenschaften steigt mit ihrem Entwicklungsgrad. Diese Position ist allerdings infrage zu stellen, weil eine *theorie*geleitete Handlungsforschung auf der Basis dieser Schlussfolgerung kaum zu realisieren wäre.

Auch für die Berufsbildungsforschung ergibt sich mit dieser Anleihe an die Soziologie geradezu die Notwendigkeit der Verschränkung von Theorie und Praxis. Allerdings steht auch sie als erziehungswissenschaftliche Teildisziplin vor der Herausforderung, Arbeits- und Qualifizierungsprozesse entlang einer normativen Vorstellungvom „richtigen" Lehren und Lernen zu gestalten und zu erforschen. Die *Bildungsforschung* orientiert sich traditionell an einer normativen Vorstellung von „Besserung und Selbstermächtigung" des Individuums (Garz/Blömer 2002). Der normative Gehalt der *Berufs*bildungsforschung besteht u.a. in der Idee, Arbeit und *Bildung* zu verknüpfen. *Wie* allerdings eine „richtige" Praxis in der beruflich-betrieblichen Weiterbildung aussieht und *was* das Ziel der Gestaltungs- und Forschungsaktivitäten im Kontext der Weiterbildung sein soll, ist oftmals nicht hinreichend theoretisch begründet und empirisch abgesichert. Dies hat sich sowohl in der Modellversuchsforschung als auch in der Konzeptionierung und Umsetzung des IT-Weiterbildungssystems offenbart.

Für die Berufsbildungsforschung stellt sich daher die Frage, inwieweit diese Art wissenschaftlicher Forschung als eine *Verwendung*sforschung gelten kann, in der wissenschaftliche Erkenntnisse *direkt* zur Anwendung im Praxisfeld kommen und in der ihre Gültigkeit an ihrer Tauglichkeit *in* der Praxis gemessen werden, allerdings ohne dass dafür zuverlässige Kriterien zur Verfügung stünden. Dazu ist anzumerken, dass Beck und Bonß (1989) die *Verwendungs*forschung schon Ende der 1980er Jahre als gescheitert erklärten, weil die direkte Anwendung von wissenschaftlichem Wissen - wie ja auch die o.a. Erfahrungen aus der Modellversuchsforschung gezeigt haben - eher die Ausnahme ist. Sie plädieren deshalb dafür, *Ver*wendung in der Handlungsforschung nicht als *An*wendung zu verstehen, sondern stattdessen ein aktives *Mit-* und *Neu*produzieren von Forschungsergebnissen zu befördern. Die dabei entstehenden Erkenntnisse sollen dadurch den Charakter von endgültigen und vermeintlich wahren Ergebnissen verlieren, dass sie „im Handlungs-, Sprach-, Erwartungs- und Wertkontext des jeweiligen Praxiszusammenhangs nach immanenten Regeln in ihrer praktischen Relevanz überhaupt erst geschaffen werden" (ebd., S. 11). In der Konsequenz bezeichnen sie die handlungspraktische Neugestaltung wissenschaftlicher Deutungsmuster als eine „revidierte" Verwendungsforschung, in der Verwendung eher als eine *Verwandlung* zu sehen ist (ebd. S. 31). In diesem Verständnis setzt auch Dehnbostel (1998) die Handlungsforschung mit der *Verwendungs*forschung gleich, wenn er ihr zugleich analysierende, theoriebildende und praxisunterstützende Funktion zuschreibt und damit forschungskonzeptionell die Synthese von Praxisinnovation und Theorieentwicklung erreicht (vgl. Dehnbostel 1998, S. 199).

Mit *diesem* Verständnis ist für die Berufsbildungsforschung ein weitgehend akzeptierter Vermittlungsmodus zwischen Theorie und Praxis geschaffen. Allerdings bleibt dabei die Differenz zwischen Wissenschaft und Praxis, darauf ist an dieser Stelle nochmals ausdrücklich zu verweisen, in Konzepten der Handlungsforschung nach wie vor bestehen, sie „rekonstituiert sich aber auf der Grundlage eines veränderten Theorie-Praxis-Verhältnisses.“ (Dehnbostel 1998b, S. 191) Diese Differenz ist jedoch nicht hierarchisch wertend zu denken, sondern eher *qualitativ*. Obwohl in der Thematisierung des Verhältnisses von der Theorie zur Praxis immer die *Theorie* zuerst benannt und damit „das Primat der Theorie bereits angedeutet wird“ (Pleger 2003, S. 51), liefert dieWissenschaft nicht *besseres* Wissen als die Praxis, sondern *anderes* Wissen, das allerdings „um als *wissenschaftliches* Geltung finden zu können, nur in Abgrenzung von praktischem Wissen Bestand haben kann." (Beck/Bonß 1989, S. 11). Theorie hat gegenüber der Praxis eine erklärende, reflexionsunterstützende und damit auch aufklärende Funktion. Anders als im Praxisfeld sind die konkreten Handlungszwänge der Praxis hier nicht nur Grundlage und Rahmen, sondern sie sind selbst der Gegenstand der Reflexion. Wissenschaft hat damit im Gegensatz zur Praxis die Möglichkeit, eine kontingente Perspektive einzunehmen, indem sie „Wirklichkeit auch als anders möglich beschreiben“ (ebd., S. 9) kann.

Handlungsforschung sieht sich in diesem Verständnis als eine „durchreflektierte Praxis“ (König 1983, S. 86) und versteht sich als eine Erweiterung der Aktionsforschung, die dagegen praktisches Handeln eher diskursiv zu *legitimieren* suchte. König (1983) führt aus, dass bei der Handlungsforschung der *Forschungs*aspekt im Vordergrund steht, und es nicht - wie in der Aktionsforschung - um die Rechtfertigung praktischer Aktionen geht, sondern darum, praktisches Handeln auch in *anderen* Situationen (als den im Forschungsfeld vorgefundenen) zu rechtfertigen. Wissenschaftliche Forschung kann praktisches Handeln also dadurch leiten, dass sie dem Praktiker theoretisch begründete „alternative Situationsdeutungen bzw. Erklärungen, alternative Ziele, alternative Handlungsmöglichkeiten“ (ebd., S. 89) bietet. Anzustreben ist insofern ein dialogisch bzw. diskursives Verhältnis von Theorie und Praxis, das die „unterschiedlichen Logiken von einerseits Alltagswissen und andererseits Wissenschaftswissen respektiert, aber nicht unhinterfragt lässt.“ (Brödel/Bremer 2003, S. 13)

Weitgehend ungeklärt bleibt dabei jedoch die Zuständigkeit und die Rolle der Forscher. Vor diesem Hintergrund warnt Oelkers (1984) vor „naiven Vermittlungsvorstellungen" in bezug auf das Verhältnis von Theorie und Praxis in der Bildungsforschung und plädiert dafür, unbedingt die Zugehörigkeit zu verschiedenen Diskursen beizubehalten. Der Informationsfluss zwischen den Diskursen muss seiner Ansicht nach institutionell geregelt sein: man könne, so Oelkers Beispiel, von einem „Erziehungsphilosophen" nicht die Entwicklung von Curricula erwarten und von einem Curriculumkonstrukteur wiederum nicht die Planung der nächsten Unterrichtsstunde (ebd. S. 36). Die Herausforderung bezüglich der Vermittlung von Theorie und Praxis bestehe darin, dass „die Differenz von Theorie und Praxis im Sinne vielfältiger Diskurse fruchtbar gemacht wird, statt vergeblich auf deren Verschmelzung zu warten." (ebd., S. 37)

Forscher sind seitens der wissenschaftlichen Disziplin mit der Erwartungshaltung konfrontiert, aus ihren Forschungsergebnissen theoretische Wissensbestände zu generieren und zur Weiterentwicklung der Disziplin beizutragen. Dies gilt besonders dann, wenn Nachwuchswissenschaftler mit der Begleitforschung betraut sind, die in dem Forschungskontext ihre Qualifizierungsarbeiten erstellen. Zum Problem wird hier u.a. das Dilemma, dass die Forscher in ihrer Rolle zwar *formal* unabhängig sind, *inhaltlich* aber in einem hohen Maß von der Praxis abhängig sind, wenn sie Teile der Entwicklungsarbeit übernehmen. Dieses Abhängigkeitsverhältnis gilt zum einen für das Gestaltungsfeld, auf das sich die Forschung bezieht, und zum anderen bezogen auf die Institutionen, in denen sie beschäftigt sind, und nicht zuletzt gegenüber den Geldgebern. Dadurch werden jenseits einer wissenschaftstheoretisch begründeten Forschungslogik im Forschungsprozess immer auch professionspolitisch motivierte Handlungslogiken wirksam. Hinzu kommt, dass die Forscher auf Grund der öffentlichen Förderung zunehmend Verantwortung für das Gelingen oder auch das Scheitern von Innovationen in der Berufsbildung übernehmen. Sie stehen damit in einem Spannungsfeld zwischen dem Anspruch distanzierter, unabhängiger Forschung einerseits und gesellschaftlicher Verantwortungsübernahme für Entwicklungen, auf deren Zielsetzungen und Rahmenbedingungen sie keinen Einfluss haben, andererseits.

Zusammenfassend kann bezogen auf das Verhältnis von Theorie und Praxis, das auch auf die Akteure im Feld der Berufsbildungsforschung wirkt, festgehalten werden, dass sowohl der Zugriff auf *bestehende* theoretische Wissensbestände wie auch der Transfer und die Implementierung neuer Erkenntnisse in der Handlungsforschung offensichtlich problematisch ist und dass dafür noch keine befriedigende Lösung gefunden wurde. In *methodologischer* Hinsicht bieten die hier präsentierten Überlegungen zur Vermittlung von Theorie und Praxis einen möglichen Ansatzpunkt für die Konzeptionierung von Begleitforschungsprojekten. Für die Forscher ergeben sich, wie vorangehend gezeigt wurde, aus dem Theorie-Praxis-Verhältnis auch Rollenkonflikte im Hinblick auf ihre aktive Mitgestaltung einerseits und eine professionelle kritischen Distanz andererseits. Gerade darum bietet eine intensive Bearbeitung methodologischer Fragestellungen die Chance, relevante Aspekte schon in der Anlage von Forschungskonzepten zu berücksichtigen und antizipativ zu reflektieren. In der Berufsbildungsforschung sollte zudem grundsätzlich geklärt werden, welches Ziel mit Begleitforschungsprojekten eigentlich erreicht werden soll. Das heißt, dass Forscher das Ziel ihrer Arbeit - sowohl der Gestaltungs- als auch der Forschungsarbeit einschließlich der intendierten Transfereffekte - *vor* Beginn der Forschung beschrieben haben sollten. Dazu gehört auch eine *theoriegeleitete* Vergewisserung über die Struktur und die Funktionsweise von beruflicher und betrieblicher Weiterbildung.

Wie eine handlungsorientierte eine handlungsorientierte Entwicklungs- und Begleitforschung für die Berufsbildung und für den Bereich der beruflich-betrieblichen Weiterbildung realisiert werden kann, wird nachfolgend in einer eher *methodischen* Perspektive thematisiert und am Beispiel des o.a. regionalen Projektes zur Umsetzung des IT-Weiterbildungssystems verdeutlicht.

6.3 Methodische Umsetzung von Handlungsforschung als Begleitforschung

Für den Bereich der Berufsbildung ist aktuell festzustellen, dass die Forschungsaktivitäten zur Zeit eher nicht auf theoriebildende Grundlagenforschung zielen, sondern sich zunehmend im Rahmen von drittmittelgeförderten Projekten zwischen Handlungs- und Begleitforschung und Evaluation etablieren (Dobischat/Düsseldorf 2002). Darin liegt zum einen eine Chance für die Gestaltung moderner Weiterbildungsstrukturen. Zum anderen besteht aber hinsichtlich der obigen Ausführungen zur Grundproblematik der Handlungsforschung für die Forscher ein Problem darin, sich mit ihrer Expertise zwischen der partizipativen Praxisgestaltung und der Evaluation einerseits und dem Anspruch auf Theoriebildung andererseits zu positionieren. So hat sich im Kontext der Handlungsforschung auch ein neues Verständnis der Evaluationsforschung entwickelt.[125]

125 Dieses offenbart sich auch in den einschlägigen Fachbüchern: während es in der ersten Auflage des Handbuches der qualitativen Sozialforschung noch einen Beitrag zur Handlungsforschung gab (vgl. Gstettner 1995), findet sich in der überarbeiteten Fassung (Flick/von Kardorff/Steinke 2000) kein eigenes Kapitel zur Handlungsforschung. Auch die „Begleitforschung" wird dort nicht explizit, sondern im Zusammenhang und als Teil der qualitativen Evaluationsforschung thematisiert (vgl. Kardorff 2000a).

Qualitative Evaluationsforschung ist demnach nicht an normativen Paradigmen orientiert und strebt keine statistische Repräsentativität und Generalisierbarkeit an, sondern sie zielt auf Spezifität. Insofern tritt auch im Rahmen eines Untersuchungsdesigns an die Stelle vorher festgelegter Messzeitpunkte die Beobachtung von Entwicklungen. Die Evaluation ist damit selbst prozessorientiert, wobei auch Wendepunkte, Krisen und Widerstände im Projektverlauf thematisiert werden. Dabei „geht es um ein kommunikatives Aushandeln von zielführenden und konsensuell akzeptierten Erfolgskriterien auf der Basis der Projekterfahrungen." (Kardorff 2000a, S. 245) Im Zuge der Prozessorientierung hat die *formative* Evaluation Vorrang vor einer *summativen* Ergebnisorientierung.[126] In dieser Orientierung ist das Untersuchungsdesign als ein „rekursiver Lern- und Lehrprozess mit vielfältigen Rückkopplungsschleifen angelegt" (Kardorff 2000a, S. 246). Als Verwendungsforschung geht es bei der wissenschaftlichen Begleitung darum, einen „gemeinsamen Lernprozess an der konkreten Schnittstelle zwischen Wissenschaft und Praxis" (Kardorff 2000b, S. 622) zu gestalten. Im Gegensatz zur ursprünglichen Idee der Evaluationsforschung, die lediglich Praxisveränderungen auf ihre Effizienz hin überprüft und dabei nicht selbst verändernd eingreift (vgl. Mayring 2002, S. 62), können hier also die Ergebnisse des Evaluationsprozesses genutzt werden, um Konzepte und Verfahren, die in der Praxis eingesetzt werden, zu erfassen, zu analysieren und ggf. auch zu modifizieren. Durch dieses responsive Vorgehen, das eine kommunikative Validierung der Untersuchungsergebnisse einschließt, wird so auch die Reaktion der Untersuchten in den Projektverlauf mit einbezogen und führt zur weiteren Initiierung von Lernprozessen aller Projektbeteiligten. Dieser Aspekt ist wegen der zunehmenden externen Finanzierung von Projekten bedeutsam. Im Unterschied zu grundlagenwissenschaftlicher Forschung werden dabei die Ziele und die Rahmenbedingungen auch durch die Auftraggeber bestimmt, was zu einer Begrenzung der Offenheit und z.T. auch zu Ergebniszwang und Zeitdruck führen kann. Dies hat sich unter anderem auch in der Konzeptionierungs- und Implementierungsphase des IT-Weiterbildungssystems gezeigt.

Der prozessorientierten Evaluationsforschung liegt der Anspruch zugrunde, die oben geschilderte Theorie-Praxis-Problematik zu überwinden. Dass auch *dieser* Ansatz kritisch zu bewerten ist, hat die DFG-Kommission (1991) auf Grund einer offensichtlichen Zeitproblematik für den Bereich der Berufsbildung schon Anfang der 1990er Jahre problematisiert. Durch die zeitliche Abfolge der Verfahrenschritte

126 Formative Formen der Evaluation sind im Gegensatz zu summativen Evaluationen, die am Ende eines Projektes durchgeführt werden, prozessorientiert. Dies impliziert, dass die im Projektverlauf erzielten Erkenntnisse wieder direkt in die Gestaltung der Praxis einfließen können.

kann die evaluierende Berufsbildungsforschung nicht wirklich zu einer Verbesserung der Praxis beitragen, weil die noch im Verlauf der eigentlichen Entwicklungsarbeit vollzogenen konzeptionellen Modifikationen gegenüber der *ursprünglichen* inhaltlichen Konzeption auch das ursprüngliche Evaluationskonzept obsolet werden lassen. Die gleichzeitige Unterstützung des Implementierungs- wie auch des Verstetigungsprozesses haben Korrekturen auf der Ebene der konkreten Gestaltungs- wie auch der Forschungskonzeption zur Konsequenz. Wenn dann in der Praxis Veränderungen gegenüber der Ausgangskonzeption vorgenommen werden und die Evaluation aber auf *dieser* Basis konzipiert wurde, kommt es fast zwangsläufig zu „forschungsmethodischen Unzulänglichkeiten“ (DFG 1990, S. 88).

Für Handlungsforschung im Rahmen qualitativer Sozialforschung kann immer auch ein *Fallstudiencharakter* unterstellt werden, weil es sich dabeiim weitesten Sinn um einen *Approach* , d.h. eine Annäherung an einen begrenzten Fall, handelt. Kennzeichnend für diesen Forschungsansatz ist auch hier, dass er „die theoretischen Vorgaben der Methodologie in praktische Handlungsanweisungen umsetzt“ (vgl. Lamnek 1995, S. 5). Dabei geht es darum, einen interessanten Fall in möglichst vielen Dimensionen über einen längeren Zeitraum hinweg zu beobachten, zu beschreiben und zu analysieren. In die Analyse müssen die Dimensionen einbezogen werden, die im Hinblick auf das Untersuchungsobjekt relevant sind. Intendiert ist damit das Auffinden und Herausarbeiten typischer Vorgänge und ihre realitätsgerechte Erfassung. Auch hier geht es im Sinne der qualitativen Sozialforschung nicht in erster Linie darum, eine statistische Repräsentativität herzustellen, sondern typische Fälle zu erfassen und daraus transferierbare Erkenntnisse zu generieren. Es ist dabei legitim, dass der Forscher im Sinne eines theoretical sampling nach seinen Erkenntnisinteressen einzelne Fälle für die Betrachtung aussucht (vgl. Lamnek 1995).

In den Sozialwissenschaften wird die Auffassung vertreten, dass wissenschaftliche Handlungserklärungen zwar auf die (Re-)Konstruktion von relevanten Ordnungen zielen, dass sich daraus jedoch keine objektiven Wissensbestände und auch keine „Großtheorie“ mehr ableiten lässt (vgl. Reichertz 2000; Martens 2003). Für die Handlungsforschung ist insofern zu bedenken, dass Entscheidungen (auch für Forschungskonzeptionen), die auf der Basis von *vermeintlich* gültigem, weil regelgeleitetem Wissen erfolgen und Handlungsempfehlungen, die daraus abgeleitet werden, auf Prämissen beruhen können, die ihrerseits infrage zu stellen sind.

Um eine möglichst hohe Synergie aus Praxisgestaltung und -innovation einerseits bei gleichzeitiger Theorieorientierung bzw. -generierung andererseits zu erzielen, wird in Begleitforschungsprozessen grundsätzlich angestrebt, die *Gütekriterien qualitativer Sozialforschung* zu erfüllen (vgl. Steinke 2000, Mayring 2002). Dazu gehört die *Verfahrensdokumentation*, in der die Explikation des Vorverständnisses, die Zusammenstellung eines Analyseinstrumentariums und erst daran anschließend die Durchführung und Auswertung der Datenerhebung festzuhalten ist. Damit einher geht eine *argumentative Interpretationsabsicherung* durch eine theoriegeleitete Deutung sowie eine schlüssige Argumentation in der Darstellung. Durch dieses systematische Vorgehen und die detaillierte Planung von Analyseschritten sowie ggf. deren Modifizierung wird die *Regelgeleitetheit* sichergestellt. Die größtmögliche *Nähe zum Gegenstand* wird durch das Anknüpfen an die Alltagswelt der erforschten Subjekte und eine Annnäherung an die Interessen der Akteure erzielt. Eine *kommunikative Validierung* durch die Überprüfung und Diskussion der Ergebnisse mit den Beforschten dient der dialogischen Absicherung der Rekonstruktion von Bedeutungen. Insgesamt ist darauf zu achten, dass durch die Verbindung mehrerer Analysegänge, verschiedener Datenquellen, unterschiedlicher Theorieansätze und Methoden eine *Triangulation* erfolgt. Damit wird der Versuch unternommen, für die jeweilige Fragestellung unterschiedliche Lösungswege zu finden und die jeweiligen Ergebnisse miteinander zu vergleichen.

Auch für die Berufsbildungsforschung kann davon ausgegangen werden, dass die Einhaltung dieser Gütekriterien dazu führt, dass im Zuge der Handlungs- und Begleitforschung verallgemeinerbare und prinzipiell übertragbare Erkenntnisse generiert werden, wobei dieser Prozess selbst verstärkt zum Gegenstand der Berufsbildungsforschung erhoben werden müsste. Die methodischen Aspekte der Erkenntnisgenerierung einer theoriegeleiteten Handlungsforschung werden im Folgenden untersucht.

6.3.1 Verfahren der Erkenntnisgenerierung

Die Erkenntnisgewinnung gelingt in der Handlungsforschung weder rein induktiv noch rein deduktiv. Sie ist allerdings ausdrücklich theorie*orientiert*, d.h., dass der Forscher zwar über begründetes Vorwissen zu dem untersuchten Gegenstand verfügt, auf eine Hypothesenbildung jedoch verzichtet und diese erst im Forschungsprozess selbst generiert: *„Die theorieorientierte Verarbeitung von Erfahrung bedeutet dabei den Versuch, das Allgemeine im Besonderen einer Handlungssituation festzumachen und diese auf allgemeine Handlungsbedingungen hin zu transzendieren."* (Moser 1983, S. 67)

Anfang der 1980er Jahre hat König (1983) versucht, die Methodendiskussion der Handlungsforschung unter dem Aspekt der forschungsmethodischen Absicherung voranzutreiben. In diesem Zusammenhang verwies er darauf, dass Forschungsmethoden grundsätzlich nicht unabänderlich seien, sondern dass sie letztlich ihrerseits eine Möglichkeit zur Erreichung praktischer Ziele darstellten (ebd., S. 82). Insofern sei das Anliegen einer handlungsleitenden Erziehungswissenschaft, „gehaltvolle Partikularaussagen“ aufzustellen und Ziele zu formulieren. Hypothesen werden in der Handlungsforschung im Vorfeld allenfalls im Sinne der Bildung eines heuristischen Rahmens formuliert. Zwar wird nicht gänzlich auf die Hypothesenbildung verzichtet, doch geht der Ansatz „nicht von einem vorgefassten Theoriekonstrukt aus, sondern dieses Konstrukt wächst und formt sich mit der Forschung.“ (Trier 2003, S. 41) Die Hypothesen bilden insofern eher die Zielsetzung und Fragestellung des Untersuchungsvorhabens ab, als dass sie zu verifizierende oder zu falsifizierende Hypothesen wären.

Für die Modellversuchsforschung hat Euler (1994) dieses Verständnis von Erkenntnisgenerierung mit seiner „Didaktik einer sozio-informationstechnischen Bildung“ geprägt. Auch er geht in seinem Forschungsverständnis davon aus, dass nicht, wie in der kritisch-rationalen bzw. empirisch-analytischen Sozialforschung, die Hypothesenüberprüfung das Ziel von Berufsbildungsforschung ist, sondern vielmehr die Theoriebildung. Beobachtungsaussagen haben dabei den gleichen theoretischen Stellenwert wie zu überprüfende Theorien bzw. Hypothesen, wobei eine fehlende Übereinstimmung nicht zur Verwerfung einer Theorie führt, sondern die Grundlage für die theoretische Weiterentwicklung des jeweiligen Forschungskonzeptes bildet (vgl. Euler 2003).

Dieses Vorgehen folgt im Wesentlichen einer *abduktiven* Forschungslogik, wie sie auch Kelle für das Prinzip der heuristischen Theoriebildung beschrieben hat (vgl. Kelle 1994):[127]

> *„Der Untersucher oder die Untersucherin, im Idealfall eine ganze Forschungsgruppe, nähern sich ihrem Forschungsgegenstand mit den zentralen Konzepten und leitenden Annahmen einer (oder verschiedener) Forschungstraditionen, die ihnen als dienen. Diese heuristischen Konzepte strukturieren den untersuchten Gegenstandsbereich, indem sie festlegen, was im Untersuchungsfeld der Fall sein kann, welche Phänomene untersucht werden und welche Zusammenhänge zwischen diesen Phänomenen bestehen können. Dabei kann sowohl auf eine einzelne , bspw. einen einzelnen handlungstheoretischen Ansatz, als auch auf verschiedene Paradigmen unterschiedlicher Theorietraditionen zur Theoriebildung zurückgegriffen werden." (ebd., S. 368)*

127 Heuristik kennzeichnet die Lehre von der methodischen Gewinnung neuer Erkenntnisse durch Verfahren, Modelle, Vorannahmen, Begriffe und Prinzipien, von denen ein entsprechend daraus abgeleiteter Gebrauch gemacht wird, indem sie selbst nicht der Begründung, aber der Gewinnung dieser Erkenntnisse dienen.

Das Verfahren der Abduktion beschreibt also den Prozess, wenn schon bestehenden Daten - gemeint sind hier sowohl empirische als auch hermeneutische Erkenntnisse - neue Daten hinzugefügt werden, die dann in ihrer sprachlichen Form als Ergebnis in einer „Hypothese“ münden:

> *„Mittels Abduktion wird den Daten etwas Neues hinzugefügt, die Hypothese bringt dagegen das Neue in eine Form, stellt es dar. [...] Die Abduktion kommt irgendwie', auf eine nicht genau beschreibbare Weise zu einer Vermutung, einem Verdacht und liefert damit zugleich die Möglichkeit der Überprüfung." (Reichertz 2003, S 91 f)*

Für die Handlungsforschung verbindet sich mit diesem Prinzip der Abduktion einerseits die Hoffnung nach einer regelgeleiteten und reproduzierbaren Generierung neuen gültigen Wissens, andererseits wird darauf verwiesen, dass die Leistung der Abduktion allein für die Theoriebildung völlig unzureichend und unvollkommen sei (vgl. Reichertz 2000). Insofern bedürfe das Anliegen der Theoriebildung unbedingt einer Ergänzung durch den Prozess der systematischen Überprüfung der Hypothesen. Wenn Erkenntnisse nicht mehr in deduktiven Verfahren gewonnen werden, in denen bereits bestehende Regeln zur Erklärung eines Falls herangezogen werden, und auch nicht nur induktiv erzielt werden, indem auf einer Gesamtheit von Daten durch Stichproben Merkmalskombinationen zu einer Regel bzw. Ordnung erklärt werden, dann geht es darum, beide Verfahren zu kombinieren und auf der Basis des vorhandenen Wissens neue Erklärungsmuster zu finden: „Eine Ordnung ist bei diesem Verfahren erst noch zu (er)finden - und zwar mit geistiger Anstrengung.“ (Reichertz 2000, S. 281)

Als ein Beispiel dafür, wie eine handlungsorientierte Forschungskonzeption im Kontext der Gestaltung und Umsetzung des IT-Weiterbildungssystems in einer Region aussehen kann, wird im Folgenden das Forschungsdesign des Entwicklungs- und Begleitforschungsprojektes zur Umsetzung der arbeitsprozessorientierten Weiterbildung für IT-Spezialisten in Hamburger KMU, das in Kapitel vier bereits vorgestellt wurde, noch einmal aufgegriffen. Die Begleitforschung ist in ihrer theoretischen Verortung eindeutig im Bereich der Handlungsforschung anzusiedeln. Diese Forschungskonzeption kann als beispielhaft dafür gelten, wie in der Gestaltung der beruflich-betrieblichen Weiterbildung Theorie und Praxis miteinander verknüpft werden können.

6.3.2 Projektbeispiel: Handlungsorientiertes Begleitforschungskonzept zur Umsetzung arbeitsprozessorientierter Weiterbildung im IT-Sektor

Entsprechend der Argumente der vorangegangenen Ausführungen ist die wissenschaftliche Begleitung durch die HSU-HH in dem Projekt von vornherein praxis- und anwendungsorientiert angelegt. Ihre Funktion besteht in der Wahrnehmung von projektbegleitenden Aufgaben, die die Entwicklung und Erprobung von arbeitsbezogenen Qualifizierungsmaßnahmen direkt und indirekt stützen. Vorrangig geht es darum, die Praxis des arbeitsbezogenen Lernens in den kleinen und mittleren IT-Unternehmen in Zusammenarbeit mit dem Bildungsträger zunächst innovativ zu gestalten, im Projektverlauf weiter auszubauen, zu analysieren, zu evaluieren und so aufzuarbeiten, dass ein kontinuierlicher Transfer gewährleistet wird. Dabei kommt der wissenschaftlichen Begleitung zum einen die Rolle zu, Wissen und Expertise über Entwicklungen in Theorie und Praxis in das Projekt einzubringen und so Unterstützung in der Gestaltung des Praxisfeldes zu leisten und zum anderen im Zuge der angewandten Forschung aus diesem Prozess wieder theoretisches Wissen zu generieren. Insgesamt sind damit Zielsetzung und Erkenntnisinteresse der wissenschaftlichen Begleitung auf Praxisinnovationen gerichtet.

Grundsätzlich ist in dem ITAQU Projekt die wissenschaftliche *Begleitforschung* unter der Prämisse einer Entwicklungs-, Handlungs- und auch Anwendungsforschung zu sehen. Der Begriff *Forschung* bezieht sich in diesem Verständnis sowohl auf die Untersuchung und Überprüfung des Qualifizierungskonzeptes wie auch auf grundlegende Forschungsaktivitäten in übergreifenden Forschungsbereichen. Die konkreten *Untersuchungsfelder* ergeben sich in erster Linie aus dem Qualifizierungskonzept. Diesbezüglich findet im Rahmen der Begleitforschung auch die *Evaluation* der einzelnen Qualifizierungsphasen sowie der eingesetzten Lernformen und Methoden statt. Die wissenschaftliche Begleitung versteht sich hier *nicht* ausdrücklich als eine Evaluationsforschung, die der Überprüfung vorher festgelegter Ziele dient. Evaluation in diesem Sinne stellt lediglich einen Teil des Begleitforschungskonzeptes dar, mit dem Ziel, die im Rahmen des Projektverlaufs eingesetzten Methoden und Instrumente zu überprüfen. Dies gilt sowohl auf der praktischen Ebene der Gestaltung des Qualifizierungskonzeptes wie auch auf der Ebene der wissenschaftlichen Begleitung. Da die Ergebnisse der Untersuchung dazu genutzt werden, das Qualifizierungskonzept in Abstimmung mit den Akteuren in der Praxis zu überprüfen und zu verändern, kann es dem oben präsentierten Ansatz einer prozessorientierten formativen Evaluationsforschung zugeordnet werden.

Im Untersuchungsdesign wird die Entscheidung und Begründung hinsichtlich der Methoden festgelegt. Es umfasst z.B. auch die Formulierung von Fragestellungen und die Konzeption von Interviewleitfäden, wobei zu beachten ist, dass die „Reflexion und Reformulierung der Fragestellung ein wesentlicher Bezugspunkt zur Beurteilung der Angemessenheit der getroffenen Entscheidungen“ (vgl. Flick 2000, S. 63) ist.

Im Rahmen der Begleitforschung kommt es im Zuge der Durchführung der Maßnahmen in unterschiedlichen, aufeinanderfolgenden Teilnehmergruppen zu einem zyklischen Prozessverlauf, in dem sich das Handlungs- und Gestaltungsfeld der Qualifizierungsmaßnahme mit dem handlungsorientierten wissenschaftlichen Forschungsprozess verschränken.

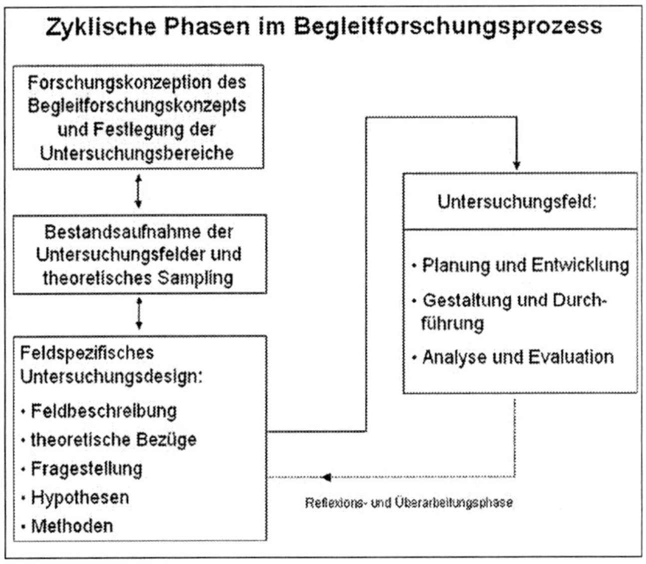

Abb. 3 Zyklischer Projektlauf

Ein sich stetig wiederholender, zirkulärer Theorie-Praxis-Bezug wird dadurch erzeugt, dass die Ergebnisse, die im Rahmen der wissenschaftlichen Evaluation jeder Teilnehmergruppe gewonnen werden, zur Reflexion und Überarbeitung der eingesetzten Lernformen und des didaktischen Methodeneinsatzes führen. Diese Zirkularität auf der Entwicklungs- und Gestaltungsebene, die dazu führt, dass das Qualifizierungskonzept einschließlich seiner Methoden einem ständigen Optimierungsprozess unterliegt, ist grundlegend für das handlungsorientierte Untersuchungsdesign. Die Problematisierung von Sachverhalten bedeutet in diesem

Zusammenhang, dass „immer auch der Sinn dieses Sachverhaltes und damit die sinnstiftende Konstruktion zur Disposition“ (Moser 1983, S. 66) steht. Dies gilt im Fall der ITAQU Begleitforschung nicht nur bezogen auf das Qualifizierungskonzept, das es permanent zu optimieren gilt. Auch das Untersuchungsdesign selbst und die in seinem Rahmen eingesetzten Methoden unterliegen einem ständigen Verbesserungsprozess: dadurch, dass statt einer abschließenden summativen Evaluation die Umsetzung des Qualifizierungskonzeptes parallel wissenschaftlich begleitet wird, ergeben sich auch hier zyklische Projektphasen, die eine kontinuierliche Verbesserung der eingesetzten Methoden ermöglichen. Im Sinne der abduktiven Forschungslogik ist in diesem Zusammenhang darauf zu verweisen, dass im Zuge dieses zyklischen Projektverlaufs bei der Überprüfung von Hypothesen und Erkenntnissen „stets auch auf das bereits verwendete Material zurückgegriffen werden“ (Kelle 1994, S. 371) muss, um es zu reanalysieren. Dahinter steht das Problem, dass nicht alle relevanten Ereignisse und Zusammenhänge bereits am Anfang des Forschungsprozesses erkannt werden können.

Im Wesentlichen ergeben sich für das Projekt zwei Untersuchungsbereiche (A+B), die im Rahmen der Begleitforschung in den Blick genommen werden.

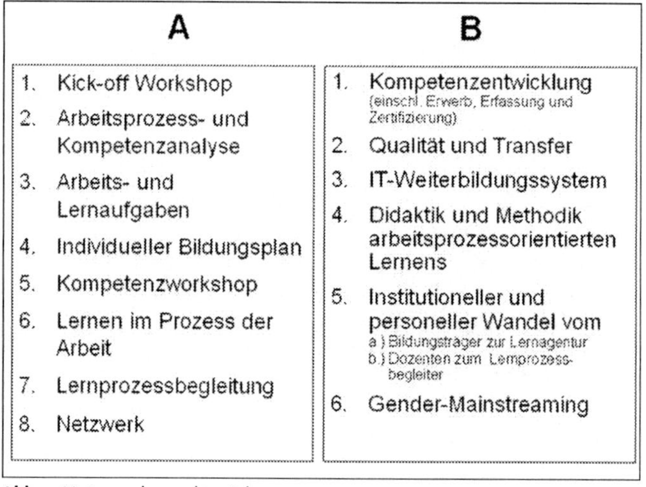

Abb. 4 Untersuchungsbereiche

Dabei handelt es sich zum einen um das Qualifizierungskonzept bzw. die einzelnen Untersuchungsfelder, die sich im Rahmen seiner Umsetzung entwickeln. Dieser Untersuchungsbereich A ist als konkretes Handlungsfeld auszuweisen, das es sowohl zu evaluieren als auch weiter zu entwickeln gilt. Darüber hinaus wurde ein zweiter Untersuchungsbereich B definiert, der sich aus übergreifenden Forschungsfeldern konstituiert, denen im Zuge der Entwicklung arbeitsprozessorientierter Weiterbildung im IT-Sektor Bedeutung zugemessen wird.

Für jeden dieser Bereiche wurde ein schwerpunktspezifisches Untersuchungsdesign erstellt. Es wurden Fragestellungen bzw. Hypothesen entwickelt sowie ein methodisches Instrumentarium festgelegt. In der konkreten Umsetzung des Forschungsprozesses, vor allem in dem maßnahmebezogenen Feld, d.h. bezogen auf das Qualifizierungskonzept, erfolgt die Entwicklung, Gestaltung, Analyse und Evaluation handlungsbezogener Untersuchungsinstrumente, die im Rahmen der zyklischen Projektphasen mehrfach zum Einsatz kommen und durch permanente Reflexions- und Überarbeitungsschleifen optimiert werden. Flankierend dazu erfolgt einerseits eine methodologische Reflexion und die Entwicklung und Überarbeitung des Methodeneinsatzes. Zudem ist angestrebt, durch die Verbreitung der Ergebnisse einen Transfer der Untersuchungsergebnisse sowohl in die Praxis der IT-Weiterbildung als auch in die Berufsbildungsforschung zu leisten.

Da mit dem hier vorgestellten Forschungsansatz explizit auch *Theoriebildung* angestrebt ist, werden in der Konzeption zwei Strategien miteinander kombiniert. Zum einen wurde im Vorfeld des Forschungsprozesses mit dem Untersuchungsbereich B ein heuristischer Rahmen konstruiert, der als „Achse der entstehenden Theorie" (Kelle 1994, S. 368) dient. Die einzelnen Untersuchungsfelder, die diesem zugrunde liegen, lassen sich für das hier dargestellte Beispiel aus allgemeinen sozialwissenschaftlichen, erziehungswissenschaftlichen bzw. arbeitswissenschaftlichen Konzepten ableiten.[128] Zum anderen steht in dem Untersuchungsbereich A die Datengewinnung eher in der Tradition der Grounded Theory. Bei diesem Verfahren der gegenstandsverankerten Theoriebildung lassen sich die Erkenntnisse induktiv im Zuge der Untersuchung ableiten. Die Theorie wird dabei

> *„durch systematisches Erheben und Analysieren von Daten, die sich auf das untersuchte Phänomen beziehen, entdeckt, ausgearbeitet und vorläufig bestätigt. Folglich stehen Datensammlung, Analyse und die Theorie in einer wechselseitigen Beziehung zueinander." (Strauss, A./Corbin, J. 1996, S. 7f)*

128 Zwischen diesen Untersuchungsfeldern können nach Kelle (1994) inhaltliche Zusammenhänge postuliert werden, die entweder als „formale Theoreme" (hier z.B. „Lernen im Prozess der Arbeit ermöglicht eher eine umfassende berufliche Kompetenzentwicklung als traditionelle Lernformen der beruflichen Bildung") oder als „gegenstandsbezogene theoretische Aussagen" formuliert werden (hier z.B. „Lernen am Arbeitsplatz ermöglicht die Herausbildung spezifischer beruflicher Handlungskompetenzen in Abhängigkeit von den lernförderlichen Potenzialen, die der jeweiligen Arbeit zugrunde liegen").

Insgesamt werden im Forschungsprozess *qualitative* Methoden gegenüber quantitativen Methoden stärker gewichtet, auch wenn beide nicht entgegengesetzt, sondern im Sinne einer Methodentriangulation komplementär zu verstehen sind. Der Einsatz unterschiedlicher Erhebungsinstrumente kann auch als Beitrag zur Erhöhung der Validität der Forschungsergebnisse verstanden werden, wobei forschungsmethodologisch mit dieser multimethodischen Vorgehensweise zum einen das Prinzip der „Offenheit" verfolgt wird (vgl. Lamnek 1995) und zum anderen damit die oben genannten Gütekriterien der qualitativen Sozialforschung erfüllt werden.

Im einzelnen dienen die eingesetzten Methoden und Instrumente dazu, die ablaufenden Prozesse zu analysieren, mit dem Ziel, Reflexion und Selbststeuerung in der praktischen Arbeit zu ermöglichen. Als Forschungsmethoden werden Dokumentenanalysen, Expertengespräche, standardisierte Fragebögen, leitfadenorientierte Interviews sowie Gruppendiskussionen eingesetzt. Der Prozesscharakter dieser Art von Forschung wird dabei durch den dominanten Einsatz der Methode des qualitativen Interviews unterstrichen. Demnach ist nicht nur der Akt des Forschens als prozessualer Vorgang zu verstehen, sondern auch die Wirklichkeitskonstruktion der Befragten, die durch das qualitative Interview generiert wird:

> *„So wie im Alltag die Konstitution und Definition von Wirklichkeit prozesshaft erfolgt, geschieht dieser Vorgang im Prozess des Interviews ganz analog. Die zu einem bestimmten Zeitpunkt gegebenen Antworten der Befragten sind nicht einfach Produkt einer unabänderlichen Auffassung, Meinung oder Verhaltensweise, sondern sie sind prozesshaft generierte Ausschnitte der Konstruktion und Reproduktion von sozialer Realität." (Lamnek 1995, S. 62)*

Die Interviews werden transkribiert, wobei bei der Transkription nach dem für die Sozialforschung gängigen Verfahren der Übertragung in normales Schriftdeutsch vorgegangen wird. Abhängig vom Untersuchungsdesign für das jeweilige Untersuchungsfeld werden zusammenfassende Protokolle geschrieben oder es wird im Einzelfall das Verfahren der qualitativen Inhaltsanalyse angewandt (vgl. Mayring 2002, S. 91). Die Auswertung der Interviews erfolgt nach dem Prinzip der Explikation, wonach wie o.a. möglichst die Deutungs- und Interpretationsgehalte der Aussagen aus der Sicht der Befragten und nicht aus der Sicht des Forschers zugrunde gelegt werden. Die Vorraussetzungen für die Einhaltung dieses Prinzips liegen allerdings schon in der Durchführung des Interviews. Dieses Ziel wird z.B. im Gespräch erreicht, indem der Interviewer den Befragten bittet, seine Äußerungen zu explizieren, zu präzisieren oder auch zu reflektieren (Lamnek 1995, S. 63).

Hier wird deutlich, wie wichtig die Professionalität und das theoretische Verständnis des Interviewers ist.

Mit dem Verfahren der *Ad-hoc-Kodierung*, bei dem wie oben beschrieben die verwendeten Konzepte, Theoreme und Hypothesen *nicht* explizit vor der empirischen Untersuchung spezifiziert werden, werden Ereignisse und Erkenntnisse im Datenmaterial als *In-Vivo-Codes* aufgespürt. Mit diesem Vorgehen werden die Begriffe, Handlungsstrategien und Sichtweisen der betroffenen Akteure in den Mittelpunkt der Betrachtung gestellt. Kelle weist darauf hin, dass auf dieses Verfahren im Zuge einer empirisch begründeten Theoriebildung „in keinem Fall verzichtet werden kann" (Kelle 1994, S. 370), weil es die wesentliche Grundlage für die Berücksichtigung der Akteursperspektive bildet.

Abschließend ist bezogen auf die Forschungskonzeption des Entwicklungs- und Begleitforschungskonzeptes ITAQU festzuhalten, dass sie sich im Verlauf des Projektes bewähren muss und dass veränderte Rahmenbedingungen in der Praxis gegebenenfalls auch eine Modifikation des Forschungskonzeptes erfordern. Anlass für die mögliche Veränderung können sowohl inhaltliche als auch personelle Veränderungen im Projektverlauf sein. Diese könnten z.B. durch Probleme bei der Teilnehmerrekrutierung für die Qualifizierung oder auch durch personelle Verschiebungen bei den Projektbeteiligten (dies gilt für das Personal des Bildungsträgers und das der wissenschaftlichen Begleitung gleichermaßen) verursacht werden. Auch dieses Beispiel sollte verdeutlichen, dass die Rolle der Forscher, von denen einerseits bezogen auf die *Praxisgestaltung* eine hohe Gestaltungs- und Kommunikationskompetenz und andererseits im Hinblick auf die *Theoriegenerierung* ausgewiesene sozialwissenschaftliche Methodenkompetenz erwartet wird, in handlungsorientierten Forschungskonzeptionen nicht unterschätzt werden darf. Der Beitrag des hier beschriebenen Projektes zur theoretischen Fortentwicklung der beruflich-betrieblichen Weiterbildungsforschung bleibt abzuwarten. Im Hinblick auf die konzeptionelle Weiterentwicklung des APO-IT-Konzeptes und seine Erprobung in der Praxis zeichnet sich jedoch schon zum jetzigen Zeitpunkt ein Fortschritt ab.[129]

129 Dies gilt insbesondere im Hinblick auf die Erfahrungen mit dem Konzept der Lernprozessbegleitung, den Einsatz von Arbeits- und Lernaufgaben sowie die Dokumentation und Zertifizierung.

6.4 Potenzial und Grenzen handlungsorientierter Weiterbildungsforschung

In dieser Arbeit wurde die These vertreten, dass die Praxis der beruflich-betrieblichen *Weiter*bildung durch eine qualitativ orientierte Handlungs- und Begleitforschung maßgeblich unterstützt werden kann. Abschließend ist hier zu fragen, was genau die Berufsbildungsforschung - und hier insbesondere eine handlungsorientierte Weiterbildungsforschung - in dem dargestellten Spannungsfeld von Theorie und Praxis leisten kann.[130] Als Handlungs- und Begleitforschung kommt Weiterbildungsforschung, wie ausgeführt wurde, die doppelte Funktion der *Unterstützung von Innovationen* in der Praxisund der *theoretischen Wissensgenerierung* zu.[131] Zum einen hat sie als praxis- und handlungsorientierte Wissenschaft die Aufgabe, die Gestaltung moderner Weiterbildungskonzepte in der *Praxis* der Berufsbildung zu begleiten. Zum anderen muss sie durch die Erfassung, Reflexion und systematische Analyse der Praxis auch einen Beitrag zur Weiterentwicklung von Theorien in der Weiterbildungsforschung leisten. Zu fragen ist allerdings, wie dies vor dem Hintergrund der oben geschilderten methodologischen und methodischen Probleme im Rahmen von beruflich-betrieblicher Weiterbildungsforschung auf der Ebene der Praxis und der Theoriebildung realisiert werden kann.

Zunächst einmal müsste eine interdisziplinäre *Weiterbildungsforschung*, die sich an sozialwissenschaftlichen Forschungsstandards orientiert, im Wissenschaftsgefüge institutionell und disziplinär verankert werden. Für die aktuelle Situation ist festzustellen, dass die Forschung zur beruflichen und betrieblichen Weiterbildung im Wesentlichen im Rahmen von Dissertationen und Habilitationen erfolgt und damit der sogenannten „Kleinforschung" zuzurechnen ist: „Breiter angelegte empirische Untersuchungen gehören vielfach in den Kontext der Ressortforschung (sind also politikabhängig) und [sind, R.M.] meist befristet und mit begrenztem Auftrag." (Nuissl 2002, S. 345) Diese Zuschreibung gilt sowohl für die Modellversuchsforschung als auch für die Entwicklungs- und Begleitforschung, die bisher im Kontext des IT-Weiterbildungssystems erfolgte. Durch die externe Finanzierung ist diese Art der Forschung in einem besonderen Maß sozialen und auch politischen Interessen ausgesetzt. Um die daraus resultierenden Nachteile zu minimieren, wäre im Hinblick auf eine *institutionelle Anbindung* zu prüfen, ob nicht

130 Diese Auffassung wird bereits seit den 1970er Jahren durch die Kultusministerkonferenz (KMK) und auch die Bund-Länder-Kommission (BLK) für den Bereich der Erstausbildung im Rahmen der Modellversuchsforschung vertreten (vgl. auch die Denkschrift der Deutschen Forschungsgemeinschaft, DFG 1990).

131 Es ist in Kapitel sechs beschrieben worden, dass in einer modernen Perspektive die Trennung – und damit auch eine Arbeitsteilung – zwischen Theorie und Praxis besteht. Diese ist zwar nicht rückgängig zu machen, allerdings kann ihr Verhältnis sinnvoll reguliert werden (vgl. Oelkers 1984).

die Universitäten als Forschungseinrichtungen (re-)etabliert werden und mit finanziellen und personellen Ressourcen ausgestattet werden könnten.[132] Derartige Maßnahmen zur Institutionalisierung von Berufsbildungsforschung könnten statt der aktuellen finanziellen Kürzungen in der universitären Forschung in bildungs- und forschungspolitischer Perspektive eine sinnvolle Alternative zu der *projektbezogenen* - und daher immer zeitlich begrenzten - öffentlichen Finanzierung von Weiterbildungsforschung sein.

Bisher ist die berufliche Weiterbildungsforschung auch disziplinär nur in Ansätzen verankert. Angesichts einer zunehmenden Orientierung an Arbeitsprozessen ist hier ein Professionalisierungsbedarf für die recht unterentwickelte Disziplin der *Betriebs*pädagogik zu verzeichnen, denn nach wie vor kann festgestellt werden, dass die Betriebspädagogen gemessen an der Zahl der Erziehungswissenschaftlern, die sich der Berufsschule und der Lehrerausbildung zuwenden, einen überschaubaren Kreis bilden. Eine Ausdifferenzierung in diese Richtung wäre gleichermaßen für die weitgehend an der Lehrer- und an der Erstausbildung orientierte *Berufs- und Wirtschaftspädagogik* wie auch für die eher an Institutionen und Adressaten orientierte *Erwachsenenbildung* denkbar. Dass die Annäherung dieser beiden Disziplinen für die Etablierung einer an sozialwissenschaftlichen Standards orientierten erziehungswissenschaftlichen Berufsbildungsforschung unerlässlich ist, wurde vorangehend bereits begründet. Darüber hinaus könnte eine zunehmende *interdisziplinäre* Verschränkung mit den Arbeitswissenschaften, der Industrie- und Organisationssoziologie sowie der Arbeits- und Organisationspsychologie dazu beitragen, dass auch die Weiterbildungsforschung moderne Entwicklungen von Arbeit und Beruflichkeit über die Erstausbildung hinaus erfassen, thematisieren und im Rahmen einer systematischen Analyse in Theorien überführen kann.

Nachfolgend wird nach dem konkreten Beitrag der Handlungsforschung für die Praxis der Berufsbildung einerseits und für die Theoriebildung andererseits gefragt.

6.4.1 Relevanz für die Praxisgestaltung

Insgesamt kann der Beitrag, den die Weiterbildungsforschung zur Entwicklung der Praxis leistet, als relativ hoch eingeschätzt werden. Die nicht unerheblichen Summen, die im Bereich der Berufsbildung im Rahmen öffentlicher Förderung

132 Hier könnten auf der organisationalen Ebene Überlegungen zu einer Trennung von Lehre und Forschung, wie sie z.B. in den USA und in Frankreich üblich ist, verfolgt werden. Angesichts des Massenbetriebes an deutschen Universitäten wird die Forschung aufgrund eines hohen Lehr- und Betreuungsaufwandes zum Teil vernachlässigt.

zur Durchführung von Projekten mit wissenschaftlicher Begleitforschung zur Verfügung stehen (vgl. Kapitel drei), sprechen dafür, dass aus bildungspolitischer und aus wissenschaftlicher Perspektive grundsätzlich Konsens darüber herrscht, dass eine handlungsorientierte Forschung einen Beitrag zur Praxis der Berufsbildung leisten kann. Insbesondere für die Modellversuchsforschung ist allerdings, wie oben gezeigt wurde, diese Leistung nicht unumstritten.

Die vorangegangenen Ausführungen am Beispiel des IT-Weiterbildungssystems haben deutlich gemacht, dass Weiterbildungsforschung Innovationen „anschieben" kann, indem sie Wirklichkeit mitgestaltet und dabei die Konstruktionen, die sie selbst vornimmt, hinsichtlich ihrer Tauglichkeit überprüft, analysiert, in theoretische Aussagen überführt und damit die Voraussetzungen für einen möglichen Transfer der Ergebnisse in andere Bereiche schafft. Auf der Ebene der Praxisgestaltung kann Weiterbildungsforschung angesichts des Wandels von Arbeit und Beruflichkeit einen Beitrag zur Entwicklung und Erprobung neuer Konzepte und Methoden beruflichen Lernens leisten, die auch der Entgrenzung des beruflichen Lernens Rechnung tragen und das Lernen im Prozess der Arbeit befördern. Einschränkend ist allerdings anzumerken, dass es auch im Falle einer theoriegeleiteten Forschung und unter Einhaltung der sozialwissenschaftlichen Gütekriterien keinen linearen Weg der Umsetzung von Forschungsergebnissen in die Praxis gibt. Dies ist damit zu begründen, dass der Einfluss und Steuerungswirkung von Forschungsergebnissen in hohem Maße davon abhängig sind, welcher Stellenwert ihnen von den politisch-administrativen Entscheidern wie auch von der pädagogischen Profession beigemessen wird (vgl. Zedler 2002). Dies zeigt sich am Beispiel des IT-Weiterbildungssystems z.B. sehr deutlich an der Tatsache, dass Evaluationsstudien, die im Auftrag des BIBB erstellt wurden, bis heute nicht veröffentlicht sind

Die wissenschaftliche Begleitforschung kann neben den unmittelbar gestaltenden Aktivitäten im Feld auch beschreiben und erklären, *wie* und unter welchen Bedingungen berufspädagogische Innovationsprozesse gestaltet werden. Dabei geht es auch um das Aufzeigen von möglichen Alternativen. Gerade im Bereich der Berufsbildung geht es nicht zuletzt auch um die Entwicklung von *reflexiver Handlungsfähigkeit* der sozialen Akteure. Durch eine theoriegeleitete wissenschaftliche Begleitung können bei den Akteuren Reflexionsprozesse im Hinblick auf die individuellen und die institutionellen Handlungsziele, Entscheidungen und Begründungen erzielt werden.[133] Insofern liegt das Potenzial einer handlungsorientierten

133 Die Reflexivität bezieht sich dabei in individueller Perspektive als „Selbst-Reflexivität" sowohl auf das eigene Handeln wie auch als „strukturelle Reflexivität" in institutioneller Perspektive auf die jeweiligen Rahmenbedingungen, in denen sich dieses Handeln vollzieht (vgl. Elsholz 2002).

Weiterbildungsforschung für die Praxis auch in derAufklärung sozialer Prozesse (vgl. Zimmer 1995).

Insbesondere weil die beruflich-betriebliche Weiterbildung - wie in Teil eins dieser Arbeit gezeigt wurde - stark von den Interessen der beteiligten Akteure geleitet wird, liegt das Potenzial von Weiterbildungsforschung auch darin, sich mit den Tendenzen der *Bildungspolitik* und mit ihren Konsequenzen auseinander zusetzen. Im einzelnen könnte sie als solche

> *„mit Bezug auf die Zielkategorie Bildung die Wirkungen politischer und ökonomischer Rahmenbedingungen auf personale Entwicklungsprozesse und auf pädagogisches Handeln analysieren und bewerten. Sie müßte auf dieser Basis prüfen, durch welche staatlichen Maßnahmen und durch welche Einflüsse des Marktes pädagogisch wünschbare Entwicklungen beeinträchtigt werden und die Befunde ihrer Untersuchungen in die Politik und Ökonomie zurückmelden und Änderungen vorschlagen." (Kell 1996, S. 48)*

Bezogen auf die Frage, inwieweit die Ergebnisse von Berufsbildungsforschung in die Praxis einfließen sollten, gibt es allerdings unterschiedliche Auffassungen: in dem *sozialwissenschaftlichen* Forschungsansatz wird davon ausgegangen, dass wissenschaftliche Erkenntnisse dann zum erfolgreichen Gelingen der Praxis beitragen, wenn „sie im Bewusstsein von Alltag und Politik scheinbar spurenlos' verschwinden, das heißt nicht mehr als wissenschaftliche, sondern allein aus den praktischen Handlungsregeln heraus dechiffrierbar sind." (Beck/Bonß 1989, S. 12) Das bedeutet, dass der Erfolg von Weiterbildungsforschung in der Praxis konkret daran gemessen werden könnte, ob die Ergebnisse in Gesetzestexte und das professionelle Alltagshandeln einfließen und damit zu Organisationsstrukturen führen, denen man dann aber nicht mehr ansieht, dass sie unter Beteiligung wissenschaftlicher Disziplinen zustande gekommen sind. Für die *erziehungswissenschaftliche* Bildungsforschung wird dagegen die Auffassung vertreten, dass wissenschaftliche Forschung gerade dadurch, *dass* sie theoriegeleitet ist, nicht unmittelbar in praktische Handlungsanweisungen umgesetzt werden sollte. Gegenüber der Praxis sollte die Handlungsforschung „im Status eines Heiratsversprechens [bleiben], das nie eingelöst werden darf, wenn die Liaison von Erkenntnis und Handeln gelingen soll." (Zedler 2002, S. 35) Die Frage, inwieweit sich eine handlungsorientierte Weiterbildungsforschung an den Interessen der Politik ausrichten sollte, wäre im Kontext der Berufsbildungsforschung kritisch zu thematisieren.

6.4.2 Beitrag zur Theoriebildung

Der Beitrag handlungsorientierter Forschung zur Theoriebildung ist gegenüber ihrem Einfluss auf die Praxis eher gering einzuschätzen. Insofern ist neben der unterstützenden und gestaltenden Funktion der Praxis, die Berufsbildungsforschung ausdrücklich gefordert, ihre eigene Theorieentwicklung voranzutreiben. Für den Bereich der Weiterbildungsforschung muss allerdings, wie hier ausführlich dargestellt wurde, ein Theorie-Praxis-Dilemma konstatiert werden, das sich als ein latentes Theoriedefizit zirkulär und reflexiv reproduziert: einerseits kann Weiterbildungsforschung schon in der Konzeption von Forschungsprojekten kaum auf abgesicherte Theorien zurückgreifen und andererseits bringt sie ihrerseits nur marginal Wissensbestände hervor, die als theoretisch begründet und empirisch fundiert gelten könnten.

Dieses Theoriedefizit der Weiterbildungsforschung ließe sich zwar einerseits dadurch überwinden, dass durch das Einbeziehen sozialwissenschaftlicher Nachbardisziplinen *deren* Theorien und Forschungskategorien für die eigene Forschungspraxis anschlussfähig gemacht werden. Andererseits ist aber das Theoriedefizit häufig auch darauf zurückzuführen, dass eine Theoriegenerierung bzw. eine Überprüfung und Weiterentwicklung bestehender Theorien in Begleitforschungskonzepten nicht als Ziel der Forschung ausgewiesen wird und offensichtlich nicht primär intendiert ist. Perspektivisch müsste also eine handlungsorientierte Begleitforschung verstärkt in methodologischen Diskursen eine weitere theoretische Fundierung ihrer Forschungskonzeptionen leisten und sich in diesem Vorgehen auch selbst thematisieren. [134] Dabei wäre zu prüfen, inwieweit man mit Handlungsforschung durch die Verallgemeinerung der gewonnenen Erkenntnisse tatsächlich Theorien entwickeln bzw. bestehende Theorien weiterentwickeln kann. Dies gilt vor allem auf Grund der jeweiligen Kontextgebundenheit hinsichtlich der Reichweite und Repräsentativität der Ergebnisse.

Die Forscher stehen damit vor der Herausforderung, dass sie einerseits die theoretischen Erkenntnisse, die sie in die Gestaltung von Arbeit einbringen auf die

134 Diese Selbstthematisierung ist für einzelne Disziplinen der Erziehungswissenschaft in Ansätzen erfolgt: die Berufs- und Wirtschaftspädagogik hat dies u.a. mit der DFG-Denkschrift zur Berufsbildungsforschung Anfang der 1990er Jahre (vgl. DFG 1990) und mit der Gründung der Arbeitsgemeinschaft Berufsbildungsforschung versucht (vgl. Buer/Kell 2000). Die Erwachsenenbildung hat diese Selbstthematisierung u.a. mit ihrem Memorandum (vgl. Arnold u.a. 2000) vollzogen. Allerdings müsste die Selbstthematisierung der Wissenschaft angesichts der fortschreitenden Entwicklung ein permanenter Prozess sein. Dabei muss anerkannt werden, dass in der hier präsentierten Form der Forschung die Wissenschaftler ihrerseits einem Lernprozess in der Arbeit unterliegen, bei dem immer wieder neue Erkenntnisprozesse ausgelöst werden. Auch diese Lernprozesse müssten Gegenstand der Berufsbildungsforschung werden.

jeweiligen individuellen und betrieblichen Handlungsbedingungen *kontextualisieren*, d.h. anpassen müssen. Andererseits ist für die im Forschungsprozess gewonnenen Erkenntnisse wiederum eine *Dekontextualisierung* aus den konkreten Handlungszusammenhängenzu leisten, damit ein Beitrag für die Theorieentwicklung in der Weiterbildungsforschung geleistet werden kann. Eine weitere Herausforderung besteht darin, die in diesem Prozess entstehenden Forschungsergebnisse anwendungsorientiert darzustellen und zu verbreiten, so dass sie in der Praxis ggf. auch ohne externe Unterstützung umzusetzen sind.

Neben der Theorieentwicklung gilt es aus der Perspektive der Berufsbildungsforschung aber darüber hinaus im Sinne einer kritischen Selbstthematisierung auch, die eigenen Konzepte zu hinterfragen und zu überprüfen. In methodologischer Hinsicht sind, auch bezogen auf die Forschung selbst, angemessene Formen und Konzepte zu entwickeln, innovative theoretische und methodische Designs zu generieren und damit neue Erfahrungen zu sammeln. Dies wird u.a. geleistet, wenn Wissenschaft ihre eigene Anwendung durch Evaluations- und Projektforschung begleitet und damit ein Prozess der reflexiven Aufklärung befördert wird, den Beck und Bonß (1989) als ein „sozialwissenschaftliches Frühwarnsystem" bezeichnen. Konkret heißt dies für die Berufsbildungsforschung, wissenschaftliche Begleitungen *ihrerseits* in einen Evaluationskontext einzubinden, der die Qualität der Begleitforschung und damit auch die der Ergebnisse sichert (vgl. Dehnbostel 1998b).

Dies ist für die Modellversuchsforschung mit der Etablierung von BLK-Modellversuchsprogrammen bereits seit 1998 realisiert. Insofern scheint dieses Frühwarnsystem in der Berufsbildungsforschung zu funktionieren. Es besteht jedoch in qualitativer Hinsicht nach wie vor das Problem, die jeweiligen Erkenntnisse auch in optimierte *Forschungskonzeptionen* zu überführen. Gerade im Hinblick auf die öffentlich geförderte, projektbezogene Begleitforschung ist festzustellen, dass Handlungsforschung ihrem eigenen Anspruch nur gerecht wird, wenn sie über eine reine Evaluation im Sinne von Zielüberprüfung hinausgeht und auf eine nachhaltige Implementierung - auch in theoretischer Hinsicht - der gewonnenen Erkenntnisse zielt. Damit besteht zukünftig u.a. in der Evaluation, im Sinne des oben präsentiertenmodernen prozessorientierten Verständnisses, von Begleitforschungskonzepten eine der größten Herausforderungen von Weiterbildungsforschung. Das Phänomen, dass - wie im Fall des IT-Weiterbildungssystems geschehen - die *Konzeptionierer* selbst (d.h. in dem hier beschriebenen Fall das Fraunhofer-ISST und auch die Forscher im ITAQU Projekt) die Evaluation ihres *eigenen* Konzeptes durchführen, ist im Rahmen der Berufsbildungsforschung zu thematisieren und durchaus kritisch zu betrachten. Auch in diesem Erkenntnisprozess der selbstbezogenen Evaluation können professionspolitische, finanzielle und auch förderpolitische Interessen wirksam werden, die wiederum die Evaluationsergebnisse beeinflussen können. Zu klären ist also u.a., ob und wie die „Befangenheit“ von Wissenschaftlern im Prozess der Handlungsforschung und in der Aufarbeitung der Ergebnisse aufzuheben ist.

7 Erkenntnisse, Desiderate und Forschungsperspektiven

Ziel dieser Arbeit war es, zum einen die Situation der beruflich-betrieblichen Weiterbildung in Deutschland zu beschreiben und zum anderen Perspektiven für ihre weitere Gestaltung und für ihre Erforschung aufzuzeigen. Insofern ist hier abschließend danach zu fragen, welche wissenschaftlichen Erkenntnisse und Theorieerweiterungen aus den vorangegangenen Ausführungen gewonnen werden konnten und welche Fragen, Probleme und Desiderate bezogen auf die beruflich-betriebliche Weiterbildung in Deutschland perspektivisch zur Bearbeitung für die Berufsbildungsforschung und insbesondere für die Weiterbildungsforschung anstehen.[135]

7.1 Theoretischer Erkenntnisgewinn der Arbeit

Im ersten Teil dieser Arbeit wurde zunächst die Situation der beruflichen und der betrieblichen Weiterbildung in einer problemorientierten Perspektive beschrieben. Es wurde nachgewiesen, dass in Deutschland für den Bereich der Weiterbildung kein konsistentes System etabliert ist und dass nur marginal gesetzliche Regelungen im Vergleich zur beruflichen Erstausbildung bestehen. Auch das für Deutschland kennzeichnende Berufsprinzip greift für die berufliche Weiterbildung bisher nur in Ansätzen: zwar ist der Bereich der Weiterbildung nicht zuletzt im Kontext des „Lebenslangen Lernens" zum insgesamt größten Bildungsbereich herangewachsen, es gibt jedoch, mit Ausnahme einer geringen Zahl von Fortbildungsberufen, kaum gesetzliche Vereinbarungen. Die betriebliche Weiterbildung entzog sich institutionellen Regelungen bisher, indem sie in erster Linie auf die unternehmensbezogenen Qualifizierungserfordernisse im Rahmen der jeweiligen betriebsspezifischen Arbeitsorganisation rekurrierte. Erklärt werden kann die geringe Institutionalisierungsdichte der beruflichen Weiterbildung auch dadurch, dass die Anbieterstruktur im Weiterbildungssektor überwiegend privatwirtschaftlich organisiert und damit sehr heterogen ist. Der Staat hat die Verantwortung für

135 Weiterbildungsforschung wird hier als ein Teilbereich von Berufsbildungsforschung verstanden.

diesen Bereich weitgehend dem „Markt“ und damit den Betrieben, den Weiterbildungsanbietern und auch den einzelnen Weiterbildungsabnehmern zum Nachteil der Beschäftigten selbst überlassen.

Daher wurde anschließend in bildungspolitischer Perspektive die Rolle des Staates und der Einfluss unterschiedlicher Interessengruppen auf den Bereich der beruflich-betrieblichen Weiterbildung thematisiert. Am Beispiel der öffentlich geförderten Weiterbildung wurde deutlich, dass die paradoxe Gleichzeitigkeit von Maßnahmen der Deregulierung und der Regulierung seitens des Staates die Marktsteuerung in der beruflich-betrieblichen Weiterbildung verstärkt und darüber hinaus einen neuen „Zertifizierungsmarkt“ entstehen lässt. Die Konsequenzen, die sich im Zuge einer zunehmenden Ökonomisierung von Weiterbildung und dem damit verbundenen Zwang zu einer permanenten Marktausrichtung für die Institutionen, das Personal sowie die Bildungsabnehmer ergeben, sind hier in diesem Zusammenhang kritisch diskutiert worden.

Nach der systematischen Aufarbeitung der Situation der beruflich-betrieblichen Weiterbildung in Deutschland in einer eher strukturellen und bildungspolitischen Dimension wurden dann drei aktuelle, in der Berufsbildung derzeit verfolgte, Orientierungen thematisiert: Kompetenzentwicklung, Prozessorientierung und Netzwerke. Die Tatsache, dass im Rahmen der Realisierung neuer Organisationsstrukturen und didaktischer Konzepte gerade *diese* Bereiche auch maßgeblich durch eine öffentliche Finanzierung unterstützt werden, zeigt, dass diese Kategorien zur Zeit nicht nur als Handlungsziele in der beruflichen Bildung verfolgt, sondern auch öffentlich gefördert werden. Dass diese Förderung zum Teil auch eine wissenschaftliche Begleitung einschließt, verdeutlicht den Stellenwert wissenschaftlicher Entwicklungs- und Begleitforschung für die Praxis der Berufsbildung. Die These, dass die Berufsbildungsforschung maßgeblich zur Gestaltung beruflich-betrieblicher Weiterbildung beitragen kann, wurde im weiteren Verlauf der Arbeit aufgenommen und am Beispiel des IT-Sektors sowie mit einem Fokus auf handlungsorientierter Begleitforschung ausführlich bearbeitet.

Im zweiten Teil dieser Arbeit wurde das neue IT-Weiterbildungssystem präsentiert und anschließend einer Analyse im Hinblick auf damit verbundene Potenziale und Probleme unterzogen. An diesem Beispiel, das als eine herausragende Innovation gilt, wurde gezeigt, dass es prinzipiell möglich ist, auch im Bereich der beruflichen Weiterbildung Qualifizierungsprozesse in organisatorisch-struktureller und in didaktisch-curricularer Hinsicht systematisch zu gestalten. Da das System neu und der Prozess seiner Gestaltung noch nicht abgeschlossen ist, konnte es sich in der praktischen Umsetzung bisher nur in Ansätzen bewähren. Dennoch sind unter Modernisierungsaspekten aus diesem System bildungspolitische Impulse - sowohl in organisatorisch-struktureller als auch in didaktisch-curricularer Perspektive - für andere Bereiche der beruflichen Bildung zu erwarten. Dabei stellen sowohl die innovativen Potenziale dieses Systems als auch die hier formulierten Probleme für die Berufsbildungsforschung eine thematische Herausforderung dar. Weil der IT-Sektor damit selbst als ein eigenständiges potenzielles Forschungsfeld zu definieren ist, werden die Erkenntnisse und die Desiderate, die zur weiteren wissenschaftlichen Bearbeitung anstehen, im Folgenden noch einmal kurz zusammengefasst.

In organisatorisch-struktureller Hinsicht ist grundsätzlich festzuhalten, dass es sich bei dem IT-Weiterbildungssystem um die bisher weitreichendste Institutionalisierung von Weiterbildungsstrukturen in einer Branche handelt. Hervorzuheben ist, dass bei der Konzeption des IT-Weiterbildungssystems auf das in Deutschland bewährte Konzept der Beruflichkeit zurückgegriffen wurde. Damit zeichnet sich am Beispiel des IT-Weiterbildungssystems gegenüber der traditionellen Form des Berufs allerdings eine *moderne* Form von Beruflichkeit ab, die sich zusammenfassend folgendermaßen kennzeichnen lässt: durch den gegenüber der Erstausbildung verhältnismäßig geringen Grad an Institutionalisierung ist auf der strukturellen Ebene und in bildungspolitischer Hinsicht ein hohes Maß an *Flexibilität* angelegt. Die vorherrschende Lernform ist das *Lernen im Prozess der Arbeit,* wobei *Individualisierung* und *Selbststeuerung* der beruflichen Kompetenzentwicklung durch externe *Beratung* und *Begleitung* unterstützt werden. Die Anordnung der Berufe auf unterschiedlichen Qualifikationsebenen signalisiert eine Offenheit für die Realisierung individueller *Entwicklungs- und Karrierewege* und damit auch für einen beruflichen Aufstieg. Insbesondere die Option des Seiten- und Wiedereinstiegs ermöglicht eine *Aufhebung der sozialen Begrenzungen,* die dem traditionellen Berufskonzept immanent waren.

Einschränkend ist anzumerken, dass zwar durch die hohe „Durchlässigkeit" des Systems die Entwicklung von Aufstiegs- und Karrierewegen alseine systematische Fortsetzung des beruflichen Bildungsweges über die Erstausbildung hinaus prinzipiell realisiert werden konnte. Die Anerkennung der beruflich erworbenen Kompetenzen für einen Zugang zum allgemeinen Bildungssystem erweist sich allerdings nach wie vor als problematisch. Sowohl die Äquivalenzfeststellung beruflicher und allgemeiner Bildung als auch die Erarbeitung eines Anrechnungsverfahrens nach dem „Credit-Point-System", die Bedingungen für eine internationale Vergleichbarkeit wären, sind im Kontext der Implementierung des IT-Weiterbildungssystems noch zu leisten. Darüber hinaus stehen zur konzeptionellen Bearbeitung die soziale Integration von Nicht-Erwerbstätigen und von Frauen in das

System sowie die Anbindung an das Tarifsystem und die Regelung von Bildungs- bzw. Lernzeiten an.

Als innovative Elemente sind in didaktisch-curricularer Hinsicht im Wesentlichen die konsequente Prozessorientierung und das Lernen in der Arbeit, die Strukturierung der Lerninhalte durch Referenzprozesse und das Verfahren der Personenzertifizierung anzuerkennen. Positiv hervorzuheben ist dabei, dass durch die Verknüpfung der strukturellen Organisation des IT-Weiterbildungssystems mit der methodischen Empfehlung zu arbeitsprozessbezogenem Lernen dem informellen Lernen und dem Erfahrungslernen ein neuer Stellenwert zukommt. Darüber hinaus besteht die Möglichkeit, über das Lernen in der Arbeit individuelle Kompetenzentwicklung mit betrieblicher Personal- und Organisationsentwicklung zu verschränken. Durch die öffentliche Regulierung und Sanktionierung von Standards kann in diesem Prozess die „Verbetrieblichung" von Weiterbildung verhindert werden. Insofern können über arbeitsprozessorientierte Formen der Weiterbildung die bisher getrennten Bereiche der beruflichen (meist öffentlich geförderten) und betrieblichen Weiterbildung vermittelt werden.

Allerdings ist für die didaktisch-curricularen Elemente von APO-IT einschränkend festzustellen, dass dieses Konzept in inhaltlicher und auch in methodischer Hinsicht eine weitere theoretische Fundierung erfahren müsste. In diesem Rahmen gilt es, vor allem für die lernorganisatorische Umsetzung angemessene Konzepte und Methoden des Lernens in der Arbeit zu entwickeln.[136] Das Konzept ist lernorganisatorisch an die spezifischen Bedürfnisse von kleinen und mittleren Unternehmen anzupassen. Diese sind bei der Umsetzung der neuen Lernformen auf externe Unterstützung angewiesen, wobei Bildungsträgern und Netzwerken eine besondere Bedeutung zukommt. Insofern sind perspektivisch auch Konzepte zu entwickeln, die eine institutionelle Kooperation und Netzwerkbildung zwischen Organisationen und Personen befördern.

Die Notwendigkeit zu einer grundlegenden theoretischen Erweiterung besteht vor allem für die Rolle und Funktion der Lernprozessbegleitung, die konstitutiv für das Lernen in der Arbeit ist. Zudem müsste das Verfahren der Personenzertifizierung im Rahmen von Bildungsforschung kritisch untersucht werden. Auch die systematische Einbindung von Organisations- und Personalentwicklung in die Berufsbildung ist in theoretischer Hinsicht noch zu leisten.

136 Ein Modellversuch des BIBB zur Erforschung eben dieser Frage in kleinen und mittleren Unternehmen im IT-Sektor läuft Anfang 2005 in Berlin an.

Zusammenfassend ist festzustellen, dass im IT-Weiterbildungssystem die bildungspolitischen Forderungen, die u.a. die Gewerkschaften im Zuge der Diskussion um die Realisierung eines Weiterbildungsgesetzes formuliert haben, weitgehend umgesetzt wurden. Dies lässt jedoch keine branchenübergreifende Institutionalisierungberuflich-betrieblicher Weiterbildung erwarten.[137] Vielmehr zeichnet sich ab, dass zukünftig vergleichbar mit den Regelungen im IT-Weiterbildungssystem branchenspezifische Lösungen gefunden werden. Zur Zeit sind ähnliche Strukturen wie im IT-Sektor für den Bereich der Logistik und die Medienbranche geplant.[138] Allerdings hängen diesbezüglich alle weiteren Innovationen und Aktivitäten in einem hohen Maß von der Bewährung des neuen IT-Weiterbildungssystems ab.

Insofern müsste zunächst das IT-Weiterbildungssystem selbst stabilisiert und seine Akzeptanz durch eine höhere Transparenz und eine weitere Verbreitung in der Öffentlichkeit gesteigert werden. Hier sind gezielte Informations- und Marketingstrategien zu entwickeln. Zum jetzigen Zeitpunkt deutet sich an, dass das System auf der Ebene der Professionals von allen sozialen Interessengruppen einschließlich der Weiterbildungsteilnehmer weitgehend anerkannt und akzeptiert wird. Für die Ebene der Spezialisten, die strukturell das eigentliche bildungspolitische Novum im IT-Weiterbildungssystem darstellen, bleibt die weitere Entwicklung abzuwarten. Aber selbst wenn sich die Qualifizierung und das Zertifizierungsverfahren auf der Spezialistenebene nicht dauerhaft etablieren kann, so ist festzuhalten, dass mit der Konzeption des IT-Weiterbildungssystems ordnungspolitische Standards geschaffen wurden, die sowohl in der Praxis als auch in der beruflich-betrieblichen Weiterbildungsforschung zukünftig eine wesentliche Rolle spielen werden. Dazu gehört das Lernen in der Arbeit, die Anerkennung umfassender beruflicher Handlungskompetenzen sowie ihre Zertifizierung.

Am Beispiel des IT-Weiterbildungssystems wurde verdeutlicht, dass im Zuge der innovativen Gestaltung von Weiterbildungsstrukturen einer externen Unterstützung ein hoher Stellenwert zukommt. Dies gilt sowohl bezogen auf die öffentliche Förderung als auch hinsichtlich wissenschaftlicher Begleitung und Evaluation. Ohne die staatliche Finanzierung durch das Bundesministerium für Bildung und Forschung sowie die Unterstützung der Länder und des Europäischen Sozialfonds

137 Bisher gibt es keine Hinweise darauf, dass in Deutschland der Bereich der beruflichen Weiterbildung ähnlich wie das System der Erstausbildung institutionalisiert wird bzw. gesetzlich geregelt wird. Auch im Berufsbildungsreformgesetz ist eine gesetzliche Regulierung der Weiterbildung über die Fortbildungsberufe hinaus nicht vorgesehen.

138 Die Realisierung von modernen Weiterbildungsstrukturen ähnlich dem IT-Weiterbildungssystem wird hier von den gleichen sozialen Akteuren vorangetrieben (vgl. Ehrke 2004).

hätte weder die konzeptionelle Grundlegung noch die Umsetzung der Qualifizierung und Zertifizierung des IT-Weiterbildungssystems in der vorliegenden Form stattgefunden. Es ist kaum anzunehmen, dass die unterschiedlichen Interessenlagen, die im Bereich der Berufsbildung wirksam werden, *ohne* diese externe Unterstützung zu den Kompromissen hätten umgearbeitet werden können, die für eine erfolgreiche Implementierung des IT-Weiterbildungssystems erforderlich waren. Besonders hervorzuheben ist, dass die staatlich finanzierte und organisierte Begleitforschung Probleme und Schwierigkeiten bei der Umsetzung frühzeitig erkennen lässt, so dass die Sozialpartner an den entscheidenden Punkten „nachjustieren" können.

Vor diesem Hintergrund wurde in dieser Arbeit u.a. nach dem Stellenwert von handlungsorientierter Begleitforschung für die Praxisgestaltung der beruflich-betrieblichen Weiterbildung und nach ihrem Beitrag für die Theorieentwicklung der Berufsbildungsforschung gefragt. Dabei ist verdeutlicht worden, dass sich im Zuge von Handlungs- und Begleitforschung die Erkenntnisgenerierung und die Theorieentwicklung als schwierig erweisen. Dies ist u.a. damit zu erklären, dass die externen und formalen Ansprüche an die Forscher mit ihrem eigenen Forschungsinteresse bzw. ihren begrenzten Ressourcen divergieren. Mit der Forschungskonzeption eines Entwicklungs- und Begleitforschungsprojektes zur Umsetzung des IT-Weiterbildungssystems in kleinen und mittleren Unternehmen wurde hier ein potenzielles Lösungsbeispiel dafür präsentiert, wie die Parallelität von Unterstützung der Praxisgestaltung und Theorieentwicklung prinzipiell zu realisieren ist. Es wurde damit gezeigt, wie Weiterbildungsforschung dazu beitragen kann, in regionalen Strukturen Rahmenbedingungen für berufliche und betriebliche Qualifizierung als Lernen im Prozess der Arbeit zu schaffen und wie zugleich durch die systematische Erhebung, Dokumentation und Analyse dieser Prozesse ein Beitrag zu einer empirisch generierten Theoriekonstruktion geleistet werden kann.

Die Analyse zu Situation und Perspektiven der beruflich-betrieblichen Weiterbildung im Allgemeinen und zum IT-Weiterbildungssystem im Besonderen, die in dieser Arbeit vorgenommen wurde, ist auch als ein Teil der Grundlagenforschung für den Bereich der Berufsbildung zu verstehen. Mit der systematischen Aufarbeitung ihrer Struktur und Funktionsweise ist eine Definition der beruflichen und der betrieblichen Weiterbildung erfolgt, die auch den interessenpolitischen Kontext berücksichtigt. Darüber hinaus wurde mit der Analyse der Konzeption und der Umsetzungsaktivitäten des IT-Weiterbildungssystems eine konkrete Basis für weitere Forschungen auf dem Gebiet der IT-Weiterbildung geschaffen. Da es bisher - abgesehen von den hier benannten Veröffentlichungen des BIBB und des

Fraunhofer-Instituts - kaum wissenschaftliche Literatur zu dem Thema gab, ist damit ein neuer Forschungsbereich „IT-Weiterbildungsforschung" angelegt, in dem sowohl organisatorisch-strukturelle als auch didaktisch-curriculare Aspekte berücksichtigt werden.

Deutlich herausgearbeitet wurde auch, inwieweit sich die Konzeption des IT-Weiterbildungssystems an bewährten traditionellen Elementen des deutschen Berufsbildungssystems und an dem Prinzip der Beruflichkeit orientiert hat. Damit ist in ordnungspolitischer und auch in theoretischer Perspektive ein Erkenntnisgewinn zu verzeichnen, der eine systematische Übertragbarkeit der Regelungen im IT-Sektor auf andere Bereiche ermöglicht und es zulässt, die damit verbundenen Probleme in der Planung und Umsetzung zu antizipieren. So ist ansatzweise auch ein weiterer Schritt in die Richtung einer bildungstheoretischen Erweiterung des Berufskonzeptes gemacht worden: das IT-Weiterbildungssystems zeigt beispielhaft, dass sich Arbeit, Erwerb und Qualifikation über die Erstausbildung hinaus in den Kategorien von Beruflichkeit organisieren lassen und dass der Einzelne im Prozess des Lernens in der Arbeit durchaus eine Selbsterweiterung im Sinne von umfassender Kompetenzentwicklung erfahren kann.

Eine Erweiterung in theoretischer Hinsicht sollte diese Arbeit insofern leisten, als dass sie einen theoretischen Forschungsansatz - nämlich den der handlungsorientierten Begleitforschung - auf ein praktisches Feld - das der beruflich-betrieblichen Weiterbildung - bezieht und ihn darauf angewandt sowohl in methodologischer als auch in methodischer Hinsicht reflektiert. Die konkrete Umsetzung handlungsorientierter Forschung wurde seinerseits am Beispiel eines Entwicklungs- und Begleitforschungskonzeptes demonstriert. Insofern konnte hier die forschungslogische Anwendung eines theoretischen Ansatzes - sozusagen ein „theoretisches Praxisbeispiel" - gezeigt werden. Damit wurden in dieser Arbeit unter Berücksichtigung des sozialwissenschaftlichen Forschungsstandards verschiedene Theorieebenen miteinander verschränkt und so eine neue Perspektive für die Theorieentwicklung in der Weiterbildungsforschung eröffnet.

Der Stellenwert dieser Arbeit für die Berufsbildungsforschung wird letztlich daran zu messen sein, ob sich daraus Impulse für weitere theoretische Diskurse in der beruflich-betrieblichen Weiterbildung ergeben. Gerade im Hinblick auf die Etablierung des IT-Weiterbildungssystems und seinen Transfer auf andere Sektoren bleibt abzuwarten, inwiefern davon letztlich auch die Praxis der Berufsbildung profitieren wird.

Nachfolgend werden hier potenzielle Forschungsbereiche für die beruflich-betriebliche Weiterbildung benannt, die auf der Basis der Erkenntnisse aus den bisherigen

Ausführungen als eine zukünftige Herausforderung und damit auch als Forschungsfelder für eine handlungs- und anwendungsorientierte Weiterbildungsforschung gelten können.

7.2 Perspektiven beruflich-betrieblicher Weiterbildungsforschung

Die obigen Ausführungen zum IT-Weiterbildungssystem legen nahe, dass auf der *Makroebene* der Blick der Berufsbildungsforschung darauf zu richten ist, vor welchem sozialen und politischen Hintergrund Entscheidungen auf dem Gebiet der Berufsbildung getroffen und wie sie in der Praxis der beruflich-betrieblichen Weiterbildung umgesetzt werden. Zu fragen ist dabei auch danach, welche Maßnahmen seitens der sozialen Akteure und insbesondere des Staates ergriffen werden, wenn die Implementierung neuer Strukturen und Inhalte *nicht* auf Anhieb gelingt. Es spricht vieles dafür, dass das IT-Weiterbildungssystem diesbezüglich auch zukünftig ein ergiebiges Forschungsfeld, vor allem im Hinblick auf die noch zu leistende bildungs- und lerntheoretische Fundierung, darstellen wird.

Unabhängig davon geht es in bildungspolitischer Perspektive grundsätzlichdarum, in der beruflichen Weiterbildung strukturelle Rahmenbedingungen dafür bereitzustellen, dass trotz einer relativen Ungewissheit bezogen auf zukünftige Qualifikationsanforderungen sowohl dem Qualifizierungsbedarf der Unternehmen als auch den Entwicklungsbedürfnissen der Arbeitnehmerinnen und Arbeitnehmer entsprochen werden kann. Dabei gilt es, entlang den Erkenntnissen von Berufsbildungsforschung, möglichst flexible Strukturen zu schaffen, die eine hohe Anpassungsfähigkeit bei gleichzeitiger Sicherung von Mobilität und Chancengleichheit erlauben. Beruflichkeit ist dabei geeignet, als organisierendes Prinzip auch für den Bereich der Weiterbildung wirksam zu werden. Insofern müsste im Rahmen von *Berufs*bildungsforschung auch deren eigentliche Bezugskategorie - also der Beruf selbst - verstärkt in den Blick von Forschung genommen werden.[139] Dies gilt insbesondere vor dem im ersten Teil dieser Arbeit verdeutlichten Zusammenhang, dass der Beruf in Deutschland als ein Ordnungsmuster fungiert, das die Umwelt zur betrieblichen

Dabei geht es darum, neue soziale Formen von Arbeit und auch veränderte Inhalte einer modernen Beruflichkeit - die sich im Kontext moderner gesellschaftlicher und betrieblicher Arbeitsorganisation reflexiv immer wieder neu konstituiert und

139 Dies gilt insbesondere vor dem im ersten Teil dieser Arbeit verdeutlichten Zusammenhang, dass der Beruf in Deutschland als ein Ordnungsmuster fungiert, das die Umwelt zur betrieblichen Handlungssphäre bildet. Betriebliche Weiterbildung sollte damit immer auch als berufliche Weiterbildung zu verstanden werden.

anpasst - zu erforschen. Strukturelemente der modernen Arbeitswelt wie z.B. steigende Komplexität und zunehmende Prozessorientierung müssten sich dabei gleichermaßen in der bildungspolitischen Gestaltung und in den Forschungskonzeptionen zur beruflich-betrieblichen Weiterbildung fortsetzen. Dies gilt in einem besonderen Maß für die Qualifikations- und die Curriculumforschung. Dabei ist zu berücksichtigen, dass in der beruflichen Weiterbildung eine flexible Curriculumkonstruktion gefordert ist, die gesellschaftlichen, technischen und sozialen Herausforderungen entspricht und die gleichermaßen die betrieblichen Qualifizierungsanforderungen wie auch die individuellen Entwicklungsbedürfnisse berücksichtigt.

Darüber hinaus ist die Transformation und Vergleichbarkeit beruflicher Kompetenzen sowohl innerhalb des deutschen Bildungssystems als auch im internationalen Kontext zu gewährleisten. Damit gewinnt die institutionelle Anbindung des Berufsbildungssystems und seine Verschränkung mit dem allgemeinen Bildungssystem - und hier vor allem den Hochschulen - an Bedeutung. Dieses Forschungsfeld, das schon seit den 1970er Jahren besteht und das z.B. mit der Entwicklung Dualer Studiengänge auch in der Praxis der Berufsbildung Eingang gefunden hat, gilt es weiter auszubauen. So sind z.B. organisatorisch-strukturelle und didaktisch-curriculare Konzepte dafür zu entwickeln, prozessorientierte berufliche Weiterbildung jenseits des Betriebes auch an Universitäten auf der Bachelor- bzw. Masterebene zu etablieren und entsprechende Zertifizierungen, auch informell erworbener Kompetenzen, zu ermöglichen.

Angesichts der zunehmenden Bedeutung beruflich-betrieblicher Weiterbildung kann dieser Bereich selbst auch als ein Beschäftigungssektor verstanden werden, den es zu professionalisieren gilt. [140] Akuter Professionalisierungsbedarf besteht derzeit für Lernprozessbegleiter und -berater sowie für Prüfer, die an dem neuen Verfahren der Personenzertifizierung beteiligt sind. Der Prozess der Professionalisierung müsste in der Praxis von den Betroffenen selbst und ihren Verbänden vorangetrieben und könnte von der Berufsbildungsforschung wissenschaftlich begleitet werden. [141] Mit der Unterstützung durch wissenschaftliche Begleitung

140 Anzumerken ist in diesem Zusammenhang allerdings, dass eine Professionalisierung des Personals bisher nicht einmal für den etablierten und dicht institutionalisierten Bereich der Erstausbil-dung realisiert werden konnte. Bisher gibt es keinen nach dem BBiG geregelten „Ausbilderberuf", sondern lediglich die Regelungen nach der Ausbildereignungsverordnung (AEVO). Mit der bildungspolitischen Entscheidung der Bundesregierung zur Aussetzung dieser Verordnung für vorerst fünf Jahre kann derzeit sogar eine weitere Deprofessionalisierung im Sinne von Entberuflichung des betrieblichen Ausbildungspersonals verzeichnet werden. Allerdings wird derzeit eine Fortbildungsverordnung zum „Fachpädagogen in der beruflichen Bildung" vom BIBB vorbereitet.

würde wahrscheinlich auch die Qualität von beruflich-betrieblicher Weiterbildung etabliert und erhöht.

Auf der *Mesoebene* geht es im Zuge einer zunehmenden Prozessorientierung zukünftig darum, an den unterschiedlichen Lernorten - also in den Unternehmen und in den Bildungsinstitutionen - Rahmenbedingungen zu schaffen, die das Lernen in der Arbeit unterstützen. Dazu gehört die Herstellung lernförderlicher Arbeitsbedingungen, die eine arbeitsprozessorientierte Qualifizierung unter angemessener Partizipation der Lernenden ermöglichen. Berufsbildungsforschung kann diesen Prozess begleiten, indem sie zum einen die theoretische Grundlegung für die Gestaltung lernförderlicher Arbeit leistet und zum anderen auch an der praktischen Entwicklung, Gestaltung und Optimierung von betrieblichen Organisationsstrukturen mitwirkt. Damit ist die Weiterbildungsforschung auch auf die betrieblichen Arbeitsprozesse zu richten. Im Einzelnen müssten Lernpotenziale in der Arbeit ermittelt und die Bedingungen, d.h. die Möglichkeiten und auch die Grenzen, einer lernförderlichen Gestaltung von Arbeit erforscht werden. Zu bedenken ist in diesem Zusammenhang allerdings, dass die Gestaltung und die Erforschung lernförderlicher Arbeit im Wesentlichen fallbezogen erfolgen muss, da sowohl die individuellen Weiterbildungsvoraussetzungen der Lernenden als auch die betrieblichen und institutionellen Kontextbedingungen jeweils unterschiedlich sind.

Auf der *Mikroebene* kommt in der Berufsbildungsforschung als erziehungswissenschaftliche Teildisziplin dem lernenden Subjekt ein besonderer Stellenwert zu. Im Rahmen einer explizit berufsorientierten Biographieforschung sind insofern die Bedingungen, Voraussetzungen und auch Begrenzungen individueller Kompetenzentwicklung in der beruflichen und in der betrieblichen Weiterbildung zu ermitteln. Zu fragen wäre danach, wie die Individuen im Kontext des lebenslangen Lernens und moderner Beruflichkeit den Zwang zur individuellen „Berufsnavigation" [142] einschließlich der damit einhergehenden Zumutungen bewältigen und welche Unterstützungsformen - auch hier im Sinne von Beratung und Begleitung - dafür aus der Sicht der Berufsbildungsforschung entwickelt werden können.

Im Zuge der innovativen Gestaltung von Weiterbildungsstrukturen kommt der unterstützenden Funktion von Beratung und Begleitung insgesamt eine besondere

141 Büchter und Hendrich (1996) haben schon Mitte der 1990er Jahre eine „politikorientierte Professionalisierungsforschung" gefordert, die sich bis heute jedoch nicht etablieren konnte.

142 vgl. dazu die ersten theoretischen Ausführungen und die Projektbeispiele, die der Schweizer Laufbahnberater Thomas Diener auf seiner Homepage www.fairwork.ch zur Verfügung stellt. Ansätze für eine didaktische Umsetzung liefert das Konzept der „Chaospiloten" in Aarhus, Dänemark (www.kaospilot.dk)

Rolle zu, die damit ihrerseits ein potenzielles Forschungsfeld für die Berufsbildungsforschung darstellt [143] und u.a. die Aufgabe hätte, aus einer spezifisch subjektorientierten Perspektive theoretisch fundierte Konzepte für die Beratung und Begleitung in Lernprozessen zu entwickeln, die sowohl bildungstheoretische als auch soziale und psychologische Aspekte einschließt. In diesem Rahmen ist dem an Arbeits- und Geschäftsprozessen orientierten Prozessbegriff, der zur Zeit in der Berufsbildung vorherrscht, ein pädagogisch geprägtes Prozessverständnis entgegenzusetzen, das sich sowohl auf die strukturellen Bedingungen der Arbeits- und Lernumgebung als auch auf individuelle Entwicklungsprozesse bezieht.

Abschließend bleibt festzuhalten, dass die Berufsbildungsforschung in engem Austausch und in Kooperation mit anderen Disziplinen einen Beitrag dazu leisten kann, sowohl die Voraussetzungen als auch die Begrenzungen beruflicher Qualifizierungsprozesse zu thematisieren und zu analysieren. Dies erfordert allerdings auch eine reflexive Perspektive, das heißt die Selbstthematisierung der Berufsbildungsforschung als Handlungs- und Anwendungsforschung und insbesondere die Klärung ihrerRolle als Wissenschaft in dem Spannungsfeld von Theorie und Praxis.

143 Die Einschätzung, dass lebensbegleitende Bildungs- und Berufsberatung eine Grundvoraussetzung für ein effektives lebenslanges Lernen bildet und dass Beratung zudem eine wesentliche Rolle bei der Förderung von Zielsetzungen staatlicher Politik zukommt, bildete die Grundlage für die Annahme einer „Entschließung zur lebensbegleitenden Beratung“ durch den Europäischen Rat im Mai 2004 (vgl. cedefop 2004).

Literatur

Altmann, W. (2003): Prozess- und projektorientierte IT-Weiterbildung in einem mittelständischen Consulting-Unternehmen, in: Mattauch/Caumanns, a.a.O., S. 168-171.

Amt für amtliche Veröffentlichungen der Europäischen Gemeinschaften (Hrsg.) (2001): Leitlinien für die Curriculumentwicklung. Neue IKT-Curricula für das 21. Jahrhundert, Luxemburg.

Arnold, P. (2003): Kooperatives Lernen im Internet – Qualitative Analyse einer Community of Practice im Fernstudium, Münster.

Arnold, R. u.a. (2000): Forschungsmemorandum für die Erwachsenen- und Weiterbildung, Frankfurt/Main.

Arnold, R. (1998a): Kompetenzentwicklung und Organisationslernen, in: Vogel, N. (Hrsg.): Organisation und Entwicklung in der Weiterbildung, Bad Heilbrunn, S. 86-110.

Arnold, R. (1998b): Zum Verhältnis von Allgemeiner Erziehungswissenschaft und Berufspädagogik, in: Zeitschrift für Erziehungswissenschaft, 1. Jg., 2/1998, S. 223-238.

Arnold, R. (1996): Weiterbildung. Ermöglichungsdidaktische Grundlagen, München.

Arnold, R. (1995²): Betriebliche Weiterbildung, Hohengehren.

Backes-Haase, A. (2001): Berufsbildungstheorie – Entwicklung und Diskussionsstand, in: Schanz, H. (Hrsg.): Berufs- und wirtschaftspädagogische Grundprobleme, Hohengehren, S. 22-38.

Bader, R. (1989): Berufliche Handlungskompetenz, in: Die berufsbildende Schule, Jg. 41, 2/1989, S. 73-77.

Baethge, M. (2001): Beruf – Ende oder Transformation eines erfolgreichen Ausbildungskonzeptes, in: Kurtz, T. (Hrsg.): Aspekte des Berufs in der Moderne, Münster/New York 2001, S. 39-68.

Baethge, M. (1992): Die vielfältigen Widersprüche beruflicher Weiterbildung, in: WSI-Mitteilungen, 45. Jg., 6/1992, S. 313-321.

Baethge, M u.a. (2003): Anforderungen und Probleme beruflicher und betrieblicher Weiterbildung, Expertise im Auftrag der Hans-Böckler-Stiftung, Arbeitspapier 76, Düsseldorf.

Baethge, M./Schiersmann, C. (1998): Prozessorientierte Weiterbildung. Perspektiven und Probleme eines neuen Paradigmas der Kompetenzentwicklung für die Arbeitswelt der Zukunft, in: Arbeitsgemeinschaft Qualifikations-Entwicklungs-Management (Hrsg.): Kompetenzentwicklung 98, Münster/New York, S. 15-87.

Baethge, M./Denkinger, J./Kadritzke, U. (1995): Das Führungskräfte-Dilemma. Manager und industrielle Experten zwischen Unternehmen und Lebenswelt, Frankfurt/Main.

Bahnmüller, R. (2002): Weiterbildung per Tarifvertrag? „Instrumentelle Bildungsinteressen" und gewerkschaftliche Politik, in: Röder, K./Dörre, W.J., a.a.O., S. 69-83.

Bahnmüller, R./Fischbach, S. (2004): Der Qualifizierungstarifvertrag für die Metall- und Elektroindustrie in Baden-Württemberg, in: WSI-Mitteilungen, 57. Jg., 4/2004, S. 182-189.

Bank, V. (2004): Die Rolle der betrieblichen Weiterbildung in der Organisationsentwicklung, in: Gonon, P./Stolz, S.: Betriebliche Weiterbildung – Empirische Befunde, theoretische Perspektiven und aktuelle Herausforderungen, Bern, S. 213-228.

Bastian, H. (2002): Markt und Dienstleistung in der öffentlichen Weiterbildung – Volkshochschulen im Umbruch, in: Lohmann, I./Rilling, R., a.a.O., S. 247-260.

Bauerdick, J./Eichener, V./Voelzkow, H. (1993): Herausforderungen an die berufliche Weiterbildung, in: Staudt, E. (Hrsg.): Personalentwicklung für die neue Fabrik, Opladen, S. 165-179.

Baukrowitz, A./Boes, A. (2002): Weiterbildung in der IT-Industrie, in: WSI Mitteilungen, Schwerpunktheft: Aktuelle Aspekte beruflicher Bildung 01/2002, S. 10-18.

Bayer, M. (2002): Arbeitnehmerorientierte berufliche Aufstiegs- und Entwicklungswege, in: Dehnbostel, P./Elsholz, U./Meyer-Menk, J./Meister, J. (Hrsg.): Vernetzte Kompetenzentwicklung. Alternative Positionen zur Weiterbildung, Berlin, S. 321-336.

Bayer, M. (2000): Initiative für ein Bundesrahmengesetz Weiterbildung, in: Arbeitsstab Forum Bildung in der Geschäftsstelle der Bund-Länder-Kommission für Bildungsplanung und Forschungsförderung (Hrsg.): Erster Kongress des Forum Bildung am 14. und 15. Juli 2000 in Berlin, Dokumentationsband, Bonn, S. 798-805.

Bayer, M./Dobischat, R./Kohsiek, R. (Hrsg.) (1999): Das Sozialgesetzbuch III – Praxis und Reformbedarf in der Arbeitsförderung und Qualifizierung, Frankfurt/Main.

Beck, K./Kell, A. (1991): Erziehungswissenschaftliche Bildungsforschung als Aufgabe und Problem, in: Beck, K./Kell, A. (Hrsg.): Bilanz der Bildungsforschung. Stand und Zukunftsperspektiven, Weinheim, S. 5-14.

Beck, U./Bonß, W. (1989): Verwissenschaftlichung ohne Aufklärung? Zum Strukturwandel von Sozialwissenschaft und Praxis, in: Beck, U./Bonß, W.: Weder Sozialtechnologie noch Aufklärung. Analysen zur Verwendung sozialwissenschaftlichen Wissens, Frankfurt/Main, S. 7-45.

Becker, W./Meifort, B. (2004): Ordnungsbezogene Qualifikationsforschung als Grundlage für die Entwicklung beruflicher Bildungsgänge, in: Rauner, F. (Hrsg.): Qualifikationsforschung und Curriculum. Analysieren und Gestalten beruflicher Arbeit und Bildung, Bielefeld, S. 45-59.

Becker, H./Langosch, I. (1995[4]): Produktivität und Menschlichkeit – Organisationsentwicklung und ihre Anwendung in der Praxis, Stuttgart.

Bellmann, L./Düll, H. (1998): Betriebliche Weiterbildungsaktivitäten in West- und Ostdeutschland, in. Mitteilungen aus der Arbeitsmarkt- und Berufsforschung, 31. Jg., 2/1998, S. 205-225.

Benner, C. (2001): Jenseits der Greencard – Aus- und Weiterbildung in den IT-Berufen, in: WSI Mitteilungen, 54. Jg., 11/2001, S. 711-717.

Benner, D. u.a. (Hrsg.) (1996): Bildung zwischen Staat und Markt – Beiträge zum 15. Kongreß der Deutschen Gesellschaft für Erziehungswissenschaft vom 11.-13. März 1996 in Halle an der Saale, Zeitschrift für Pädagogik, 35. Beiheft.

Benzenberg, I. (1999): Netzwerke als Regulations- und Aktionsfeld der beruflichen Weiterbildung. Konzepte, Erfahrungen und Perspektiven, Bochum.

Bergleiter, S. (2003): Innovation in der betrieblichen Weiterbildung: Das Prinzip der „zirkulären Qualifizierung", in: FreQueNz Newsletter 1/2003, S. 12-14.

Bergmann, B. (2003): Handlungskompetenz und Arbeitsgestaltung – Höhere Anforderungen an ein Lernen im Prozess der Arbeit durch Veränderungen in der Arbeitswelt, in: Quem Bulletin 1/2003, S. 2-7.

Bethge, H. (2002): Ökonomisierung im Bildungsbereich – Privatisierung und Deregulierung am Beispiel Hamburgs, in: Lohmann, I./Rilling, R., a.a.O., S. 207-216.

BITKOM (2002): Markt der Informations- und Kommunikationsbranche rutscht ins Minus, Presseerklärung vom 23.09.02.

BMBF (Bundesministerium für Bildung und Forschung) (Hrsg.) (2002): IT-Weiterbildung mit System. Neue Perspektiven für Fachkräfte und Unternehmen (BMBF PUBLIK), Bonn.

BMBF (Bundesministerium für Bildung und Forschung) (Hrsg.) (2001a): Innovations- und Transfereffekte von Modellversuchen in der beruflichen Bildung, Band 1 und 2.

BMBF (Bundesministerium für Bildung und Forschung) (Hrsg.) (2001b): Berichtssystem Weiterbildung VIII, Bonn.

BMBW (Bundesminister für Bildung und Wissenschaft) (Hrsg.) (1990): Betriebliche Weiterbildung – Forschungsstand und Forschungsperspektiven, Bonn.

Boes, A. (2003): Arbeit in der IT-Industrie – Durchbruch zu einem neuen Kontrollmodus? Auf der Suche nach den Konturen eines postfordistischen Produktionsmodells, in: Dörre, K./Röttger, B. (Hrsg.): Das neue Marktregime – Konturen eines nachfordistischen Produktionsmodells, Hamburg, S. 135-152.

Boes, A./Baukrowitz, A. (2002): Arbeitsbeziehungen in der IT-Industrie. Erosion oder Innovation der Mitbestimmung, Berlin.

Bohnsack, R. (1997): Gruppendiskussionsverfahren und Milieuforschung, in: Friedbertshäuser, B./Prengel, A., a.a.O., S. 492-503.

Bonz, B./Ott, B. (Hrsg.) (1998): Fachdidaktik des beruflichen Lernens, Stuttgart.

Bolder, A. (2002): Arbeit, Qualifikation und Kompetenz, in: Tippelt, R. (Hrsg.): Handbuch Bildungsforschung, Opladen, S. 651-674.

Bolder, A./Hendrich, W. (2002): Widerstand gegen Maßnahmen beruflicher Weiterbildung: Subjektives Wissensmanagement, in: WSI Mitteilungen, 55. Jg., 01/2002, S. 19-24.

Bolder, A./Heinz, W./Kutscha, G. (2001): Deregulierung der Arbeit – Pluralisierung der Bildung, Jahrbuch Bildung und Arbeit 1999/2000, Opladen.

Borch, H./Weissmann (Hrsg.) (2002a): IT-Berufe machen Karriere – Zur Evaluation der neuen Berufe im Bereich Information und Telekommunikation, Bielefeld.

Borch, H./Weissmann (Hrsg.) (2002b): IT-Weiterbildung hat Niveau(s) – Das neue IT-Weiterbildungssystem für Facharbeiter und Seiteneinsteiger, Bielefeld.

Borch, H./Hecker, O./Weissmann, H. (2000): IT-Weiterbildung – Lehre mit Karriere. Flexibles Weiterbildungssystem einer Branche macht (hoffentlich) Karriere, in: BWP, 29. Jg., 6/2000, S. 22-27.

Bosch, G. (2002): Employability, lebenslanges Lernen und die Rolle des Staates, in: Gewerkschaftliche Monatshefte, 53. Jg., 12/2002, S. 688-697.

Bott, P./Hall, A./Schade, H.-J. (2000): Qualifikationsanforderungen im IT-Bereich: Wunsch und Wirklichkeit. Ergebnisse einer Inserentennachbefragung im Rahmen des Früherkennungssystems Qualifikationsentwicklung, Bonn.

Bremer, R./Jagla, H.-H. (2000): Berufsbildung in Geschäfts- und Arbeitsprozessen, Bremen.

Brödel, R. u.a. (Hrsg.) (2003): Begleitforschung in Lernkulturen. Dokumentation und vertiefende Analysen einer Forschungstagung, Münster u.a..

Brödel, R./Bremer, H. (2003): Lernen – Lernkultur – Region als Gegenstand von Begleitforschung, in: Brödel u.a. (Hrsg.): Begleitforschung in Lernkulturen, Münster/New York, S. 9-32.

Bruchhäuser, H.P. (2001): Wissenschafts- versus Situationsprinzip? Anmerkungen zum didaktischen „Paradigmenwechsel" in der Berufs- und Wirtschaftspädagogik, in: Zeitschrift für Berufs- und Wirtschaftspädagogik, 97. Bd., 3/2001, S. 321-341.

Buchmann, U. (2004): Curriculumforschung und -entwicklung unter den Bedingungen der Moderne. Eckpunkte für einen qualifikations- und curriculumorientierten Forschungsansatz in der Berufs- und Wirtschaftspädagogik, in: Zeitschrift für Berufs- und Wirtschaftspädagogik, 100. Bd., 1/2004, S. 43-64.

Buer, J. v./Kell, A. (2000): Berichterstattung über Berufsbildungsforschung – eine Zwischenbilanz, in: Zeitschrift für Berufs- und Wirtschaftspädagogik, 96. Bd., 1/2000, S. 30-47.

Büchter, K. (2004): Betriebliche Qualifizierungspolitik, Arbeitsorganisation und interne Arbeitsmärkte – Auslöser für industriebetriebliche Weiterbildung zu Beginn des 20. Jahrhunderts, in: Gonon, P./Stolz, S., a.a.O., S.133-149.

Büchter, K. (2003): Zum Verhältnis von Qualifikationsforschung und Curriculumkonstruktion in der Berufs- und Weiterbildungsdiskussion, in: Huisinga/Buchmann, a.a.O., S. 267-294.

Büchter, K. (2002): Betriebliche Weiterbildung – Historische Kontinuität und Durchsetzung in Theorie und Praxis, in: Zeitschrift für Pädagogik, 48. Jg. 3/2002, S. 336-355.

Büchter, K. (2000): Regionalisierung von Berufschulen durch Öffnung für Weiterbildung? In: Die berufsbildende Schule, Jg. 52, 11-12/2000, S. 318-323.

Büchter, K. (1997): Betriebliche Weiterbildung – anthropologisch-sozialhistorische Hintergründe, München/Mering.

Büchter, K./Gramlinger, F. (2002): Berufsschulische Kooperation als Analysekategorie: Beziehungen, Strukturen, Mikropolitik – und Culik, in: bwp@Nr.3; http://www.bwpat.de.

Büchter, K./Hendrich, W. (1996): Professionalisierung in der betrieblichen Weiterbildung. Anspruch und Realität – Theoretische Ansätze und empirische Ergebnisse, München/ Mering.

Bullinger, H.-J./Bott, P./Schade, H.-J. (2004): Qualifizierungserfordernisse durch die Informatisierung der Arbeitswelt, Bielefeld.

Bullinger, H.-J. u.a. (2003): Früherkennung von Qualifikationserfordernissen in Europa, Bielefeld.

Caumanns, J./Manski, K./Fuchs-Kittowski, F. (2002): Medieninfrastruktur und -instrumente für die IT-Weiterbildung, in: BMBF, a.a.O., S.87-93.

Cedefop (2004): Historischer Schritt für die Bildungs- und Berufsberatung, in: cedfopinfo 2/2004.

Clement, U. (2003): Berufliche Bildung zwischen Erkenntnis und Erfahrung – Realisierungschancen des Lernfeld-Konzeptes an beruflichen Schulen, Hohengehren.

Clement, U. (2002): Kompetenzentwicklung im internationalen Kontext, in: Clement, U./ Arnold, R.: Kompetenzentwicklung in der beruflichen Bildung, Opladen, S. 29-50.

Dehnbostel, P. (2004a): Lernen in modernen Arbeitsprozessen – Ergebnisse des Modellversuchsprogramms „Dezentrales Lernen“ für die Arbeitsgestaltung und betriebsbezogene Curriculumentwicklung, in: Rauner, F. (Hrsg.): Qualifikationsforschung und Curriculum. Analysieren und Gestalten beruflicher Arbeit und Bildung, Bielefeld, S. 81-98.

Dehnbostel, P. (2003a): Das IT-Weiterbildungssystem im historischen Kontext des beruflichen Bildungsweges, in: Dehnbostel P./Dippl, Z./Elster, F./Vogel, T. (Hrsg.) (2003): Perspektiven moderner Berufsbildung – E-Learning, Didaktische Innovationen, Modellhafte Entwicklungen, Bielefeld, S. 253-267.

Dehnbostel, P. (2003b): Verbünde und Netzwerke als Organisations- und Lernformen für die Ausbildung in modernen Berufen – Zur Entwicklung der Lernortfrage in der beruflichen Bildung. In: Pahl, J.-P./Schütte, F./Vermehr, B (Hrsg.): Verbundausbildung – Lernorganisation im Bereich der Hochtechnologie. Bielefeld, S. 175-190.

Dehnbostel, P. (2002): Bilanz und Perspektiven der Lernortforschung in der beruflichen Bildung, in: Zeitschrift für Pädagogik, 48. Jg., 3/2002, S. 356-377.

Dehnbostel, P. (2001): Perspektiven für das Lernen in der Arbeit, in: Arbeitsgemeinschaft Betriebliche Weiterbildungsforschung e.V. (Hrsg.): Kompetenzentwicklung 2001. Tätigsein – Lernen – Innovation, Münster u.a., S. 53-93.

Dehnbostel, P. (1998a): Beruflicher Bildungsweg als Entwicklungsperspektive des dualen Systems, in: Schütte, F./Uhe, E. (Hrsg.): Die Modernität des Unmodernen, Berlin, S. 237-252.

Dehnbostel, P. (1998b): Begleitforschung von Modellversuchen zwischen Praxisinnovation und Theorieentwicklung, in: Zeitschrift für Berufs- und Wirtschaftspädagogik, 94. Bd., 2/1998, S. 185-203.

Dehnbostel, P. (1997): Differenzierung beruflicher Bildungsgänge – Attraktivitätssteigerung und Weiterentwicklung des dualen Systems? in: Euler, D./Sloane, P.F.E. (Hrsg.): Duales System im Umbruch. Eine Bestandsaufnahme der Modernisierungsdebatte, Pfaffenweiler, S. 161 – 181.

Dehnbostel, P./Pätzold, G. (Hrsg.) (2004): Innovationen und Tendenzen der betrieblichen Berufsbildung, Zeitschrift für Berufs- und Wirtschaftspädagogik, Beiheft 18.

Dehnbostel, P./Meyer-Menk, J. (2003): Erfahrung und Reflexion als Basis beruflicher Handlungsfähigkeit. In: BIBB (Hrsg.): Berufsbildung für eine globale Gesellschaft. Perspektiven im 21. Jahrhundert. 4. BIBB-Fachkongress2002. Beitrag auf CD-ROM, Forum 3, Arbeitskreis 3.4, S.1-12.

Dehnbostel, P./Holz, H./Novak, H. (1996): Neue Lernorte und Lernortkombinationen – Erfahrungen und Erkenntnisse aus dezentralen Berufsbildungskonzepten, Bielefeld.

Dehnbostel, P./Molzberger, G./Overwien, B. (2003): Informelles Lernen in modernen Arbeitsprozessen – dargestellt am Beispiel von Klein- und Mittelbetrieben der IT-Branche, Schriftenreihe der Senatsverwaltung für Wirtschaft, Arbeit und Frauen, Berlin.

Dehnbostel, P./Rohs, M. (2003): Die Integration von Lernen und Arbeiten im Prozess der Arbeit – Entwicklungsmöglichkeiten arbeitsprozessorientierter Weiterbildung, in: Mattauch/Caumanns, a.a.O., S. 103-115.

Dehnbostel, P./Gonon, P. (Hrsg.) (2002): Informelles Lernen – eine Herausforderung für die berufliche Aus- und Weiterbildung, Dokumentation der 12. Hochschultage Berufliche Bildung, Bielefeld .

Dehnbostel, P./Uhe, E. (2002): Verbünde und Netzwerke als moderne Lernortsysteme in der beruflichen Bildung, In: berufsbildung, 56. Jg., 75/2002, S. 3-6.

Delbrouck, I. (2000): Besonderheiten von KMU, In: Jutzi, K. u.a. (Hrsg.): Lernen kleine Unternehmen anders?, Berlin, S. 17-19.

Dellori, C. (2004): Selbstlernzentrum als regionale Weiterbildungsinnovation – Das Beispiel Offenbach, in: Der pädagogische Blick, 12.Jg., 2/2004, S. 81-89.

Deutsche Forschungsgemeinschaft/Kommission für Berufsbildungsforschung (DFG) (Hrsg.) (1990): Berufsbildungsforschung an den Hochschulen der Bundesrepublik Deutschland. Denkschrift. Weinheim.

Deutscher Bildungsrat (Hrsg.) (1971): Empfehlungen der Bildungskommission: Strukturplan für das Bildungswesen. Stuttgart.

Deutschmann, C. (1998): Reflexive Verwissenschaftlichung und kultureller Imperialismus´ des Management, in: Soziale Welt, Jg. 40, S. 373-396.

Diettrich, A. (2004): Externalisierung betrieblicher Bildungsarbeit und Kompetenzentwicklung in Netzwerke – Konsequenzen für die Betriebspädagogik, in: Dehnbostel, P./Pätzold,

G.: Innovationen und Tendenzen der betrieblichen Berufsbildung, Zeitschrift für Berufs- und Wirtschaftspädagogik, Beiheft 18, S. 31-42.

Diettrich, A. (2003): Zum Verhältnis von Qualifikationsforschung und Curriculumforschung – Überlegungen aus einer betriebspädagogischen Perspektive, in: Huisinga/Buchmann, a.a.O., S. 141-178.

Diettrich, A. (2000): Der Kleinbetrieb als lernende Organisation – Konzeption und Gestaltung von betrieblichen Lernstrategien, Markt Schwaben.

Diettrich, A./Heimann, K./Meyer, R. (2004): Berufsausbildung im Kontext von Mobilität, interkulturellem Lernen und vernetzen Lernstrukturen, Hans-Böckler-Stiftung Edition 112, Düsseldorf.

Diettrich, A./Jäger, A. (2002): Lernen in regionalen Netzwerken – Konzeptionelle Überlegungen und praktische Erfahrungen, in: Kölner Zeitschrift für Wirtschaft und Pädagogik, 17. Jg., 33/2002, S. 45-70.

Dietzen, A. (2002): Das Expertenwissen von Beratern als Beitrag zur Früherkennung der Qualifikationsentwicklung – Zur sozialen Konstitution von Qualifikation im Betrieb, in: BWP, Jg. 31, 1/2002, S. 17-22.

Dietzen, A./Westhoff, G. (2001): Qualifikation und Perspektiven junger Frauen in den neuen Berufen der Informations- und Kommunikationstechnologien, in: Berufsbildung in Wissenschaft und Praxis, Jg. 30, 6/2001, S. 26-3.

DIHK (2002): Berufsbildung, Weiterbildung, Bildungspolitik 2001/2002, Berlin.

Dobischat, R. (2004): Förderung der beruflichen Weiterbildung – Konsequenzen aus der „Hartz-Reform“, in: WSI-Mitteilungen, 57. Jg., 4/2004, S. 199-205.

Dobischat, R. (1999): Reichweiten und Grenzen des Beitrags von beruflicher Weiterbildung zum regionalen Strukturwandel. Netzwerke zwischen Betrieben und überbetrieblichen Weiterbildungsträgern – eine Allianz mit Zukunft?, in: Hendrich, W./Büchter, K.: Politikfeld betriebliche Weiterbildung, München; Mering S. 89-116.

Dobischat, R./Seifert, H./Ahlene, E. (Hrsg.) (2003): Integration von Arbeit und Lernen – Erfahrungen aus der Praxis des lebenslangen Lernens, Berlin.

Dobischat, R./Düsseldorf, K. (2002): Berufliche Bildung und Berufsbildungsforschung, in: Tippelt, R. (Hrsg.): Handbuch Bildungsforschung, Opladen, S. 315-331.

Dobischat, R./Husemann, R. (2001): Aufbruch zu neuen Allianzen – Klein- und Mittelbetriebe und Bildungsträger als Kooperationspartner? Zur Problematik einer fragilen Beziehung, in: Bolder, A./Heinz, W./Kutscha, G., a.a.O., S. 249-262.

Dobischat, R./Seifert, H. (Hrsg.) (2001): Lernzeiten neu organisieren – Lebenslanges Lernen durch Integration von Bildung und Arbeit, Berlin.

Dobischat, R./Husemann, R. (1995): Berufliche Weiterbildung als freier Markt? Regulationsanforderungen der beruflichen Weiterbildung in der Diskussion, Berlin.

Dobischat, R./Neumann, G. (1987): Betriebliche Weiterbildung und staatliche Qualifizierungsoffensive – Qualifizierungsstrategien zwischen privatwirtschaftlicher Modernisierung und staatlichem Krisenmanagement, in: WSI-Mitteilungen, Jg. 40, 10/1987, S. 599-607.

Dörre, K. (2003): Das flexibel-marktzentrierte Produktionsmodell – Gravitationszentrum eines >neuen Kapitalismus<?, in: Dörre, K./Röttger, B. (Hrsg.) (2003): Das neue Marktregime – Konturen eines nachfordistischen Produktionsmodells, Hamburg, S. 7-34.

Dörre, K. u.a. (Hrsg.) (2001): Re-Taylorisierung – Arbeitspolitik contra Marktsteuerung, Supplement der Zeitschrift Sozialismus 9, Hamburg.

Dostal, W. u.a. (Hrsg.) (1998): Beruf – Auflösungstendenzen und erneute Konsolidierung, in: Mitteilungen aus der Arbeitsmarkt- und Berufsforschung, 31. Jg., S. 438-460.

Dubiel, G./Schubert, F. (2003): Neue Wege bei der Gewinnung von Mitarbeiter/-innen für IT- und Multimediaunternehmen: Die Gruppe der Erwerbslosen, in: FreQueNz Newsletter 1/2003, S. 4f..

Ebbinghaus, M. (2004): Prüfungsformen der Zukunft? – Prüfungsformen mit Zukunft?, Projektarbeit und ganzheitliche Aufgabe, Bielefeld.

Eckert, M./Friese, M. (2003): Neue Dienstleistungen am Arbeitsmarkt – Risiken und Chancen für die berufliche Aus- und Weiterbildung, in: berufsbildung, 57. Jg., 83/2003, S. 3-6.

Ehrenspeck, Y. (2002): Philosophische Bildungsforschung: Bildungstheorie, in: Tippelt, R. (Hrsg.): Handbuch Bildungsforschung, Opladen, S. 141-154.

Ehrke, M./Hesse, J. (2002): Das neue IT-Weiterbildungssystem. Eine Neuordnung mit hohem Reformanspruch, in: DGB Bundesvorstand (Hrsg.): Gewerkschaftliche Bildungspolitik, 11-12/2002, S. 4-8.

Einhaus, J./Loroff, C. (2004): Praxiserfahrungen aus der Lernprozessbegleitung in Umsetzungsprojekten der IT-Weiterbildung, in: Rohs/Käpplinger, a.a.O., S. 133.

Einhaus, J./Manski, K. (2004): APO-Pilotumsetzung bei Kölsch & Altmann, ISST-Arbeitsbericht *unveröffentlicht.*

Elsholz, U. (2002): Kompetenzentwicklung zur reflexiven Handlungsfähigkeit, in: Dehnbostel, P./Elsholz, U./Meyer-Menk, J./Meister, J. (Hrsg.): Vernetzte Kompetenzentwicklung. Alternative Positionen zur Weiterbildung, Berlin S. 31-43.

Euler, D. (2003): Potenziale von Modellversuchsprogrammen für die Berufsbildungsforschung, in: Zeitschrift für Berufs- und Wirtschaftspädagogik, 99. Bd., 2/2003, S. 346-374.

Euler, D. (2001): Manche lernen es – aber warum?, in: Zeitschrift für Berufs- und Wirtschaftspädagogik, 97.Bd., 3/2001, S. 346-374.

Euler, D. (1994): Didaktik einer sozio-informationstechnischen Bildung, Köln.

Euler, D./Pätzold, G. (2004): Gelingt mit der Novellierung des Berufsbildungsgesetzes der Sprung von der Krisenverwaltung zur Reformgestaltung?, in: Zeitschrift für Berufs- und Wirtschaftspädagogik, 100. Bd., 1/2004, S. 1-6.

Euler, D./Sloane, P. (1998): Implementation als Problem der Modellversuchsforschung, in: Unterrichtswissenschaft. Zeitschrift für Lernforschung, 26. Jg., 4/1998, S. 312-326.

Europäische Gemeinschaft (Hrsg.)(1996): 96/280/EG, Empfehlung der Kommission vom 3. April 1996 betreffende der Definition der kleinen und mittleren Unternehmen, Amtsblatt Nr. L 107 vom 30.04.1996, S.0004 – S.0009.

Faulstich, P. (2003): Hartz Gesetze – Konsequenzen und Alternativen, In: Gewerkschaftliche Bildungspolitik, 5-6/2003, S. 15-19.

Faulstich, P. (2002a): Lernen in Wissensnetzen, in: Dehnbostel, P./Elsholz, U./Meyer-Menk, J./Meister, J. (Hrsg.): Vernetzte Kompetenzentwicklung. Alternative Positionen zur Weiterbildung, Berlin S. 185-199.

Faulstich, P. (Hrsg.) (2002b): Lernzeiten – Für ein Recht auf Weiterbildung. Eine Initiative von GEW, IG Metall und verdi, Hamburg.

Faulstich, P./Zeuner, C. (2001): Kompetenznetzwerke und Kooperationsverbünde in der Weiterbildung, in: GdWZ, 12. Jg., 3/2001, S. 100-103.

Faulstich, P. u.a. (Hrsg.) (1992): Weiterbildung für die 90er Jahre – Gutachten über zukunftsorientierte Angebote, Organisationsformen und Institutionen, Weinheim/München.

Faulstich-Wieland, H. (2003): Einführung in Genderstudien, Opladen.

Fischer, A. (2003): Plädoyer für eine bildungstheoretisch begründete nachhaltige Curriculumrevision, in: Huisinga/Buchmann, a.a.O., S. 45-80.

Fischer, M. (2000): Arbeitsprozesswissen von Facharbeitern. Umrisse einer forschungsleitenden Fragestellung, in: Pahl, J.P. u.a. (Hrsg.): Berufliches Arbeitsprozesswissen – Ein Forschungsgegenstand der Berufsfeldwissenschaft, Baden-Baden, S. 31-47.

Flick, U. (2002⁶): Sozialforschung – Eine Einführung, Hamburg.

Flick, U. (2000⁵): Qualitative Forschung – Theorie, Methoden, Anwendung in Psychologie und Sozialwissenschaften, Hamburg.

Flüter-Hoffmann, C. (2002): Weiterbildung und Reorganisation – Kooperation von Bildungsanbietern und Betrieben, in: Schlaffke, W./Weiß, R. (Hrsg.): Lernen und Arbeiten – Neue Wege in der Weiterbildung, Köln, S. 251-273.

Frackmann, M./Frackmann, E./Tärre, M. (2004): Untersuchung zu den Prüfungen der „operativen Professionals“ im neuen IT-Weiterbildungssystem, Abschlussbericht, Hannover.

Franke, G. (1999): Erfahrung und Kompetenzentwicklung, in: Dehnbostel, P./Markert, W./ Novak, H. (Hrsg.): Workshop: Erfahrungslernen in der beruflichen Bildung - Beiträge zu einem kontroversen Konzept, Neusäß, S. 54-70.

Franz, O. (Hrsg.) (2000): Aus- und Weiterbildung für den deutschen Mittelstand, Eschborn.

Franzpötter, R. (2003): Die Disponiblen und die Überflüssigen - Über die abgedunkelte Kehrseite der Employabilitygesellschaft, in: Arbeit, Jg. 12, 2/2003, S. 131-146.

Friebel, H. (1993): Zur Gleichzeitigkeit von Individualisierung und Institutionalisierung der Weiterbildung, in: Meier, A./Rabe-Kleberg (Hrsg.): Weiterbildung, Lebenslauf, sozialer Wandel, Berlin/Halle, S. 153-166.

Friedbertshäuser, B./Prengel, A. (1997): Handbuch Qualitative Forschungsmethoden in der Erziehungswissenschaft, Weinheim/München.

Füssel, H.-P. (2001): Neue Formen der Weiterbildung und deren Verhältnis zu bildungsrechtlichen Bestimmungen, in: Dobischat/Seifert, a.a.O., S. 273-289.

Gamer, M./Grundwald, S. (2003): Personalzertifizierung - Ein europäischer Weg zur Qualitätssicherung in der Weiterbildung, in: Mattauch/Caumanns, a.a.O., S. 87-102.

Garz, D./Blömer, U. (2002): Qualitative Bildungsforschung, in: Tippelt, R. (Hrsg.): Handbuch Bildungsforschung, Opladen, S. 441-457.

Geißler, H. (2000): Organisationspädagogik, München.

Geißler, K.A. (1990): Kontaktzeitpädagogik, oder: Die „Zeit" der großen Bildungsindustrie, in: Harney, K./Pätzold, G. (Hrsg.): Arbeit und Ausbildung, Wissenschaft und Politik, Festschrift für Karl Wilhelm Stratmann, Frankfurt/Main, S. 331-343.

Geißler, K.A./Orthey, F.M. (1997): Weiterbildungspolitik und Modernisierung im Betrieb: (k) ein Beitrag zum lernenden Unternehmen?, in: Berufsbildung Wissenschaft und Praxis, Bd. 26, 3/1997, S. 16-21.

Georg, W. (1998): Die Modernität des Unmodernen. Anmerkungen zur Diskussion um die Erosion der Beruflichkeit und die Zukunft des dualen Systems, in: Schütte, F./Uhe, E. (Hrsg.): Die Modernität des Unmodernen. Das deutsche System' der Berufsausbildung zwischen Krise und Akzeptanz, Berlin, S. 177-198.

Getsch, U. (2001): Vom Denken in Funktionen zum Denken in Prozessen: Entwicklungsarbeiten für angehende Industriekaufleute, in: Reinisch, H. u.a. (Hrsg.): Modernisierung der Berufsbildung in Europa - Neue Befunde der berufs- und wirtschaftspädagogischen Forschung, Opladen, S. 41-50.

Goltz, M. (2004): Qualifizierungspraxis in kleinen und mittleren Unternehmen - Empirische Befunde aus Handwerk, Dienstleistung und Industrie, in: Gonon, P./Stolz, S., a.a.O., S. 51-65.

Gonon, P./Stolz, S. (2004): Betriebliche Weiterbildung - Empirische Befunde, theoretische Perspektiven und aktuelle Herausforderungen - eine Einleitung, in: Gonon, P./Stolz, S.: Betriebliche Weiterbildung - Empirische Befunde, theoretische Perspektiven und aktuelle Herausforderungen, Bern, S. 9-33.

Gonon, P. u.a. (2004): Berufsbildung, Weiterbildung und KMU in der Schweiz, in: Gonon, P./Stolz, S.: Betriebliche Weiterbildung - Empirische Befunde, theoretische Perspektiven und aktuelle Herausforderungen, Bern, S. 35-50.

Gonon, P./Schleif, A./Weil, M. (2004): Weiterbildung und informelles Lernen in IT-Kleinstbetrieben - eine explorative Studie in der Region Trier/Saarland, in: Gonon, P./Stolz, S.: Betriebliche Weiterbildung - Empirische Befunde, theoretische Perspektiven und aktuelle Herausforderungen, Bern, S. 83-96.

Görs, D. (1999): Wem nützt die betrieblich-berufliche Weiterbildung? Historische und aktuelle Aspekte einer politisch kontroversen Diskussion, in: Hendrich, W./Büchter, K., a.a.O., S. 52-71.

Greinert, W.-D. (1952²) Das „deutsche System" der Berufsausbildung. Geschichte, Organisation, Perspektiven. Baden-Baden.

Grimm, A. (Hrsg.) (1999): Bildung zwischen Markt und Staat - Perspektiven einer zweiten Bildungsreform, Loccumer Protokolle 12/1998, Loccum.

Grüner H. (2000): Bildungsmanagement, Herne/Berlin.

Grünewald, U. (1999): Arbeitsintegriertes Lernen - das Ende der betrieblichen Weiterbildung?, in: Hendrich, W./Büchter, K., a.a.O., S.139-150.

Grünewald, U./Moraal, D./Schönfeld, G. (Hrsg.) (2003): Betriebliche Weiterbildung in Deutschland und Europa, Bielefeld.

Grünewald, U./Moraal, D. (2001): Weiterbildung in deutschen Unternehmen - Reaktionen und Strategien vor dem Hintergrund neuer Herausforderungen. Erste Ergebnisse einer Zusatzbefragung zur zweiten europäische Weiterbildungserhebung CVTS-II, Bonn.

Haasler, B./Baldauf-Bergmann, K. (2003): Der Einfluss von Arbeitskontext und Praxisgemeinschaft auf das berufliche Lernen, in: Arbeit, Jg. 12, 4/2003, S. 307-320.

Habermas, J. (1971)⁴: Theorie und Praxis, Frankfurt/Main.

Häcker, E. (2002): IT-Fortbildungsverordnung - systematische berufliche Forbildung für die Informations- und Telekommunikationsbranche, in: Ausbilder-Handbuch, S. 54. Erg.-Lfg. - September 2002, S 1-25.

Hansen, H. (2004): Wissensmanagement im Betrieb, in: Gonon, P./Stolz, S., a.a.O., S. 247-261.

Harney, K. (1998): Handlungslogik betrieblicher Weiterbildung, Stuttgart.

Harney, K./Tenorth, H.-E. (Hrsg.) (1999): Beruf und Berufsbildung - Situation, Reformperspektiven, Gestaltungsmöglichkeiten, Zeitschrift für Pädagogik, 40. Beiheft, Weinheim/ Basel.

Harney, K./Zymek, B. (1994): Allgemeinbildung und Berufsbildung. Zwei konkurrierende Konzepte der Systembildung in der deutschen Bildungsgeschichte und ihre aktuelle Krise, in: Zeitschrift für Pädagogik, Jg. 40, 3/1994, S. 405-422.

Harteis, C. (2000): Beschäftigte im Spannungsfeld ökonomischer und pädagogischer Prinzipien betrieblicher Personal- und Organisationsentwicklung, in: Harteis, C. u.a. (Hrsg.): Kompendium Weiterbildung, Opladen, S. 209-218.

Heid, H. (2003): Bildung im Spannungsfeld zwischen gesellschaftlichen Qualifikationsanforderungen und individuellen Entwicklungsbedürfnissen, in: Zeitschrift für Berufs- und Wirtschaftspädagogik, 99. Bd., 1/2003, S. 10-25.

Heidemann, W. (1997): Berufsbildung in Europa, Düsseldorf.

Heimann, K. (1992): Gewerkschaftliche Reformpolitik in einer Qualifikationsgesellschaft - Kritische Zwischenbilanz und Perspektiven im Feld der beruflichen Weiterbildung, in: WSI Mitteilungen, Jg. 45, 6/1992, S. 321-329.

Heinze, T. (2001): Qualitative Sozialforschung: Einführung, Methodologie und Forschungspraxis, München/Wien.

Heise, W. (2001): Modellversuch Geschäfts- und arbeitsprozessorientierte Ausbildung (GAB) - Ziele, Vorgehen, Probleme, in: IG Metall (Hrsg.): Prozesskompetente Facharbeit ein neues Leitbild für Neuordnung und Lernkonzepte?, Dokumentation eines Workshops der IG Metall und der Sozialforschungsstelle Dortmund am 05.07.2001 in Frankfurt/Main, S. 19-34.

Hendrich, W. (1999): Betriebliche Weiterbildung und Arbeitspolitik - ein unzeitgemäßer Ansatz?, in: Hendrich, W./Büchter, K., a.a.O., S. 11-31.

Hendrich, W./Büchter, K. (1999): Politikfeld betriebliche Weiterbildung, München/Mering.

Hensge, K. (Hrsg.) (1998): Handlungsorientierte Ausbildung der Ausbilder, Erläuterungen zum neuen Konzept, Bielefeld.

Hernaut, K. (2003): Neue IKT-Curricula für das 21. Jahrhundert: Curricula für die europäische IKT-Branche, in: Mattauch/Caumanns, a.a.O., S. 232-238.

Herz, G./Jäger, A. (2001): Lernmöglichkeiten im Betrieb entdecken - Lernchancenanalysen zur Förderung der Lernkultur, Frankfurt/Main .

Hesse, H.A. (1972): Berufe im Wandel: Ein Beitrag zur Soziologie des Berufs, der Berufspolitik und des Berufsrechts, Stuttgart.

Hettinger, R. (2003): Die Zertifizierung von IT-Spezialisten, in: DGB Bundesvorstand (Hrsg.): Gewerkschaftliche Bildungspolitik, 11-12/2002, S. 10-16, Berlin.

Heuer, S. (2003): Von Dienstwegen und Abwegen - US-Wissenschaftler wollen verborgene Wissensgemeinschaften automatisch aufspüren, in: BRAND EINS 04/03, S. 86-89.

Heyse, V. u.a. (2002): Kompetenzprofiling: Weiterbildungsbedarf und Lernformen in Zukunftsbranchen, Münster u.a..

Holz, H. (2003): Regionale Vernetzung von kleineren Unternehmen und Bildungsdienstleistern, in: Dehnbostel P./Dippl, Z./Elster, F./Vogel, T. (Hrsg.) (2003): Perspektiven moderner Berufsbildung - E-Learning, Didaktische Innovationen, Modellhafte Entwicklungen, Bielefeld, S. 229-237.

Hovestadt, G. (1999): Konsens für eine Bildungsreform? Die Vorschläge des Sachverständigenrats Bildung in der öffentlichen Diskussion, in: Fricke, W. (Hrsg.): Jahrbuch Arbeit +Technik - Was die Gesellschaft bewegt, Bonn, S. 262-268.

Howaldt, J. (2003): Die plurale Arbeitswelt der Zukunft als Herausforderung für die sozialwissenschaftliche Arbeitswissenschaft, in: Arbeit, Jg. 12, 4/2003, S. 321-336.

Howaldt, J. (2002): Lernen in Netzwerken - ein Zukunftsszenario für die Wissensgesellschaft, in: Heinz, W./Kotthoff, G.: Lernen in der Wissensgesellschaft, Münster 2002.

Howaldt, J./Husemann, R./Morhard, A. u. a. (2002): Workshopergebnisse. In: Hentrich, J./ Hoß, D. (Hrsg.): Arbeiten und Lernen in Netzwerken. Eine Zwischenbilanz zu neuen Formen sozialer und wirtschaftlicher Kooperation. Eschborn, S. 404-414.

Huisinga, R./Buchmann, U. (2003): Curriculum und Qualifikation: Zur Reorganisation von Allgemeinbildung und Spezialbildung, Frankfurt/Main.

Hurlebaus, H.-D. (1999): Weiterbildung im Berufsbildungsgesetz, in: GDW-Ph 33 Mai 1999, Loseblattsammlung, S. 1-26.

Husemann, R. (1999): Qualifikationsbedarfsermittlung als Aushandlungsprozess, in: Hendrich, W./Büchter, K., a.a.O., S.116-138.

Iller, C. (2004): Erwerbsbiographische Veränderungen und betriebliche Weiterbildung, in: Gonon, P./Stolz, S., a.a.O., S. 113-132.

Iller, C. (1999): Gestaltung der Weiterbildung in Klein- und Mittelbetrieben im Interesse der Beschäftigten?, in: Hendrich, W./Büchter, K., a.a.O., S. 230-249.

Informationsdienst des Instituts der Deutschen Wirtschaft (iwd) (2004): Informations- und Kommunikationssektor: Zugpferd in die Zukunft, Nr. 31, 29. Juli 2004, S. 3.

Jenewein, K. (2000): Didaktik der Technik in der Lehrerausbildung beruflicher Fachrichtungen, in: Bader, R./Jenewein, K.: Didaktik der Technik zwischen Generalisierung und Spezialisierung, Frankfurt/Main, S. 157-185.

Jenewein, K. u.a. (2004): Kompetenzentwicklung in Arbeitsprozessen, Baden-Baden.

Johnson, C. (1995): Die Rolle intermediärer Organisationen beim Wandel des Berufsbildungssystems, in: Wiesenthal, H. (Hrsg.): Studien zur sektoralen Transformation Ostdeutschlands, Frankfurt/Main; New York, S. 126-159.

Jutzi, K. u.a. (2003): Lernen in Regionen als Handlungs- und Forschungsfeld. Begleitforschung als Dialog, in: Nuissl, E./Schiersmann, Ch./Siebert, H. (Hrsg.) (2003): Wissenschaftliche Begleitung in der Weiterbildung, Literatur- und Forschungsreport Weiterbildung, 25. Jg., 50/2003, S. 18-29.

Jutzi, K./Delbrouck, I. (2000): Theoretisches Konzept zum organisationalen Lernen von KMU, in: Jutzi, K. u.a. (Hrsg.): Lernen kleine Unternehmen anders? Berlin, S. 131-151.

Kade, J. (1993): Aneignungsverhältnisse diesseits und jenseits der Erwachsenenbildung, in: Zeitschrift für Pädagogik, Jg. 39, S. 391-408.

Kailer, N. (1994a): Bildungsmanagement von Weiterbildungsträgern für kleine und mittlere Unternehmen, in: Geißler, H. (Hrsg.): Bildungsmanagement, Frankfurt/Main 1994.

Kailer, N. (1994b): Neue Lernformen in der betrieblichen Weiterbildung und bei Bildungsträgern, in: GdWZ, Jg. 5/1994, S. 242-245.

Kardorff, E. v. (2000a): Qualitative Evaluationsforschung, in: Flick, U./Kardorff, E. v./Steinke, I. (Hrsg.): Qualitative Forschung - Ein Handbuch, Hamburg, S. 238-250.

Kardorff, E. v. (2000b): Zur Verwendung qualitativer Forschung, in: Flick, U./Kardorff, E. v./ Steinke, I. (Hrsg.): Qualitative Forschung - Ein Handbuch, Hamburg, S. 615-623.

Katenkamp, O./Martens, H. (2002): Mitbestimmungsmöglichkeiten bei der Weiterbildung in kleinen und mittleren Unternehmen, in: Röder, W.J./Dörre, K., a.a.O., S. 103-115 .

Kath, F. (2000): Berufsbildung zwischen Konflikt und Konsens - Drei Jahrzehnte Berufsbildungsgesetzgebung, in: Bundesinstitut für Berufsbildung: 30 Jahre Bundesinstitut für Berufsbildung, Bielefeld, S. 78-92.

Kell, A. (2003): Qualifikationsforschung und Curriculumforschung als Bereiche interdisziplinärer Berufsbildungsforschung, in: Huisinga/Buchmann, a.a.O., S. 235-246.

Kell, A. (1996): Bildung zwischen Staat und Markt, in: Benner, D. u.a. (Hrsg.): Bildung zwischen Staat und Markt, Zeitschrift für Pädagogik, 35. Beiheft, S. 31-50.

Kelle, U. (1994): Empirisch begründetet Theoriebildung - Zur Logik und Methodologie interpretativer Sozialforschung, Weinheim.

Kemper, M./Klein, R. (1998): Lernberatung, Baltmannsweiler.

Kirchhöfer, D. (2002): Neue Lernkulturen im Spannungsfeld von staatlicher, öffentlicher und privater Verantwortung, in: Lohmann, I./Rilling, R., a.a.O., S. 69-85.

Kirchler, E./Hölzl, E. (2002): Arbeitsgestaltung in Organisationen, Wien.

Klauser, F. (2003): Sind die Curricula im beruflichen Bildungswesen noch aktuell? In: Huisinga/Buchmann, a.a.O., S. 27-44.

Klein, R./Reutter, G. (2004): Lernberatung als Lernprozessbegleitung in der beruflichen Weiterbildung - Voraussetzungen auf der Einrichtungsebene, in: Rohs, M./Käpplinger, B., a.a.O., S. 89-114.

Koch, J./Meerten, E. (2003): Prozessorientierte Qualifizierung - ein Paradigmenwechsel in der beruflichen Bildung, in: Berufsbildung in Wissenschaft und Praxis, 32. Jg., 5/2003, S. 42-47.

König, A. (1999): Selbstgesteuertes Lernen in Kleinbetrieben, Heimsheim.

König, E. (1983): Methodenprobleme der Handlungsforschung - Zur Diskussion um die Handlungsforschung, in: Zedler, P./Moser, H.: Aspekte qualitativer Sozialforschung: Studien zur Aktionsforschung, empirischen Hermeneutik und reflexiver Sozialtechnologie, S. 79-94.

König, E./Bentler, A. (1997): Arbeitsschritte im qualitativen Forschungsprozess - ein Leitfaden, in: Friedbertshäuser, B./Prengel, A., a.a.O., S. 88-96.

Kraus, K. (2004): Employability als Thema der betrieblichen Weiterbildung im Kontext gesellschaftlicher Individualisierung, in: Gonon, P./Stolz, S., a.a.O., S. 169-194.

Kreutzer, F. (1999): Beruf und Gesellschaftsstruktur - Zur reflexiven Institutionalisierung von Beruflichkeit in der modernen Gesellschaft, in: Harney/Tenorth (Hrsg.), a.a.O., S. 61-84.

Kriegesmann, B. u.a. (2002): Kompetenzentwicklung und Entwicklungsdynamik in KMU und Großunternehmen - Primärstatistische Ergebnisse zu Differenzen und Defiziten, Bochum.

Krücken, G./Meier, F. (2003): „Wir sind alle überzeugte Netzwerktäter" - Netzwerke als Formalstruktur und Mythos der Innovationsgesellschaft, in: Soziale Welt, Jg. 54, S. 71-92.

Kruse, W. (2003): Lebenslanges Lernen in Deutschland - Finanzierung und Innovation: Kompetenzentwicklung, Bildungsnetze, Unterstützungsstrukturen, Bericht des BMBF für die OECD zu „Good Practice der Finanzierung Lebenslangen Lernens" im Rahmen des Projektes „Co-financing lifelong learning", Internetquelle: www.bmbf.de/pub/lebenslanges_lernen_oecd_2003.pdf.

Kruse, W. (2001): Arbeitsprozesswissen - Entstehungsgeschichte und Aktualität eines Konzeptes. in: IG Metall Dortmund (Hrsg.): Prozesskompetente Facharbeit ein neues Leitbild für Neuordnung und Lernkonzepte? Dokumentation eines Workshops der IG Metall und der Sozialforschungsstelle Dortmund am 05.07.2001 in Frankfurt/Main, S. 49-52.

Kühnlein, G. (1997): „Verbetrieblichung" von Weiterbildung als Zukunftstrend? Anmerkungen zum Bedeutungswandel von beruflicher Weiterbildung und Konsequenzen für die Bildungsforschung, in: Arbeit, Heft 3, Jg.6, S. 267-281.

Kühnlein, G./Klein, B. (2003): Bildungsgutscheine - Ein neues Instrument zur Steuerung der beruflichen Weiterbildung, in: berufsbildung Nr. 83, 57. Jg., S. 9-11.

Kurtz, T. (Hrsg.) (2001): Aspekte des Berufs in der Moderne, Opladen.

Kutschka, G. (2003): Zum Verhältnis von allgemeiner und beruflicher Bildung im Kontext bildungstheoretischer Reformkonzepte - Rückblick und Perspektiven, in: Zeitschrift für Berufs- und Wirtschaftspädagogik, 99. Bd., 3/2003, S. 329-249.

Lamnek, U (1995³): Qualitative Sozialforschung, Band 2, Methoden und Techniken, Weinheim.

Lang, K. u.a. (Hrsg.) (2004): Die kleine große Revolution. Gender Mainstreaming - Erfahrungen, Beispiele, Strategien aus Schweden und Deutschland, Hamburg.

Laur-Ernst, U. (2000): Lernortkooperation durch moderne Kommunikationstechnologie und innovative Netzwerke. In: Bundesinstitut für Berufsbildung (Hg.): Dreißig Jahre Bundesinstitut für Berufsbildung, Bielefeld, S. 93-114.

Lehmkuhl, K. (2002): Unbewusstes bewusst machen - Selbstreflexive Kompetenz und neue Arbeitsorganisation, Hamburg.

Lehmkuhl, K. (1994): Das Konzept der Schlüsselqualifikationen in der Berufspädagogik, Alsbach.

Lennartz, D. (1998): Dynamisierung des Strukturwandels - Konsequenzen für die Berufsbildung, in: Die berufsbildende Schule, Jg. 50, 1/1998, S. 11-19.

Lieber, C. (2004): Die gute Regierung: Führe dich selbst! - Politische Ökonomie der Gouvernementalität und Responsibilisierung der Arbeit als Schlüssel zum Neoliberalismus, in: Sozialismus, Jg. 31, 4/2004, S. 25-35.

Lipsmeier, A. (2004): Von der institutionalisierten zur individualisierten beruflichen Weiterbildung? Wissensmanagement im Kontext betrieblichen Lernens, in: Dehnbostel, P./Pätzold, G.: Innovationen und Tendenzen der betrieblichen Berufsbildung, Zeitschrift für Berufs- und Wirtschaftspädagogik, Beiheft 18, S. 162-173.

Lohmann, I./Rilling, R. (Hrsg.) (2002): Die verkaufte Bildung - Kritik und Kontroversen zur Kommerzialisierung von Schule, Weiterbildung, Erziehung und Wissenschaft, Opladen.

Loroff, C./Kubath, S./Hüttner, J. (2004): Evaluation der Arbeitsprozessorientierten Weiterbildung. Eine Fallstudie im Rahmen von zwei APO-IT Projekten in Baden Württemberg, ISST Bericht 76/04.

Loroff, C./Mattauch, W. (2004): APO-Pilotumsetzung am etz Stuttgart, ISST-Arbeitsbericht *unveröffentlicht.*

Luhmann, N. (1996): Soziale Systeme, Frankfurt/Main.

Luhmann, N. (1996): Das Erziehungssystem und die Systeme seiner Umwelt, in: Luhmann, N./Schorr, K.E.: Zwischen System und Umwelt, Frankfurt/Main, S. 14-52.

Lutz, B. (2003): Employability - Wortblase oder neue Herausforderung für die Berufsbildung? In: Clement, U./Lipsmeier, A. (Hrsg.): Berufsbildung zwischen Struktur und Innovation, Zeitschrift für Berufs- und Wirtschaftspädagogik, Beiheft 17, S. 29-38.

Mahnkopf, B. (1990): Betriebliche Weiterbildung - Zwischen Effizienzorientierung und Gleichheitspostulat, in: Soziale Welt, Jg. 32, 1/1990, S. 70-96.

Manski, K./Küper, K. (2002): Umsetzung der Weiterbildung zum Network Administrator, in: BMBF, a.a.O., S. 77-86.

Manz, W. (1998): Systemprobleme der Berufsausbildung? in: Schütte, F./Uhe, E. (Hrsg.): Die Modernität des Unmodernen. Das deutsche System' der Berufsausbildung zwischen Krise und Akzeptanz, Berlin, S. 221-236.

Martens, H. (2003): Die institutionell verfasste Arbeitsgesellschaft im Epochenbruch und die Rolle der Sozialwissenschaften, in: Dörre, K./Röttger, B. (Hrsg.): Das neue Marktregime - Konturen eines nachfordistischen Produktionsmodells, Hamburg, S. 111-134.

Martin, A./Behrends, Th. (1999): Betriebliche Weiterbildung im Lichte theoretischer und empirischer Forschung, in: Martin, A. u.a. (Hrsg.): Die Bildungsgesellschaft im Unternehmen?, München/Mering, S 59ff.

Mattauch, W. (2004): APO-Pilotumsetzung beim Bildungswerk der Thüringer Wirtschaft e.V. Erfurt, ISST-Arbeitsbericht *unveröffentlicht.*

Mattauch, W. (2003): Evaluation der Arbeitsprozessorientierten Weiterbildung - Eine Fallstudie im Rahmen des APO-IT-Projekts des Bildungswerks der Thüringer Wirtschaft e.V., ISST-Bericht 70/03.

Mattauch, W./Birke, S. (2004): Arbeitsprozessorientierte Weiterbildung für Erwerbslose. Eine Studie in Zusammenarbeit mit dem Elektro- Technologie Zentrum Stuttgart, ISST-Bericht 71/04.

Mattauch, W./Caumanns, J. (2003): Innovationen der IT-Weiterbildung, Bielefeld.

Mayring, Ph. (2002): Einführung in die qualitative Sozialforschung, Weinheim/Basel.

Menez, R./Töpsch, K. (2003): Arbeitsregulation in der IT-Branche - Organisationsbedarf und Organisationsfähigkeit aus gewerkschaftlicher Sicht, Arbeitsbericht der Akademie für Technikfolgenabschätzung, Stuttgart 2003.

Meretz, S. (2002): „GNU/Linux ist nichts wert - und das ist gut so!" Kampf ums Eigentum im Computerzeitalter, in: Lohmann, I./Rilling, R., a.a.O., S. 333-350.

Meyer, A. (2004): Zäher Einstieg. Umfrage-Ergebnisse zum IT-Weiterbildungssystem, in: c't 2004, 15/2004, S. 63.

Meyer, M.F. (2003): Theorie und Praxis - Die Entstehung einer philosophischen Antithese, in: Hoffmann, N./Kalter, B. (Hrsg.): Brückenschläge. Das Verhältnis von Theorie und Praxis in pädagogischen Studiengängen, Münster 2003, S. 23-50.

Meyer, R. (2004): Arbeitsprozessorientierte Weiterbildung in Klein- und Mittelbetrieben. Möglichkeiten und Grenzen der Umsetzung am Beispiel der IT-Weiterbildung, in: Dehnbostel, P./Pätzold, G.: Innovationen und Tendenzen der betrieblichen Berufsbildung, Zeitschrift für Berufs- und Wirtschaftspädagogik, Beiheft 18, S. 212-221.

Meyer, R. (2003a): Bildungspolitische Impulse aus der Weiterbildung im IT-Bereich? In: Clement, U./Lipsmeier, A. (Hrsg.): Berufsbildung zwischen Struktur und Innovation, Zeitschrift für Berufs- und Wirtschaftspädagogik, Beiheft 17, S. 29-38.

Meyer, R. (2003b): Bedeutet die Erosion des Fachprinzips das Ende der Berufe?, in: Reinisch, H. u.a. (Hrsg.): Didaktik beruflichen Lehrens und Lernens - Reflexionen, Diskurse und Entwicklungen, Opladen 2003, S. 83-94.

Meyer, R. (2003c): Hartz-Reform und Employability - Ein neues Konzept für die berufliche Bildung?, in: berufsbildung, Jg. 57, 83/2003, S. 2.

Meyer, R. (2003d): Regionalisierung, Marktorientierung und Netzwerkbildung - Kritische Annäherungen im Kontext der Diskussion um regionale Berufsbildungszentren, in: Büchter, K./Kipp, M. (Hrsg.): bwp, Nr. 5, November 2003, ISSN 1618-8534, S. 1-18.

Meyer, R. (2002): Kompetenzentwicklung als berufliche Gestaltung von Arbeit, in: Dehnbostel, P. u.a. (Hrsg.): Vernetzte Kompetenzentwicklung - Alternative Positionen zur Weiterbildung, Berlin, S. 375-388.

Meyer, R. (2001): Berufsförmige Organisation von Arbeit und soziale Konflikte moderner Beruflichkeit, in: WSI Mitteilungen 06(2001), S. 391-395.

Meyer, R. (2000): Qualifizierung für moderne Beruflichkeit. Soziale Organisation der Arbeit von Facharbeiterberufen bis zu Managertätigkeiten, Münster/New York.

Meyer, R. u.a. (Hrsg.) (2004): Kompetenzen entwickeln und moderne Weiterbildungsstrukturen gestalten - Schwerpunkt IT-Weiterbildung, Münster/New York.

Mickler, O. (2001): Arbeitsverhältnisse in der Telekommunikation - Trends und Widersprüche in der Organisation von Wissensarbeit, in: Claussen, D. u.a. (Hrsg.): Transformation der Arbeit, Reihe Hannoversche Schriften 5, Frankfurt/Main 2001, S. 119-134.

Moldaschl, M./Voß, G.(2002): Subjektivierung von Arbeit, Band 2, München.

Moraal, D./Grünewald, U. (2004): Moderne Weiterbildungsformen in der Arbeit und Probleme ihrer Erfassung und Bewertung in Europa, in: Dehnbostel, P./Pätzold, G.: Innovationen und Tendenzen der betrieblichen Berufsbildung, Zeitschrift für Berufs- und Wirtschaftspädagogik, Beiheft 18, S. 174-186.

Moser, H. (1983): Zur methodologischen Problematik der Aktionsforschung, in: Zedler, P./ Moser, H. (Hrsg.), a.a.O., S. 51-78.

Mucke, K./Grunwald, S. (2003): Übertragung von hochschulischen Credit-Punkte-Systemen auf die IT-Weiterbildung, in: Mattauch/Caumanns, a.a.O., S. 217-226.

Müller-Jentsch, W. (1999): Berufsbildung - eine Arena der industriellen Beziehungen?, in: Zeitschrift für Pädagogik, 40. Beiheft, S. 233-248.

Münch, J. (1995): Berufsbildungspolitik, in: Arnold, R./Lipsmeier, A. (Hrsg.): Handbuch der Berufsbildung, Opladen, S. 398-408.

Novak, H. (2001²): Zur Re-Formulierung und Erweiterung der Aufgaben in der betrieblichen Berufsbildung im lernenden Unternehmen, in: Dehnbostel, P./Erbe, H./Novak, H.: Berufliche Bildung im lernenden Unternehmen, Berlin, S. 95-110.

Nuissl, E. (2003): Leistungsnachweise in der Weiterbildung, in: Nuissl, E./Schiersmann, Ch./ Siebert, H. (Hrsg.): Zertifikate, Literatur- und Forschungsreport Weiterbildung, 26. Jg., 4/2003, S. 9-24.

Nuissl, E. (2002): Weiterbildung/Erwachsenenbildung, in: Tippelt, R. (Hrsg.): Handbuch Bildungsforschung, Opladen, S. 333-347.

Oelkers, J. (2002): Und wo, bitte, bleibt Humboldt? in: DIE ZEIT, 27. Juni 2002, Wissen-Pisa Spezial, S. 36.

Oelkers, J. (1984): Theorie und Praxis? Eine Analyse grundlegender Modellvorstellungen pädagogischer Wirksamkeit, in: Neue Sammlung, Jg. 24, S. 19-39.

Ortmann, G./Sydow, J./Windeler, A. (1997): Organisation als reflexive Strukturation, in: Ortmann u.a.: Theorien der Organisation, Opladen, S. 315-354.

Pahl, J.-P./Rauner, F./Spöttl, G. (Hrsg.)(2000): Berufliches Arbeitsprozesswissen - Ein Forschungsgegenstand der Berufsfeldwissenschaft, Baden-Baden.

Passens, B. (2002): Hartz und die Auswirkungen auf die AA-geförderte Weiterbildung. Eine Kurzdarstellung, in: DVVmagazin Volkshochschule, Heft 4/2002, S. 5-10.

Pätzold, G. (2002): Lernfelder - Lernortkooperationen. Neugestaltung beruflicher Bildung, Dortmund .

Pätzold, G./ Wingels, J./Klusmeyer, J. (2003): Methoden im berufsbezogenen Unterricht - Einsatzhäufigkeit, Bedingungen und Perspektiven, in: Clement, U./Lipsmeier, A. (Hrsg.): Berufsbildung zwischen Struktur und Innovation, Zeitschrift für Berufs- und Wirtschaftspädagogik, Beiheft 17, S.117-131.

Pawlowsky, P./Bäumer, J. (1996): Betriebliche Weiterbildung - Management von Qualifikation und Wissen, München .

Pleger, W.H. (2003): Wissenschaft und Ethik - Bemerkungen zur Geschichte des Verhältnisses von Theorie und Praxis, in: Hoffmann, N./Kalter, B. (Hrsg.): Brückenschläge. Das Verhältnis von Theorie und Praxis in pädagogischen Studiengängen, Münster 2003, S. 51-66.

Rauner, F. (2004): Eine transferorientierte Modellversuchstypologie - Anregungen zur Wiederbelebung der Modellversuchspraxis als einem Innovationsinstrument der Bildungsreform (Teil 2), in: Zeitschrift für Berufs- und Wirtschaftspädagogik, 100. Bd., 3/2004, S. 424-447.

Rauner, F. (2004): Zur Erforschung beruflichen Wissens und Könnens. Was die Berufsbildungsforschung von der Expertiseforschung lernen kann?, in: Jenewein u.a., a.a.O., S. 75-92.

Rauner, F. (1995): Gestalten von Arbeit und Technik, in: Arnold, R./Lipsmeier, A. (Hrsg.): Handbuch der Berufsbildung, Opladen, S. 50-66.

Reichertz, J. (2003): Die Abduktion in der qualitativen Sozialforschung, Opladen.

Reichertz, J. (2000): Abduktion, Deduktion und Induktion in der qualitativen Forschung, in: Flick/Kardorff/Steinke: Qualitative Forschung. Ein Handbuch, Hamburg, S. 276-286.

Reinemann, H. (2002): Betriebliche Weiterbildung in mittelständischen Unternehmen, Trierer Schriften zur Mittelstandsökonomie, Münster.

Reinmann-Rothmeier, G./Mandl, H. (2001): Lernen in Unternehmen: Von einer gemeinsamen Vision zu einer effektiven Förderung des Lernens. in: Dehnbostel, P./Erbe, H./Novak, H. (Hrsg.): Berufliche Bildung im lernenden Unternehmen. Zum Zusammenhang von betrieblicher Reorganisation, neuen Lernkonzepten und Persönlichkeitsentwicklung, Berlin .

Rilling, R. (2002): Virale Eigentumsmuster - Über einige Anfechtungen der Hegemonie des Privateigentums, in: Lohmann, I./Rilling, R., a.a.O., S. 303-314.

Röben, P. (2004): Kompetenzentwicklung durch Arbeitsprozesswissen, in: Jenewein, K. u.a., a.a.O., S. 11-34.

Röder, W.J./Dörre, K. (2002): Lernchancen und Marktzwänge. Bildungsarbeit im flexiblen Kapitalismus. Münster.

Rogalla, I./Witt-Schleuer, D. (2004): IT-Weiterbildung mit System. Das Praxishandbuch, Hannover.

Rohs, M. (2004a): Der didaktisch-methodische Ansatz der Arbeitsprozessorientierten Weiterbildung, in: Dehnbostel, P./Pätzold, G.: Innovationen und Tendenzen der betrieblichen Berufsbildung, Zeitschrift für Berufs- und Wirtschaftspädagogik, Beiheft 18, S. 187-198.

Rohs, M. (2004b): Lernprozessbegleitung als konstitutives Element der IT-Weiterbildung, in: Rohs/Käpplinger, a.a.O., S. 133-158.

Rohs, M. (2002): Arbeitsprozessorientierte Weiterbildung in der IT-Branche: Ein Gesamtkonzept zur Verbindung formeller und informeller Lernprozesse, in: Rohs, M. (Hrsg.): Arbeitsprozessintegriertes Lernen. Neue Ansätze für die berufliche Bildung, Münster u.a., S. 75-94.

Rohs, M./Einhaus, J. (2004): Die Bedeutung der Lernkultur für die Arbeitsprozessorientierte Weiterbildung in der IT-Branche, in: Meyer, R. u.a. (Hrsg.): Kompetenzen entwickeln und moderne Weiterbildungsstrukturen gestalten, Münster/New York, S. 125-138.

Rohs, M./Käpplinger, B. (2004) (Hrsg.): Lernberatung in der beruflich-betrieblichen Weiterbildung. Konzepte und Praxisbeispiele für die Umsetzung, Münster/New York.

Rohs, M./Büchele, U. (2002): Arbeitsprozessorientierte Kompetenzentwicklung, in: BMBF, a.a.o, S. 69-76.

Rohs, M./Mattauch, W. (2001): Konzeptionelle Grundlagen der arbeitsprozessorientierten Weiterbildung in der IT-Branche, ISST-Bericht 59/01, Berlin.

Sauter, E. (2004): Neustrukturierung und Verstetigung betrieblicher Weiterbildung - Modelle und Beispiele, in: Dehnbostel, P./Pätzold, G.: Innovationen und Tendenzen der betrieblichen Berufsbildung, Zeitschrift für Berufs- und Wirtschaftspädagogik, Beiheft 18, S. 151-161.

Sauter, E. (2003): Übergänge zwischen Erstausbildung und Weiterbildung. Auf dem Weg zu einem kohärenten Berufsbildungssystem, in: Dehnbostel P./Dippl, Z./Elster, F./Vogel, T. (Hrsg.) (2003): Perspektiven moderner Berufsbildung - E-Learning, Didaktische Innovationen, Modellhafte Entwicklungen, Bielefeld, S. 199-218.

Sauter, E. (2002): Ein neues Paradigma für die Konstruktion von Berufsbildern, in: WSI Mitteilungen, Schwerpunktheft Aktuelle Aspekte beruflicher Bildung, 01/2002, S. 3-9.

Schäffter, O. (2001): Weiterbildung in der Transformationsgesellschaft, Hohengehren .

Schemme, D./Schonefeld, H. (2001): IT-Kompetenz und Gender-Mainstreaming in der Aus- und Weiterbildung, in: BWP 6/2001, S. 37-38.

Schiller, H. (2003): Mitarbeiterqualifizierung und -entwicklung in der IT-Branche, in: Mattauch, W./Caumanns, J.: Innovationen der IT-Weiterbildung, Bielefeld, S. 157-164.

Schlaffke, W./Weiß, R. (Hrsg.) (1990): Tendenzen betrieblicher Weiterbildung - Aufgaben für Forschung und Praxis, Köln 1990.

Schmidt, A. (2000): Mit Haut und Haaren - Die Instrumentalisierung der Gefühle in der neuen Arbeitsorganisation, in: IG Metall (Hrsg.) (2000): Mit Haut und Haaren - Der Zugriff auf das ganze Individuum, Denkanstöße, S. 25-42.

Schmidt, S.L. (2003): Früherkennung von Qualifikationserfordernissen in Deutschland - das Forschungsnetz FreQueNz, in: Bullinger u.a., a.a.O., S. 33-52.

Schmidt-Lauff, S. (1999): Kooperationsstrategien in der betrieblichen Weiterbildung. Unternehmen und Bildungsanbieter als Partner?, München/Mering.

Scholz, H. (2002): Regionale Tätigkeits- und Lernagentur - wichtiger Bestandteil einer progressiven regionalen Lernkultur, in: Quem-Bulletin 6, S. 5-9.

Schrader, J. (2003): Berufliche Weiterbildung zwischen Öffentlichkeit und Privatheit, in: Dewe, B. u.a. (Hrsg.): Erwachsenenbildung und Demokratie, Literatur- und Forschungsreport Weiterbildung, 26. Jg., 1/2003, S. 142-151.

Schröder, T. (2004): Arbeits- und Lernaufgaben in der arbeitsprozessorientierten Weiterbildung, in: Meyer, R. u.a. (Hrsg.), a.a.O., S. 207-222.

Schuldt, K./Troost, A. (2004): Förderung der beruflichen Weiterbildung - quo vadis? Evaluierungsergebnisse, Entwicklungstendenzen und Perspektiven, herausgegeben vom Bundesverband der Träger beruflicher Bildung e.V., Hamburg.

Schumann, M. u.a. (Hrsg.) (1994): Trendreport Rationalisierung, Berlin.

Schütte, F. (2004): Zur Relevanz des Fachlichen im aktuellen Weiterbildungsdiskurs. Kritische Anmerkungen zur De-Thematisierung einer zentralen berufs-und wirtschaftspädagogischen Kategorie, in: Gonon, P./Stolz, S., a.a.O., S. 151-167 .

Schütte, M./Schlausch, R. (2004): Welche Rolle spielt Erfahrung in IT-Berufen?, in: Jenewein u.a., a.a.O., S. 273-284.

Sendfeld, R. (2003): KIBNET: Virtuelle und soziale Vernetzung zur Umsetzung des IT-Weiterbildungssystems, in: DGB Bundesvorstand (Hrsg.) (2002): Gewerkschaftliche Bildungspolitik 11/12, S. 31-33, Berlin .

Severing, E. (2001): Entberuflichung der Erwerbsarbeit - Folgerungen für die betriebliche Bildung, in: Arbeitsgemeinschaft Betriebliche Weiterbildungsforschung e.V. (Hrsg.): Kompetenzentwicklung 2001. Tätigsein - Lernen - Innovation, Münster u.a., S. 247-280.

Severing, E. (1993): Bildungsmarketing in KMU, In: Paulsen, B./Worschech, F. (Hrsg.): Arbeitsorientierte Weiterbildung in KMU, Brüssel, S. 167-186.

Seyd, W. (1994): Betriebliche Weiterbildung im Lichte neuerer Befunde und Konzepte, in: Zeitschrift für Berufs- und Wirtschaftspädagogik, 90. Bd., 3/1994, S. 238-252.

Seyfried, B. (1999): „Stolperstein" Sozialkompetenz - Was macht es so schwierig, sie zu erfassen, zu fördern und zu beurteilen?, Bielefeld.

Simons, P.R.J. (1992): Lernen, selbständig zu lernen - ein Rahmenmodell, in: Mandl, H./ Friedrich, H.F (Hrsg.)(1992): Lern- und Denkstrategien. Analyse und Intervention, Göttingen, S. 249-264.

Stahl, T. (1996): Fragestellung und Konzept des Modellversuchs. Die Integration von Organisationsentwicklung und Personalentwicklung als neue Qualität der Kooperation zwischen Bildungsträgern und kleinen und mittleren Unternehmen (KMU), in: Berufliche Fortbildungszentren der Bayerischen Arbeitgeberverbände e. V. (Hrsg.) (1996), S. 27-45.

Staudt, E./Kriegesmann, B. (1999): Weiterbildung: Ein Mythos zerbricht. Der Widerspruch zwischen überzogenen Erwartungen und Mißerfolgen der Weiterbildung, in: Arbeitsgemeinschaft Betriebliche Weiterbildungsforschung e.V. (Hrsg.): Kompetenzentwicklung 1999 - Aspekte einer neuen Lernkultur. Argumente, Erfahrungen, Konsequenzen, Münster u.a., S. 17-54.

Staudt, E. (1993): Schwachstellen der betrieblichen Weiterbildung, in: ders. (Hrsg.): Personalentwicklung für die neue Fabrik, Opladen, S. 131-146.

Steinke, I. (2000): Gütekriterien qualitativer Forschung, in: in: Flick, U./Kardorff, E. v./ Steinke, I. (Hrsg.): Qualitative Forschung - Ein Handbuch, Hamburg, S.319-331.

Strahler, B./Tiemeyer, E./Wilbers, K. (Hrsg.) (2003): Bildungsnetzwerke in der Praxis. Erfolgsfaktoren, Konzepte, Lösungen, Bielefeld .

Strauss, A./Corbin, J. (1996): Grounded Theory: Grundlagen Qualitativer Sozialforschung, Weinheim.

Sydow, J. u.a. (2003): Kompetenzentwicklung in Netzwerken. Eine typologische Studie, Wiesbaden .

Teichler, U. (1997): Berufsbildungs- und Hochschulpolitik - Dauerhafter Kontrast oder Ansätze zur Annäherung?, in: Arnold, R. u.a. (Hrsg.): Weiterungen der Berufspädagogik - Von der Berufsbildungstheorie zur internationalen Berufsbildung, Stuttgart, S. 213-220.

Timmermann, D. (2002): Bildungsökonomie, in: Tippelt, R. (Hrsg.): Handbuch Bildungsforschung, S. 82-113 .

Trier, M. (2003): Begleitforschung zum Erwachsenenlernen: Balance zwischen Mitgestaltung und kritischer Distanz, in: Brödel u.a. (Hrsg.): Begleitforschung in Lernkulturen, Münster/ New York, S. 39-48.

Tramm, T./Reinisch, H. (2003): Innovationen in der beruflichen Bildung durch Modellversuchsforschung?, in: Zeitschrift für Berufs- und Wirtschaftspädagogik, 99 .Bd., 2/2003, S. 161-173.

Verband Deutscher Rentenversicherungsträger (2004): Verdingungsunterlagen der beschränkten Ausschreibung von Beratungsleistungen zur Einführung der arbeitsprozessorientierten Fortbildung, unveröffentlicht.

Verdi Bundesvorstand, Bereich Berufsbildungspolitik (2002): Die neuen IT-Fortbildungsberufe. Karriereplaner für die IT-Branche, Bremen.

Voß. G./Pongratz, H.J. (1999): Entgrenzte Arbeitskraft - entgrenzte Qualifikation. In: Hansen, H. u.a. (Hg.): Bildung und Arbeit - Das Ende einer Differenz?, Aarau/Schweiz; S. 39-49.

Weber, H. (2003): Informations-, Kommunikations- und Medientechnologien für die Aus- und Weiterbildung, in: Mattauch/Caumanns, a.a.O., S. 22-29.

Weber, S. (2003): Unübersichtlich, sprunghaft, riskant? Ein mehrdimensionales Prozessmodell für regionale Vernetzung, in: Brödel u.a. (Hrsg.): Begleitforschung in Lernkulturen, Münster/New York, S. 165-180.

Weber, W. (1994): Betriebliche Bildungsentscheidungen, Empirische Personal- und Organisationsforschung, Bd. 1, München/Mering.

Wegge, M. (1996): Qualifizierungsnetzwerke, Opladen.

Weiß, R. (1998): Aufgaben und Stellung der betrieblichen Weiterbildung, in: Arbeitsgemeinschaft Betriebliche Weiterbildungsforschung e.V. (Hrsg.): Kompetenzentwicklung 1998 - Forschungsstand und Forschungsperspektiven, Münster u.a., S.91-128.

Weisser, J. (2002): Einführung in die Weiterbildung. Eine problemorientierte, erziehungswissenschaftliche Perspektive, Weinheim/Basel.

Weyer, J. (2000): Zum Stand der Netzwerkforschung in den Sozialwissenschaften, in: ders.: Soziale Netzwerke. München, Wien. S. 1-34.

Wilbers, K. (2003): Zur Gestaltung regionaler Berufsbildungsnetzwerke, in: Zeitschrift für Berufs- und Wirtschaftspädagogik, 99. Bd., 1/2003, S. 61-106.

Wimmer, M. (2002): Bildungsruinen in der Wissensgesellschaft - Anmerkungen zum Diskurs über die Zukunft der Bildung, in: Lohmann, I./Rilling, R., a.a.O., S. 45-67.

Winkler, M. (2003): Von Demut und Hochmut - Zum Anspruch pädagogischer Forschung und Theorie, in: Hoffmann, N./Kalter, B. (Hrsg.): Brückenschläge. Das Verhältnis von Theorie und Praxis in pädagogischen Studiengängen, Münster, S. 67-86.

Zedler, P. (2002): Erziehungswissenschaftliche Bildungsforschung, in: Tippelt, R. (Hrsg.): Handbuch Bildungsforschung, Opladen, S. 21-39.

Zedler, P./Moser, H. (Hrsg.) (1983): Aspekte qualitativer Sozialforschung - Studien zu Aktionsforschung, empirischer Hermeneutik und reflexiver Sozialtechnologie, Opladen .

Zimmer, G. (1996): Perspektiven der beruflichen Weiterbildung in Deutschland, in: Berufsbildung in Wissenschaft und Praxis, Jg. 25, 3/1996, S. 35-40.

Zimmer, G. (1995): Gesucht: Theorie innovativer Handlungen - Vorschlag für eine neue Konzeption wissenschaftlicher Begleitforschung in Modellversuchen, in: Twardy, M. (Hrsg.): Modellversuchsforschung als Berufsbildungsforschung, Köln, S. 180-203.